Schriften zum geistigen Eigentum
und zum Wettbewerbsrecht

Herausgegeben von

Prof. Dr. Christian Berger, Universität Leipzig
Prof. Dr. Horst-Peter Götting, Techn. Universität Dresden

Band 47

Dr. Afra Canaris

Melodie, Klangfarbe und Rhythmus im Urheberrecht

Der Schutz musikalischer Werke und Darbietungen

Nomos

Die Deutsche Nationalbibliothek verzeichnet diese Publikation in der Deutschen Nationalbibliografie; detaillierte bibliografische Daten sind im Internet über http://dnb.d-nb.de abrufbar.

Zugl.: TU Dresden, Univ., Diss., 2011

ISBN 978-3-8329-6838-0

1. Auflage 2012

Meinen Eltern

Vorwort

Die vorliegende Arbeit wurde im Jahr 2010 bei der Rechtswissenschaftlichen Fakultät der Technischen Universität Dresden als Dissertation eingereicht.

Sie entstand im Zeitraum von 2008 bis 2009 im Anschluss an die Teilnahme an dem Studiengang „International Studies in Intellectual Property Law“ (LL.M.) der Technischen Universität Dresden und des Queen Mary Institute of Intellectual Property Research.

Mein erster Dank gilt meinem Doktorvater Herrn Prof. Dr. Horst-Peter Götting, der mir bei der Wahl meines Themas und der Ausführung meiner Arbeit jede Freiheit ließ, aber dennoch stets für mich ansprechbar war und mir mit hilfreichen Anmerkungen zur Seite stand. Besonders wertvoll waren für mich die zahlreichen Anregungen, die ich bereits im Laufe des erwähnten Master-Studiengangs erhielt.

Für die Erstellung des Zweitgutachtens danke ich Frau Prof. Dr. Ursula Stein.

Ferner danke ich Herrn Prof. Dr. Christian Berger und Herrn Prof. Dr. Horst-Peter Götting als Herausgebern für die freundliche Aufnahme in diese Schriftenreihe.

Ganz besonders danken möchte ich schließlich meinem Mann und meinen Eltern, die mich stets in jeder Hinsicht unterstützt haben.

München, im August 2011 Afra Canaris

Inhaltsverzeichnis

Abkürzungsverzeichnis

a. A.	anderer Ansicht
a. a. O.	am angegebenen Ort
ABl.	Amtsblatt
Abs.	Absatz
a. F.	alte Fassung
Amtl. Begr.	Amtliche Begründung
Anm.	Anmerkung
Art.	Artikel
Aufl.	Auflage
Bd.	Band
BGB	Bürgerliches Gesetzbuch
BGBl.	Bundesgesetzblatt
BRM	Brockhaus/Riemann Musiklexikon
BT-Drucks.	Bundestagsdrucksache
BVerfG	Bundesverfassungsgericht
BVerfGE	Entscheidungen des Bundesverfassungsgerichts
ders.	derselbe
d.h.	das heißt
DJ	disc jockey
f./ff.	folgende/fortfolgende
Fn.	Fußnote
GG	Grundgesetz
GEMA	Gesellschaft für musikalische Aufführungs- und mechanische Vervielfältigungsrechte
GRUR	Gewerblicher Rechtsschutz und Urheberrecht
GRUR Int.	Gewerblicher Rechtsschutz und Urheberrecht – Internationaler Teil
Hrsg.	Herausgeber
KG	Kammergericht
KUG	Gesetz betreffend das Urheberrecht an Werken der bildenden Künste und Photographie
LG	Landgericht
LUG	Gesetz betreffend das Urheberrecht an Werken der Literatur und der Tonkunst vom 19. Juni 1901
MGG	Musik in Geschichte und Gegenwart
m. w. N.	mit weiteren Nachweisen
n. F.	neue Fassung
NJOZ	Neue Juristsche Online-Zeitschrift
NJW	Neue Juristische Wochenschrift

Nr.	Nummer
NWDR	Nordwestdeutscher Rundfunk
OLG	Oberlandesgericht
op.	opus
Rn.	Randnummer
S.	Seite
s.u. / s.o.	siehe unten / siehe oben
u. a.	unter anderem
UFITA	Archiv für Urheber- und Medienrecht
UrhG	Gesetz über Urheberrecht und verwandte Schutzrechte
vgl.	vergleiche
WRP	Wettbewerb in Recht und Praxis
z.B.	zum Beispiel
zit.	zitiert
ZUM	Zeitschrift für Urheber- und Medienrecht
ZUM-RD	Zeitschrift für Urheber- und Medienrecht - Rechtsprechungsdienst

A. Einleitung

> „Setzen wir zuerst fest, daß die einzige Form der Musik die Melodie ist, daß ohne Melodie die Musik gar nicht denkbar ist und Musik und Melodie durchaus untrennbar sind.“[1]

So äußerte sich Richard Wagner 1860 in seiner Schrift mit dem Titel „Zukunftsmusik“. Betrachtet man das deutsche Urheberrechtsgesetz, möchte man meinen, der Gesetzgeber habe sich von eben dieser Wagnerschen Grundannahme leiten lassen und die Melodie weit über alle anderen künstlerischen Schöpfungen gestellt. Die Melodie ist jedoch nur eine von mehreren musikalischen Größen, zu denen außerdem Klangfarbe, Harmonie, Dynamik und Rhythmus zu zählen sind. Unter diesen ist die Melodie – wie das 20. Jahrhundert gezeigt hat – für die Musik nicht in der Weise unentbehrlich, wie Wagner dies 1860 postulierte.

Die genannten musikalischen Größen (Melodie, Klangfarbe, Rhythmus, Harmonie und Dynamik) werden teilweise auch als Parameter der Musik bezeichnet.[2] Der Begriff darf jedoch nicht mit den Parametern des einzelnen Tons verwechselt werden, worunter Tonhöhe, Tondauer, Tonstärke und Klangfarbe zu fassen sind. Im Folgenden sollen aus den musikalischen Elementen Melodie, Klangfarbe und Rhythmus herausgegriffen und anhand von urheberrechtlichen Einzelproblemen auf ihre Relevanz im Hinblick auf Urheber- und Leistungsschutzrechte untersucht werden.

Die Kategorien der Harmonie und Dynamik sollen aus der Untersuchung ausgeklammert werden, da sie sich für solche Betrachtungen als ungeeignet erweisen. Die Dynamik, die lediglich die Tonstärke (Lautstärke) des einzelnen Tons und die Veränderungen dieser Stärke im Laufe eines Musikstücks bezeichnet, ist musikalisch von zu untergeordneter Bedeutung, als dass sie urheberrechtlich relevant werden könnte. Die Harmonie betrifft in erster Linie die vertikale Struktur der Musik, also das gleichzeitige Erklingen mehrer Töne. Von besonderer Bedeutung sind dabei das Verhältnis der Töne zueinander und ihre Stellung in der jeweiligen Tonart. Da es hierbei vor allem um die „Deutung“ der vom Komponisten geschaffenen Musik in einem kulturgeschichtlich geprägten Tonsystem geht, ist diese Komponente aus urheberrechtlicher Sicht ebenfalls unergiebig.

1 *Wagner*, Zukunftsmusik, S. 53.

2 *Müller-Dombois*, Leitfaden Musikgeschichte, S. 269; *Rösing*, Sound in der Popularmusik, S. 107; *Bindhardt, Der Schutz von in der Popularmusik verwendeten elektronisch erzeugten Einzelsounds,* S. 25.

Die anderen drei Größen, Melodie, Klangfarbe und Rhythmus, eignen sich hingegen für eine urheberrechtliche Untersuchung. Sowohl die Melodie[3], als auch die Klangfarbe (in ihrer Erscheinungsform als „Sound")[4], als auch der Rhythmus[5] sind bereits Gegenstand gesonderter Abhandlungen geworden. Ziel der vorliegenden Arbeit ist es dagegen, das Gesamtkonzept des Urheberrechtsgesetzes im Hinblick auf die drei Parameter zu untersuchen. Es soll dabei in erster Linie überprüft werden, ob die Berücksichtigung der einzelnen Elemente nach dem Urheberrecht gemessen an deren Bedeutung aus musikalischer Sicht stimmig und ausgewogen ist.

Im Folgenden sollen die drei behandelten Größen kurz vorgestellt werden. Dabei wird auch auf die Definition des jeweiligen Begriffs eingegangen werden. Eine eingehende Untersuchung der Definition des Melodiebegriffs wird zusätzlich noch in einem späteren Abschnitt der Arbeit erfolgen,[6] da es sich hierbei zugleich um eine gesetzliche Voraussetzung handelt, die in der Literatur nicht einheitlich verstanden wird.

I. Die Melodie

Der allgemeinene Sprachgebrauch versteht unter einer Melodie eine *„Folge von Tönen verschiedener Höhe oder eine Folge verschieden großer und verschieden gerichteter Intervalle, die als Einheit aufgefasst wird"*.[7] Allgemein gefasst, ist die Melodie eine Folge von Tönen mit einem bestimmten Rhythmus. Durch den Rhythmus unterscheidet sie sich von der bloßen Tonfolge, die lediglich Tonhöhen und deren zeitliche Reihenfolge festlegt, nicht jedoch die Tondauern. Bezogen auf die Parameter des Einzeltons vereint die Melodie somit Tonhöhe und Tondauer. Sie ist den beiden anderen hier untersuchten Größen daher nicht uneingeschränkt vergleichbar. Vor allem der Rhythmus als isolierte Erscheinung ist der Melodie, die Tonfolge und Rhythmus vereint, nicht ebenbürtig. Dies wird bei der Bewertung der Ergebnisse zu berücksichtigen sein.

In der Regel wird die Melodie vom Hörer als das wichtigste Element einer Komposition empfunden. Entsprechend kommt ihr vor allem im Bereich der so genannten populären Musik eine hohe Bedeutung zu. Ihr Stellenwert ist jedoch

3 *Liebscher*, Der Schutz der Melodie im deutschen und im amerikanischen Recht, 2007; *Berger*, Die wandernde Melodie im Urheberrecht, 2000.

4 *Wegener*, Sound Sampling, 2007; *Weßling*, Der zivilrechtliche Schutz gegen digitales Sound-Sampling, 1995; *Salagean*, Sampling im deutschen, schweizerischen und US-amerikanischen Urheberrecht, 2008.

5 *Reinfeld*, Der Schutz von Rhythmen im Urheberrecht, 2006.

6 Unter C. IV. 2. S. 54.

7 Brockhaus Enzyklopädie, Bd. 18, S. 218.

nicht in allen Musikrichtungen gleich hoch. Durch die bewusste Abstandnahme von traditioneller Harmonik im Bereich der atonalen Musik und Zwölftonmusik wird beispielsweise gänzlich auf eingängige Melodien verzichtet. Dies führt zwangsläufig zu einer Aufwertung der Bedeutung von Rhythmik und Klangfarbe. Auch im Bereich der Popularmusik ist die Melodie nicht immer der wichtigste Parameter einer Komposition. So kommt manch eine moderne Musikgattung (z.B. Hip-Hop/Rap oder Techno) bisweilen völlig ohne Melodie aus.

In der Systematik des Urheberrechts nimmt die Melodie eine Sonderstellung ein. § 24 Abs. 2 UrhG statuiert eine Ausnahme von der freien Benutzung für den Fall, dass eine Melodie einem Werk entnommen und einem anderen erkennbar zugrunde gelegt wird. Damit genießen musikalische Werke zunächst einmal einen im Vergleich zu anderen Werkgattungen höheren Schutzumfang. So ist etwa die Fabel eines Romans oder das Motiv eines Bildes der freien Benutzung grundsätzlich zugänglich, unabhängig davon, wie bedeutend der jeweilige Einfall für den Erfolg des Werkes war. Im Gegenzug zu der Privilegierung, die der Schöpfer der Melodie genießt, ist der inspirationssuchende Komponist in seinen Möglichkeiten stark eingeschränkt. Rechtlich betrachtet steht die Melodie zur weiteren Verarbeitung nicht zur Verfügung, auch wenn, wie noch genauer erörtert werden wird, ganze Musikgattungen auf der freien Benutzung fremder Melodien basieren.

II. Die Klangfarbe

Die Klangfarbe (auch „Timbre") ist in der Musik zugleich einer der Parameter des einzelnen Tons und *„benennt den „zusätzlichen" Aspekt unter den einem Klang zugeschriebenen Fundamentaleigenschaften neben Tonhöhe, Lautstärke und Dauer"*.[8]

Maßgeblich für die Klangfarbe ist vor allem das spezifische Gemisch aus Grundton und Obertönen.[9] Die „neutralste" Klangfarbe liefert der so genannte Sinuston, der durch eine einfache, gleichmäßige Schwingung einen obertonfreien Ton produziert. Dieser Klang kann zwar am Computer erzeugt werden, in der Natur kommt er jedoch nicht vor. Relativ obertonfreie Töne erzeugen lediglich die Stimmgabel und bestimmte Orgelpfeifen.[10] Für die Klangfarbe im weiteren Sinne sind außerdem alle mit dem zeitlichen Ablauf der Klangfarbe hörbaren, klanglichen Merkmale mit einzubeziehen.[11] Diese beruhen unter anderem auf der

8 Brockhaus/Riemann Musiklexikon (im Folgenden BRM), Bd. 2, S. 297.
9 *Meyer-Eppler*, Elektrische Klangerzeugung, S. 23.
10 *Farnsworth*, Sozialpsychologie der Musik, S. 47.
11 *Fricke* in Riemann (Hrsg.), Musiklexikon, Bd. 4 S. 355.

besonderen Art der Einschwing-, Übergangs- und Ausklingvorgänge sowie auf Geräuschbeimischungen.[12] Dieses weite Verständnis der Klangfarbe soll vorliegend zugrunde gelegt werden.

In der Regel wird zwischen Tönen und Geräuschen unterschieden. Tönen liegt eine periodische Schwingung zugrunde, die der Mensch als eine bestimmte Tonhöhe wahrnimmt.[13] Bei nichtperiodischen Schwingungen kann das Gehör keine Tonhöhe ausmachen, weshalb diese als Geräusch wahrgenommen werden.[14]

Gerade im Bereich der Unterhaltungsmusik wird häufig auch von „Sound“ gesprochen. Dieser Begriff wird zwar teilweise sehr weit gefasst und sogar mit dem musikalischen Stil gleichsetzt,[15] er bezeichnet in der Regel jedoch ebenfalls den zusätzlichen Aspekt des Klangs neben Tonhöhe, Lautstärke und Dauer.[16] In der Regel ist vom „Sound“ nur dann die Rede, wenn technische Hilfsmittel wie etwa elektronische Verstärkung oder Nachbearbeitung am Mischpult im Spiel sind. Teilweise wird der Sound daher definiert als *„technische Vermittlung eines Klangs, der auf Tonträger fixiert ist“*.[17] An anderer Stelle findet sich die Umschreibung als *„Bezeichnung für den typischen Klang einer Band oder eines Solisten im Bereich des Jazz und der Popmusik.“*[18] In der Regel wird der Sound jedoch als Synonym für Klang oder Klangfarbe verstanden.[19] Dieses Begriffsverständnis soll auch vorliegend zugrunde gelegt werden.

Der Komponist kann auf die Klangfarbe im Wege der Instrumentierung[20] oder durch Vortragsbezeichnungen (wie etwa „dolce“ oder „espressivo“) Einfluss nehmen. Einen wesentlichen Anteil an ihrer Gestaltung muss er jedoch dem Interpreten überlassen, dessen Aufgabe es ist, das vom Komponisten meist schriftlich niedergelegte Werk zum Klingen zu bringen. Bei unmittelbar auf Tonträgern festgelegten Werken der elektronischen Musik entfällt der Interpret und die Klangfarbe kann unmittelbar vom Schöpfer des Werkes gestaltet werden. Bei Tonaufnahmen von in herkömmlicher Weise dargebotenen Werken hingegen

12 Ebenda.

13 BRM, Bd. 2, S. 113; Bd. 4 S. 248; *Bindhardt,* Der Schutz von in der Popularmusik verwendeten elektronisch erzeugten Einzelsounds, S. 32 f.; vgl. auch die sehr ausführliche Darstellung bei *Reinfeld*, Der Schutz von Rhythmen im Urheberrecht, S. 20 ff.

14 Ebenda.

15 *Czychowski* in Loewenheim (Hrsg.), Handbuch des Urheberrechts, § 9 Rn. 68.

16 Ausführliche Darstellung bei *Bindhardt*, Der Schutz von in der Popularmusik verwendeten elektronisch erzeugten Einzelsounds, S. 25f.

17 *Bamberg*, Musikalische Analyse und Sound, in Rösing (Hrsg.), Beiträge zur Popularmusikforschung 7/8, S. 84, 90.

18 BRM, Bd. 4 S. 176.

19 *Bindhardt,* Der Schutz von in der Popularmusik verwendeten elektronisch erzeugten Einzelsounds, S. 25.

20 Verteilung der Parte einer Komposition auf verschiedene Instrumente oder Instrumentengruppen.

kommt neben dem Interpreten auch noch dem Mischtonmeister erhebliche Bedeutung zu, da dieser das aufgezeichnete Tonmaterial bearbeitet bis der gewünschte Klang erreicht ist.

Die Klangfarbe kann vom Komponisten sowohl als akzessorisches Element eingesetzt werden, wenn etwa thematisch-motivische Beziehungen durch kontrastreiche Instrumentierung verdeutlicht werden, sie kann aber auch gleichsam autonom verwendet werden und eigene Bedeutung haben.[21] In dieser Hinsicht hat die Klangfarbe in der abendländischen Literatur nach und nach an Bedeutung gewonnen. Bereits seit dem Ende des Barock ist ein konsequenter Trend zur Klangfarbe als autonomem Gestaltungsmittel zu erkennen.[22] Auch in der Unterhaltungsmusik ist die Bedeutung des charakteristischen Sounds einzelner Interpreten oder Bands stark gestiegen. Vor allem in der Rock, Pop und Schlagermusik ist der technisch gestaltete Sound als gleichberechtigtes Element neben die *„musikalisch instrumentale Ausprägung"* getreten.[23]

Die Klangfarbe wird im Gegensatz zur Melodie als urheberrechtlich schützbarer Faktor kaum wahrgenommen. Dennoch gibt es zahlreiche Rechtsprobleme, die letztlich genau die Frage des urheber- oder leistungsschutzrechtlichen Schutzes der Klangfarbe betreffen.

Unter diesen ist vor allem das Problem der Zulässigkeit von digitalem Sound-Sampling zu nennen. Diese in der 1980er Jahren entwickelte Technik ermöglicht die Digitalisierung, Bearbeitung und jederzeitige Wiedergabe von Klängen aller Art.[24] In den häufigsten Fällen werden dabei Ausschnitte aus anderen Tonaufnahmen übernommen. Diese Ausschnitte können nahezu beliebig kurz sein, bis hin zur Übernahme einzelner Töne und Klänge. Hier steht die Verwertung des speziellen kopierten Sounds im Vordergrund.

Die Frage nach einem Leistungsschutzrecht für Tonmeister bildet einen weiteren Aspekt, bei dem die Klangfarbe als schutzbegründendes Element eine Rolle spielen könnte. Zu den Aufgaben des Tonmeisters gehört nämlich wesentlich die Gestaltung des Klanges, der auf einer Tonaufnahme im Ergebnis hörbar wird.

Auch der Arrangeur, der die Orchestrierung (also die Verteilung der Stimmen auf die verschiedenen Instrumente) übernimmt, gestaltet damit im Wesentlichen die Klangfarbe des Werkes. Ihm könnte wegen seiner Tätigkeit ein Bearbeiterurheberrecht zustehen.

21 *Rösing*, Musik in Geschichte und Gegenwart (im Folgenden MGG), 2. Aufl., Bd. 5, S. 156.

22 Ebenda.

23 *Rösing* in MGG, 2. Aufl., Bd. 5, S.158.

24 Eine detaillierte Darstellung der Funktionsweise des Samplers findet sich bei *Münker*, Urheberrechtliche Zustimmungserfordernisse beim Digital Sampling, S. 6ff.

Geht es also um die urheberrechtliche Behandlung der Klangfarbe, muss eine Vielzahl von Normen und Fragestellungen untersucht werden.

III. Der Rhythmus

Nach der Definition des Brockhaus-Riemann-Musiklexikons ist der Rhythmus ein *„zeitliches Ordnungs- und Gestaltungsprinzip, gekennzeichnet einerseits durch Gleichförmigkeit, Bezug zu einem festen Zeitmaß, andererseits durch Gruppierung, Gliederung, Abwechslung."*[25]

Im Kontext der Rhythmusdefinition empfiehlt es sich, zunächst die Begriffe Tempo, Metrum und Takt zu klären, um den Rhythmus in dieses System einordnen zu können. Unter Tempo versteht man ein *„relatives Zeitmaß, das die Geschwindigkeit reguliert"*.[26] Der Takt ist ein *„gleichmäßig wiederkehrendes zeitliches Begrenzungsschema"*[27], das in der Notation durch senkrechte Taktstriche markiert wird. Das Metrum schließlich ist die *„musikalisch wirksame Maßeinheit, die auf qualitativer Abstufung gleichgroßer Zeitteile beruht"*[28], mit anderen Worten eine Art Grundpuls. In der gängigen Notation ist die Musik in Takte untergliedert, die jeweils durch senkrechte Taktstriche voneinander abgegrenzt werden. Mit der Taktart ist das Metrum vorgegeben, das definiert, wie viele Noten eines bestimmten Wertes in einem Takt vorgesehen sind. So haben etwa in einem 3/4 Takt drei Viertelnoten Platz. Im Orchester wird das Metrum durch den Schlag des Dirigenten sichtbar gemacht. Bezogen auf dieses System von Metrum, Takt und Tempo, ist der Rhythmus die *„gestaltete Zeit"*, *„die Ausfüllung des Taktgerüsts mit konkretem Inhalt"*.[29]

Das Metrum ist also ein in Takte untergliederter (nicht hörbarer) Grundpuls, über dem der Rhythmus durch die Folge unterschiedlicher Notenwerte ein Akzentmuster bildet. Vereinfacht ausgedrückt handelt es sich beim Rhythmus um eine Folge von Tondauern und Pausen mit vorgegebener Betonung. Die Akzente bzw. die Betonung können sich bereits aus dem Metrum ergeben – in der Regel ist die erste Taktzeit zu betonen, die weiteren haben weniger Gewicht – oder durch spezielle Zeichen in der Notation festgelegt werden.[30]

Abstrahiert man den Rhythmus von Tonhöhe und Klangfarbe, handelt es sich nur noch um eine gedanklich vorstellbare, nicht hörbare Erscheinung. Die

25 BRM, Bd. 4, S. 43.
26 *Meierott* in Wörner, Geschichte der Musik, S. 285.
27 Ebenda.
28 Ebenda.
29 Ebenda.
30 BRM Bd 3, S. 125 ff.

Schutzfähigkeit von Rhythmen wird daher teilweise mit dem kategorischen Hinweis auf deren Abstraktheit abgelehnt.[31] Der Rhythmus unterscheidet sich in dieser Hinsicht aber nicht von den übrigen musikalischen Parametern. Auch die Melodie wird schließlich nur mit einem bestimmten Klang hörbar, und die Klangfarbe ist nur an einem Ton mit einer bestimmten Tonhöhe wahrnehmbar. Möchte man die Frage der isolierten Schutzfähigkeit von Rhythmen klären, geht es darum, ob derselbe Rhythmus, etwa auf anderen Instrumenten gespielt oder mit anderen Tonhöhen versehen, eine Urheberrechtsverletzung darstellen kann. Ebenso ist eine Melodie nur dann als solche geschützt, wenn es nicht darauf ankommt, auf welchem Instrument sie gespielt wird.

Bei der Klärung der Frage, welchen Stellenwert der Rhythmus beim Schutz urheberrechtlicher Werke hat, ist es jedoch auch hilfreich, auf den Schutz von Schlagzeugrhythmen oder elektronischen Rhythmen (ohne Melodie) einzugehen. Bei diesen ist grundsätzlich festgelegt, welche Klänge zum Einsatz kommen (etwa die Verteilung von Hi-Hat und Bass-Drum am Schlagzeug). Das rhythmische Element überwiegt jedoch dergestalt, dass dieses allein für die Schutzfähigkeit verantwortlich sein kann.

Der Schwerpunkt der Untersuchung ist bei jedem Parameter ein anderer. Im Bereich der Melodie wird im Wesentlichen die Frage der Rechtfertigung und Auslegung der strengen Sonderregelung des § 24 Abs. 2 UrhG interessieren. Es geht hier weniger um das Problem der Schutzfähigkeit der Melodie als um den Schutzumfang. Was die Klangfarbe angeht, kommt es zunächst darauf an, die verschiedenen rechtlichen Problemkreise aufzuspüren, in denen diese relevant wird. Sodann muss überprüft werden, ob die rechtliche Behandlung in den unterschiedlichen Fällen angemessen ist. Beim Rhythmus wird die grundsätzliche Frage im Zentrum stehen, ob diesem angesichts seiner Abstraktheit und der Begrenztheit rhythmischer Formen überhaupt urheberrechtliche Schutzfähigkeit zukommen kann.

Um die Bedeutung der einzelnen Parameter in der abendländischen Musik zu deren Berücksichtigung im Urheberrecht in Relation setzen zu können, soll zunächst ein kurzer Abriss über die geschichtliche Entwicklung und verschiedene Musikstile dargestellt werden.

31 *Schlingloff*, Unfreie Benutzung und Zitierfreiheit bei urheberrechtlich geschützten Werken der Musik, S. 35; vgl. unten E. I. S. 160.

B. Die Bedeutung der einzelnen Parameter in verschiedenen Epochen und Musikrichtungen

I. Die Entwicklung in der so genannten „ernsten Musik“[32]

1. Mittelalter und Renaissance

Das Musikleben im Mittelalter und in der Renaissance ist von der vornehmlich sakralen Vokalmusik geprägt. Der Schwerpunkt liegt in dieser Zeit eindeutig auf der Melodieführung.

Im frühen Mittelalter kennt man zunächst nur einstimmige Musik (vor allem die so genannten Gregorianischen Choräle). Später (ab ca. 900 n. Chr.) entwickeln sich erste polyphone (mehrstimmige) Strukturen, bei denen zunächst jede Stimme gleichwertig ist und Melodiecharakter hat.[33] Harmonien ergeben sich hier nur zufällig durch das Nebeneinander der einzelnen Stimmen. Noch dominiert nicht das später gebräuchliche duale System der Tongeschlechter Dur und Moll. Die Musik basiert auf den acht (später zwölf) Kirchentonarten[34]. Der Rhythmus spielt auch im Rahmen der Melodie nur eine untergeordnete Rolle. Da die Vokalmusik stark im Vordergrund steht, wird dem Einsatz unterschiedlicher Klangfarben keine Beachtung geschenkt.

2. Barock

Zu Beginn des Barock (etwa 1600-1750) wird von der Mehrstimmigkeit der vokalen Renaissancemusik ausgehend die so genannte „Mehrchörigkeit“ entwickelt, bei der zwei, drei oder mehr alternierende, ineinander greifende und sich vereinende Chöre unterschiedliche Stimmen singen.[35] Diese Stimmen werden

32 Die Unterteilung in ernste Musik (so genannte E-Musik) und Unterhaltungsmusik (so genannte U-Musik) wird zu Recht kritisiert und stößt vielfach an ihre Grenzen. So wird etwa der Jazz im Allgemeinen der Unterhaltungsmusik zugeordnet, obwohl es sich um eine unbestreitbar anspruchsvolle Musikrichtung handelt. Trotz dieser Problematik und vielfacher Überschneidungen hat sich die pragmatische Zweiteilung in der Praxis eingebürgert. Auch die GEMA unterscheidet beispielsweise bei ihren Tarifen zwischen der Sparte U für Unterhaltungsmusik und der Sparte E für die ernste Musik.

33 *Kunze* in BRM Bd. 4, 322.

34 Tonleitern, die wie Dur und Moll nach der Lage ihrer Ganz- und Halbtonschritte definiert sind, vgl. *Eggebrecht* in BRM Bd. 2, S. 293ff.

35 *Eggebrecht* in BRM Bd. 3, S. 105.

schließlich von dem gesungenen Text gelöst und auf Instrumentengruppen übertragen. Diese „instrumentalen Chöre“ werden vereinzelt bereits mit Besetzungsangaben versehen, wodurch die Absicht des Abhebens verschiedener Instrumentengruppen voneinander deutlich wird.[36] Durch die Entwicklung selbständiger Instrumentalmusik gewinnt die Klangfarbe verglichen mit ihrer Rolle in der Renaissance – vor allem unter dem Aspekt der Besetzung von Instrumentalwerken – eine gewisse Bedeutung. Dennoch ist sie in den meisten Fällen von den Gegebenheiten des Aufführungsortes und von Zufallsbesetzungen abhängig, die vom Komponisten meist nur umrisshaft vorgegeben werden.[37] Sie bleibt damit ein rein akzessorisches Element.

Grundlage des musikalischen Satzes ist der Generalbass, der als stützendes Kontinuum und einfache, im Wesentlichen akkordgeprägte Begleitung die ausdrucksvolle Führung der Oberstimmen ermöglicht (Monodie).[38] Die Melodie ist damit weiterhin das dominierende Element der Musik. Durch die „Entdeckung“ des Dreiklangs und damit der vertikalen Struktur der Musik und die Herausbildung der Dur-Moll-Tonalität gewinnt allerdings die Harmonik an Bedeutung.[39] Die Einführung des modernen Taktsystems ermöglicht erstmals eine klare Notation des Rhythmus.[40] Der Rhythmus folgt jedoch noch im Wesentlichen dem durch das Metrum (die Taktart) vorgegebenen Grundpuls.[41] Originellere Rhythmen sind daher eher selten.

Im Spätbarock bildet sich schließlich eine als „Fortspinnungstypus“ bezeichnete Art der Melodiebildung heraus, bei der motivische Elemente über längere Passagen fortgesponnen werden, während die rhythmische Bewegung weitgehend einheitlich bleibt.[42]

3. Klassik

Um die Mitte des 18. Jahrhunderts werden Fortspinnungstypus und Generalbass aufgegeben. An ihre Stelle treten eine symmetrische Phrasengliederung mit der achttaktigen Periode als Grundschema, eine Themenbildung, die auf Kontraste angelegt ist, und der Verzicht auf rhythmische Kontinuität.[43]

36 *Zentner*, Musik, S. 31.
37 *Rösing*, Die Bedeutung der Klangfarbe in traditioneller und elektronischer Musik, S. 20.
38 *Eggebrecht* in BRM Bd. 1, S. 101.
39 *Michels,* dtv-Atlas zur Musik, Bd. 2 S. 307.
40 Ebenda.
41 *Meierott* in Wörner, Geschichte der Musik, S. 285; zu den Begriffen Metrum, Takt und Rhythmus s. A. III. S. 22).
42 *Meierott* in Wörner, Geschichte der Musik, S. 285.
43 *Meierott* in Wörner, Geschichte der Musik, S. 285.

Im Vordergrund der Komposition steht nunmehr die musikalische Form, deren bedeutendste Ausprägung die Sonatensatzform (auch Sonatenhauptsatzform) ist. Nach diesem Schema ist in der Regel der erste Satz einer Sonate oder Symphonie aufgebaut. Im ersten Teil dieser Form, der Exposition, wird das thematische Material, in der Regel zwei kontrastierende Themen (Haupt- und Seitenthema), vorgestellt. Die Themen sind häufig achttaktig und symmetrisch aufgebaut. Im zweiten Teil, der Durchführung, werden die Themen variiert, insbesondere durch verschiedene Tonarten geführt. Der letzte Teil, die Reprise, enthält eine leicht abgewandelte Wiederholung der Exposition. Im Zentrum dieser Form steht somit die „motivisch-thematische Arbeit" mit den kontrastierenden Themen.

Die Musik der Klassik war wie die keiner anderen Epoche von der Melodie dominiert. *Blume* schreibt hierzu:

> „Im »Einfall« sind die Elemente von allem Anfang an integriert (der Komp. erfindet nicht eine Melodie, die er nachher rhythmisiert und harmonisiert); aber der feinste Ausdruckswert und die höchste Originalität liegen in der Melodie. Hierin unterscheidet sich die Epoche von allen früheren noch deutlicher als in den Elementen metrisch-rhythmischer und harmonisch-tonaler Art: nie in der Geschichte hat die Melodie eine so dominierende Rolle gespielt, und nie ist die Originalität der melodischen Erfindung in solchem Grade als Wertstempel angesehen worden."[44]

Im Gegensatz zu der einheitlichen (motorischen) Rhythmik des Barock ist die Musik der Klassik von gebrochenen, im einzelnen aber stereotypen Rhythmen beherrscht.[45] Eine wesentliche Neuerung ist dabei die Loslösung des Rhythmus vom Metrum (Grundpuls).[46] Dabei sind neben Punktierungen[47], Synkopierungen[48] und rezitativartigen Rubati[49], auch derbe Tanz- und Marschrhythmik zu beobachten.[50] Gewisse Arten des Wechsels zwischen Duolen und Triolen[51] wurden geradezu Mode.[52]

Die Rhythmik der Klassik ist damit weitaus differenzierter als die des Barock, arbeitet jedoch im Wesentlichen mit beliebten Versatzstücken und Stereotypen.

44 *Blume* in MGG, 1. Aufl. Bd. 7, S. 1055 (Sofern die 1. Auflage von Musik in Geschichte und Gegenwart zitiert wird, handelt es sich um Informationen, die aufgrund des Bearbeiterwechsels in der aktuellen 2. Auflage nicht mehr enthalten sind.).

45 *Blume* in MGG, 1. Aufl., Bd. 7, S. 1047.

46 *Meierott* in Wörner, Geschichte der Musik, S. 285.

47 Wird hinter einer Note ein Punkt angebracht, so verlängert sich deren Wert um die Hälfte. Eine punktierte halbe Note ist also z.B. so lang wie drei Viertelnoten.

48 Der Rhythmus wird gegenüber dem Metrum so verschoben, dass die Akzente auf grundsätzlich unbetonte Taktzeiten fallen.

49 Temposchwankungen.

50 *Blume* in MGG, 1. Aufl., Bd. 7, S. 1047.

51 Gruppe von drei gleich langen aufeinander folgenden Noten, die insgesamt nur die Dauer von zwei Noten dieses Wertes hat.

52 *Blume* in MGG, 1. Aufl., Bd. 7, S. 1047.

Auch die Klangfarbgebung in der Komposition erfährt in der Klassik wesentliche Neuerungen. Das Orchester kommt erstmals in einer Besetzung zusammen, die im Wesentlichen der im Symphonieorchester heute noch üblichen entspricht. Mit dieser Normierung der Orchesterbesetzung beginnt das konsequente Komponieren mit Klangfarben.[53] Die besondere Klangwirkung des neuen Orchesters beruht einerseits auf der starken Vermehrung der Streichinstrumente und andererseits auf der neuen Art der Bläserverwendung und deren spezifischen Klangkolorits.[54] Der im Barock bevorzugte Spaltklang[55] wird zugunsten des Mischklangs[56] aufgegeben.[57]

Der Einsatz der Klangfarbe als gestalterisches Merkmal setzt sich im Laufe der Klassik allmählich durch. Mit der so genannten Mannheimer Schule[58] erwacht wohl erstmals der Sinn für Farbwirkungen. Bei Carl Philipp Emanuel Bach (1714 – 1788) und beim frühen Haydn soll das Kolorit noch keine bestimmende Rolle gespielt haben. Erst mit Haydns mittleren Sinfonien (kurz vor und nach 1770) und bei Mozarts Frühwerken aus derselben Zeit tritt die Klangfarbe als charaktergebendes Moment hervor.[59]

Besonders Mozarts Umgang mit Klangfarben gilt als herausragend gegenüber seinen Zeitgenossen:

> „Die Fähigkeit, die spezifischen Farbwirkungen der verschiedenen Streich- und Blasinstrumente zu immer neuen Klangfarben zu kombinieren, sie zu neuen Ausdrucksbereichen zu entwickeln, die mitreißende Sinnlichkeit seines Kolorits und der einzigartig hohe Grad der Integration von Farbe, Tonart, Harmonie, Melodie und Rhythmus heben Mozart weit über alle kleineren Zeitgenossen, oft auch über Haydn und Beethoven hinaus."[60]

Die Klangfarbe wurde also in der Klassik erstmals als gestalterisches Element eingesetzt und wahrgenommen. Dennoch ist in der Musik dieser Epoche die Melodie das deutlich dominierende Element.

53 *Rösing*, Die Bedeutung der Klangfarbe in traditioneller und elektronischer Musik, S. 20.
54 *Blume* in MGG, 1. Aufl., Bd. 7, S. 1078f.
55 Hohe Oberstimme, tiefe Bass-Begleitung.
56 Homogener Gesamtklang mit einheitlichem Klangspektrum, in dem verschiedene Tonhöhen und Klangfarben vertreten sind.
57 *Blume* in MGG, 1. Aufl., Bd. 7, S. 1080.
58 Um 1750 von Johann Stamitz in Mannheim aus der Hofkapelle Karl Theodors begründeter Musikerkreis; unter den bedeutenden Mitgliedern: Johann Stamitz (1717–1757), Franz Xaver Richter (1709–1789), Christian Cannabich (1731–1798), Karl Joseph Toeschi (1731–1788), Ignaz Holzbauer (1711–1783), Anton Filtz (1733–1760) und Carl Stamitz (1745–1801).
59 *Blume* in MGG, 1. Aufl., Bd. 7, S. 1079.
60 Ebenda.

4. 19. Jahrhundert

Auch in der Romantik hält man an der *„Suprematie der Melodie über alle anderen Elemente"* fest.[61] Dabei ist die Melodie nicht mehr wie in der Klassik nach ästhetischen Regeln und Gesetzen geformt, sondern wird als *„Gefäß des seelischen Ausdrucks"* angesehen.[62] Sie gilt dabei als dasjenige Element, in dem die Originalität des Komponisten am deutlichsten in Erscheinung tritt und wird gleichzeitig zum Gegenstand schwerer Arbeit.[63] So wird etwa Richard Strauss mit der folgenden Äußerung zitiert:

> „Ich arbeite sehr lange an Melodien; vom ersten Einfall bis zur letzten melodischen Gestalt ist ein weiter Weg (...) Auf den Konservatorien wird alles gelehrt, nur nicht (...) die Melodienbildung (...) Das Motiv ist Sache der Eingebung; es ist der Einfall, und die meisten begnügen sich mit dem Einfall, während sich in der Entwicklung des Einfalls erst die wahre Kunst zeigt. (...) Eine Melodie, die aus dem Augenblick geboren scheint, ist fast immer das Ergebnis mühevoller Arbeit"[64]

Gegen Ende des 19. Jahrhunderts erfährt die Melodie in Wagners Musikdramen eine weitere Dimension. Die dort eingesetzten Leitmotive sind thematische, melodische oder motivische Gebilde, die Ideen, Personen und Gegenständen zugeordnet sind. Als solche werden sie Gegenstand von Verarbeitung (Sequenzierung, Variation, Verkürzung) und ziehen sich durch das gesamte Werk. Durch das Netz der Motivbeziehungen zueinander entwickelt sich die (von Wagner selbst) so genannte „unendliche Melodie".[65]

Das periodische Metrum und die relativ einfache Rhythmik der Klassik werden gemeinsam mit der achttaktigen Periode zunächst übernommen. Häufig wird mit Stereotypen gearbeitet. *Blume* charakterisiert die Musik der Romantik daher folgendermaßen:

> „Der Rhythmus ist eine schwache Seite der Musik im romantischen Zeitalter (...). Schubert kann ganze Sätze, besonders 6/8-Finali in einem durchgängigen Rhythmus schreiben; in anderen Sätzen kontrastieren große Abschn. miteinander, indem jeder einen konstanten Rhythmus festhält. Brahms ist ebenso wie Bruckner an einer eigentümlichen, im einzelnen oft bestechenden, im Gesamtwerk aber häufig wiederkehrenden Rhythmik kenntlich, in der Konfliktrhythmen und lang ausgesponnene Synkopenreihungen eine Rolle spielen. Die Werke kleinerer Komp. wie etwa Onslow, Czerny, Henselt, Lortzing, aber auch Spohr und Mendelssohn nicht ausgenommen, in späteren Jahrzehnten etwa Gernsheim, Rheinberger,

61 *Blume* in MGG, 1. Aufl., Bd. 11, S. 812.
62 *Michels,* dtv-Atlas Musik, S. 405.
63 *Blume* in MGG, 1. Aufl., Bd. 11, S. 812.
64 *Trenner*, Richard Strauss, Dokumente seines Lebens und Schaffens, S. 79 ff.
65 *Wörner*, Geschichte der Musik, S. 411; auf den Begriff des Motivs wird unter C. IV. 2. b) bb) S. 58 genauer eingegangen werden.

> Herzogenberg, Kiel kranken oftmals geradezu an rhythmischer Monotonie, und ihre Kompos. wirken nicht zuletzt aus diesem Grunde oft matt und ermüdend."[66]

Häufig wird mit Stereotypen aus Marsch- und Tanzmusik (Walzer, Galopp) gearbeitet. Dennoch finden sich auch rhythmische Neuerungen, wie etwa die häufigere Verwendung der Superposition binärer und ternärer Rhythmen (Duolen gegen Triolen), die Verschleierung der rhythmischen Struktur und des Metrums durch Quintolen oder Septolen (etwa bei Chopin) und der häufige Gebrauch ausgeschriebener Ritardandi oder Accelerandi.[67] Auch diese originelleren rhythmischen Stilmittel werden jedoch als Stereotypen missbraucht, so dass unter einem *„Bombardement von Reizen"* ein *„Eindruck des Mechanischen"* zurückbleibt.[68] Bruckner etwa wird vorgeworfen, es gäbe in seinen Symphonien kaum ein rhythmisches Motiv, das man nicht mit ähnlichen Motiven aus den anderen Symphonien verwechseln könnte.[69]

Erst als osteuropäische Komponisten (Mussorgsky, Dvořák, Smetana, Janáček, Bartók) rhythmische Elemente aus ihrer heimischen Volksmusik in ihre Kompositionen einfließen lassen, gewinnt der Rhythmus in der romantischen Musik an Originalität und Bedeutung.[70]

Der in der Klassik entdeckte gestalterische Einsatz der Klangfarbe wird in der Romantik zunächst verfeinert.[71] Mit der steigenden Bedeutung der Programmmusik[72] wird die Klangfarbe zum essentiellen Werkzeug der Tonmalerei.[73] Eines der bekanntesten Werke aus dem Genre „dramatische Programm-Symphonie" ist die „Symphonie fantastique" von Hector Berlioz (1803-1969) aus dem Jahr 1830. Berlioz wird ein wesentlicher Anteil an der *„Verfeinerung des musikalischen Farbensinnes"* und der *„erhöhten technischen Beherrschung der Farbgebung"* zugeschrieben.[74] Er selbst setzte sich in seinem Werk „Traité d'instrumentation et d'orchestration" bzw. „De l'Instrumentation"[75] vertieft mit der Frage des „timbre" auseinander.[76] Berlioz stellte dabei wohl erstmals klar, dass die Klangfarbe zwar zunächst dazu dienen kann, Melodien zu kolorieren,

66 *Blume* in MGG 1. Aufl., Bd. 11, 807f.
67 *Blume* in MGG, 1. Aufl., Bd. 11, 808.
68 Ebenda.
69 Ebenda.
70 Ebenda.
71 *Rösing*, Die Bedeutung der Klangfarbe in traditioneller und elektronischer Musik, S. 20.
72 Musik, die sich auf ein begrifflich fassbares Sujet bezieht und dieses mit musikalischen Mitteln und Techniken (z.B. Tonmalerei) abbildet.
73 *Wörner*, Geschichte der Musik, S. 463.
74 *Rösing*, Die Bedeutung der Klangfarbe in traditioneller und elektronischer Musik, S. 20.
75 Die einzelnen Kapitel des „Traité d'instrumentation et d'orchestration" erschienen bereits vorab unter dem Titel „De l'Instrumentation" in der „Revue et Gazette musicale de Paris".
76 *Muzzulini*, Genealogie der Klangfarbe, S. 346.

dass sie aber auch als Selbstzweck Verwendung finden kann um eigene Eindrücke hervorzurufen:

> „L'application de ces divers éléments sonores soit à colorer la mélodie, l'harmonie et le rythme, soit à produire des impressions sui generis (motivées ou non par une intention expressive), indépendantes de tout concours des trois autres puissances musicales, constitue l'art de l'instrumentation."[77]

In der deutschen Übersetzung von Alfred Dörffel :

> „In dem Gebrauche dieser verschiedenen Klangelemente nun und in deren Verwendung, sei es, um der Melodie, der Harmonie und dem Rhythmus eigenthümliche Färbung zu verleihen, oder sei es, um, unabhängig von jedem Zusammenwirken mit den drei anderen musikalischen Großmächten, Eindrücke sui generis (auf eine bestimmte Absicht sich gründend oder nicht gründend) hervorzubringen, – besteht die Kunst der Instrumentation."[78]

Mit dieser Einordnung propagiert Berlioz erstmals in der Musikgeschichte eine autonome Verwendung der Klangfarbe als gleichwertiges Element neben Melodie, Harmonie und Rhythmus. Die *„Emanzipation der Klangfarbe"*[79] nimmt nunmehr ihren Lauf.

Um die Jahrhundertwende zum 20. Jahrhundert ist diese Emanzipation weitgehend vollzogen. Im musikalischen Impressionismus steht die Klangfarbe gegenüber den übrigen Parametern deutlich im Vordergrund, wenn sie auch nicht die absolute Vorherrschaft erringt, wie sie die Farbe als nahezu allein entscheidendes Darstellungsmittel in der Malerei gewonnen hat.[80] In Debussys (1862-1918) Musik überwiegt die Bedeutung der Farbe gegenüber allen anderen Elementen. Die anderen Parameter *„dienen nur dazu ihre Vielfalt noch zu erhöhen."*[81]

Während die Klangfarbe zu Beginn des 19. Jahrhunderts noch ausschließlich akzessorische Verwendung findet, ist ihre Emanzipation zum autonomen Element gegen Ende des Jahrhunderts also weitgehend abgeschlossen. Dabei wird die farbliche Wirkung der gewählten Instrumentierung durch bestimmte Harmonien gestärkt und unterstrichen:

> „Und so ist die impressionistische Musik eine Musik der Klangfarben, der harmonischen Reize, einer Harmonik, die manchmal ihre tonal-funktionalen Zusammenhänge auflöst und „malerisch" Klänge um ihrer selbst willen nebeneinander stellt, die rein musikalisch-funktional kaum etwas miteinander zu tun haben, um unmittelbar auf die Sinne einzuwirken."[82]

77 *Berlioz*, De l'Instrumentation, S. 22.
78 *Berlioz,* Instrumentationslehre, Autorisierte deutsche Ausgabe von Alfred Dörffel, S. 5.
79 *Muzzulini*, Genealogie der Klangfarbe, S. 344.
80 *Albrecht* in MGG, 1. Aufl., Bd. 6, 1078.
81 *Stein*, Musik, Form und Darstellung, S. 132.
82 *Müller-Dombois*, Leitfaden Musikgeschichte, S. 269.

5. 20. Jahrhundert

Im Allgemeinen wird in der Musik die Zeit um 1910 als Epochenschwelle zum 20. Jahrhundert begriffen.[83] Die Musik dieses Jahrhunderts ist wie die keiner anderen Epoche von einem Stilpluralismus geprägt. Daher sollen im Folgenden unterschiedliche Strömungen der Musik des 20. Jahrhunderts untersucht werden.

a) Expressionismus

Unter Expressionismus wird in der Musik eine Strömung zwischen 1907 (Arnold Schönbergs „Erwartung" op. 17) und 1925 (Alban Bergs „Wozzeck" op. 7) verstanden.[84]

Die Musik des Expressionismus ist geprägt von schnellem und häufigem Wechsel der melodischen Richtung, unvermitteltem Nebeneinander der Harmonien mit schroffen Dissonanzen, Unruhe der Motive, Aufsuchen extremer Höhen- und Tiefenlagen, Neigung zum freien Rhythmus (der nicht mehr an Metrum oder Takt gebunden ist), stoßhaften Impulsen, Erregungsmotiven und dauerndem Rubato (Temposchwankungen).[85] Das musikalische Geschehen sucht die Extreme, die ausgleichende Mitte wird verlassen. Kennzeichnend für die Suche nach neuen Ausdrucksformen sind auch die zunehmende Differenzierung des klanglichen Elements und die Verwendung neuer rhythmischer Strukturen wie Polyrhythmen (gleichzeitige Schichtung unterschiedlicher rhythmischer Verläufe).[86]

Gleichzeitig entfernt sich die Musik in harmonischer Hinsicht zunehmend von der bislang gebräuchlichen Tonalität. Was mit der *„Emanzipation der Dissonanz"*[87] beginnt, endet schließlich in atonalen[88] Kompositionen. Als eine Ausprägung der atonalen Musik entwickelt Schönberg die so genannte Zwölftontechnik (Dodekaphonie). Diese Methode der „Komposition mit zwölf nur aufeinander bezogenen Tönen" baut auf Reihen von 12 Tönen auf, in denen jeweils jede Tonhöhe der chromatischen Tonleiter enthalten sein muss.[89] Nach dieser

83 *Wörner*, Geschichte der Musik, S. 526.
84 *Wörner*, Geschichte der Musik, S. 532.
85 *Hofman* in MGG, 1. Aufl., Bd. 3, S. 1658f.
86 *Hofman* in MGG, 1. Aufl., Bd. 3, S. 1663.
87 *Michels,* dtv-Atlas Musik, S. 524.
88 Die Musik hat keinen Bezug zum Grundton, der Tonika, d.h. die Musik lässt sich nicht mehr in eine Tonart einordnen.
89 BRM Bd. 4, S. 375.

Vorgabe ergeben sich nur 48 verschiedene mögliche Tonfolgen, die zur Melodiebildung grundsätzlich herangezogen werden.[90]

Im Expressionismus löst sich die Musik schließlich völlig vom Primat der Melodie. Der Abschied von der Tonalität macht eventuell vorhandene Tonlinien für den Hörer schwer erfassbar. Alles Eingängige wird bewusst vermieden. Stattdessen gewinnen die Parameter Klangfarbe und Rhythmus erheblich an Bedeutung.

Die Bedeutung der Klangfarbe als autonomes Element hat in den Kompositionen Schönbergs ihren Höhepunkt erreicht. Dieser prägt den Begriff der *„Klangfarbenmelodie“*, bei der die Farbwertfolge die Tonhöhe ablösen soll:

> „Ist es nun möglich, aus Klangfarben, die sich der Höhe nach unterscheiden, Gebilde entstehen zu lassen, die wir Melodien nennen, Folgen, deren Zusammenhang eine Gedankenähnliche Wirkung hervorruft, dann muss es auch möglich sein, aus den Klangfarben der anderen Dimension, aus dem, was wir schlichtweg Klangfarbe nennen, solche Folgen herzustellen, deren Beziehung untereinander mit einer Art Logik wirkt, ganz äquivalent jener Logik, die uns bei der Melodie der Klanghöhen genügt. Das scheint eine Zukunftsphantasie und ist es wahrscheinlich auch. Aber eine von der ich fest glaube, daß sie sich verwirklichen wird. Von der ich fest glaube, dass sie die sinnlichen, geistigen und seelischen Genüsse, die die Kunst bietet, in unerhörter Weise zu steigern imstande ist. Von der ich fest glaube, daß sie jenem uns näher bringen wird, was Träume uns vorspiegeln; daß sie unsere Beziehungen zu dem, was uns heute unbelebt scheint, erweitern wird, indem wir dem Leben von unserem Leben geben, das nur durch die geringe Verbindung, die wir mit ihm haben, vorläufig für uns tot ist.
>
> Klangfarbenmelodien! Welche feinen Sinne, die hier unterscheiden, welcher hochentwickelte Geist, der an so subtilen Dingen Vergnügen finden mag!“[91]

In seinem Orchesterstück op. 16 Nr. 3, das den Titel „Farben“ trägt, nähert sich Schönberg seiner Vorstellung von der Klangfarbenmelodie an, indem er diese zum einzigen Ausdrucksmittel erhebt. Der gewünschte Effekt wird erzielt, indem im selben Akkord bruchlos die Instrumente wechseln und damit die Klangfarbe fließend variiert. Die Bedeutung von Melodie, Harmonie und Rhythmus treten vollständig hinter der Klangfarbe zurück.

Zu Beginn des 20. Jahrhunderts wird auch die rhythmische Vielfalt stark ausgebaut. Strawinskys „Sacre du Printemps“ (1913) löst nicht zuletzt wegen seiner als barbarisch empfundenen bis zum Exzess getriebenen Rhythmik bei der Uraufführung in Paris einen Skandal aus.[92] Besonders ungewöhnlich war die Durchbrechung jeglicher Taktrhythmik.[93] Damit wurde ein reguläres Bezugssystem im Rhythmus nahezu vollständig aufgegeben.

90 BRM Bd. 4, S. 375.
91 *Schönberg*, Harmonielehre, S. 503 f.
92 *Michels,* dtv-Atlas Musik, S. 497.
93 BRM, Bd. 4, S. 401.

Neue Möglichkeiten zeigt Béla Bartók (1881-1945) durch seinen Rückgriff auf rhythmische Elemente der Folklore.[94] Die 153 Klavierstücke seines „Mikrokosmos" (1926-1937) enthalten eine progressive Folge von leichten Anfängerstücken bis hin zu schwierigen Tänzen im bulgarischen Rhythmus, in denen er irreguläre, auf der bulgarischen Folklore basierende Rhythmen verarbeitet.[95]

b) Serielle Musik

Die serielle Musik überträgt das Reihendenken der Zwölftonmusik auf die übrigen Parameter. Angestrebt wird die *„Gleichberechtigung aller Elemente einer Komposition"*[96]. Als wichtigste Vertreter sind Pierre Boulez (geb. 1925) und Karlheinz Stockhausen (1928-2007) zu nennen.

An den strengen Zwölftonreihen der Dodekaphonie wird nicht festgehalten. Stattdessen versucht man, auch aus den übrigen Parametern des Einzeltons Dauer, Stärke und Farbe „Reihen" zu bilden.[97] Sowohl Hörer als auch Interpret stoßen bei dieser Musik jedoch schnell an ihre Grenzen. Da das Kurzzeitgedächtnis nicht mehr als sieben oder acht zusammenhanglose Werte abspeichern kann, sind die Strukturen der Musik nicht hörbar. Eine exakte Interpretation der – meist in Zahlen ausgedrückten – Angaben für die einzelnen Parameter ist unmöglich. Konsequenz dieser Schwierigkeiten ist schließlich die Entwicklung der elektronischen Musik einerseits, die auf einen Interpreten verzichten kann, und der Aleatorik andererseits, die, statt exakte Vorgaben zu machen, den Zufall einplant.[98]

Mit der seriellen Musik ist tatsächlich die absolute Gleichberechtigung der musikalischen Parameter erreicht. Konsequenz dieser Entwicklung ist jedoch, dass die Musik dem Hörer meist beliebig, teilweise sogar chaotisch erscheint. So formuliert etwa Kurt Honolka[99], nachdem er im Jahr 1951 die Uraufführung des Stückes „Polyphonie X" von Pierre Boulez gehört hat, folgende Kritik:

> „Die 17 Instrumente, die sich da mehr solistisch als orchestral produzierten, schienen keine wichtigere Aufgabe zu haben als alle Ansätze zu greifbaren Tongestalten im Keim zu ersticken. (...) Die Töne, mit Vorliebe in den abwegigsten Lagen der Instrumente, sprangen scheinbar wild durch die Oktaven. Jede melodische Linie, selbst winzige Gruppen, die man hätte als Motive auffassen können, wurden absichtsvoll vermieden. Von tonalem Zentrum selbstverständlich keine Spur. Metrum und Rhythmus waren nur als stammelndes Zucken wahrzunehmen, den gleichen Eindruck vermittelte die Dynamik, die von Ton zu Ton in brüsken Laut-Leise-Gegensätzen schwelgte. Hätte das Stück statt seines abstrakten,

94 BRM, Bd. 1, S. 103.
95 Ebenda.
96 *Stockhausen* zitiert in *Roesner*, Theater als Musik, S. 145.
97 *Michels,* dtv-Atlas Musik, S. 519.
98 *Michels,* dtv-Atlas Musik, S. 519.
99 Stuttgarter Musikwissenschaftler, 1913-1988.

den programmatischen Titel „Das Chaos“ getragen, man hätte es als wahrhaftig beredte Illustration respektieren müssen...“[100]

In der seriellen Musik sind also schließlich alle Parameter gleichberechtigt. Von einem Primat der Melodie kann hier schon deswegen nicht mehr die Rede sein, weil auf eine solche praktisch vollständig verzichtet wird. Der breiten Masse der Hörer ist die Musik damit aber nicht mehr zugänglich. Die serielle Musik wird daher alsbald aufgegeben.

c) Elektronische Musik

Bereits seit Beginn des zwanzigsten Jahrhunderts wird vielfach mit „Elektrophonen“ und elektrischen Musikinstrumenten experimentiert.[101] Als Beispiel ist hier etwa das Trautonium zu nennen, das von Friedrich Trautwein an der Berliner Musikhochschule entwickelt und 1930 erstmals vorgeführt wurde.[102] Dieses Instrument besteht aus einem Niederfrequenz-(Kippschwingungs-)Generator, einem Verstärker, aus Lautsprechern und einer Spielvorrichtung, die es ermöglicht, die Grundfrequenz der vom Generator erzeugten Schwingungen durch einen variablen Widerstand zu verändern. Als Widerstand dient ein Draht, der über eine Metallschiene gespannt ist und vom Spieler ähnlich wie eine Violinsaite abgegriffen wird. Durch die Berührung mit der Schiene wird der Schwingkreis geschlossen; abhängig vom Druck gegen die Schiene wird ein Flüssigkeitswiderstand verändert und damit die Intensität gesteuert.[103] Der Spieler kann daher durch den Druck oder etwa durch den Einsatz von „Vibrato“ noch Einfluss auf den von ihm erzeugten Klang nehmen.

Im Jahre 1951 gründet H. Eimert das erste Studio für elektronische Musik im Kölner Funkhaus des damaligen NWDR. Ab 1963 übernimmt Karlheinz Stockhausen die Leitung.[104] Die eigentliche elektronische Musik wird erst mit der Erfindung des Magnettonbandes um 1950 möglich.[105] Hierbei werden mit Hilfe von Generatoren Sinus-Töne hergestellt, die in Tonhöhe, Lautstärke und Klangfarbe beliebig verändert werden können. Mit Hilfe dieser Töne stellt der Komponist dann das Musikwerk her, das in der unmittelbar auf Tonband aufgezeichneten Tonaufnahme besteht. Die Trennung zwischen Komponist und Interpret erübrigt sich damit ebenso wie eine schriftliche Fixierung in Form einer Parti-

100 *Honolka*, zitiert nach *Pahlen*, Die große Geschichte der Musik, S. 620.
101 *Pahlen*, Die große Geschichte der Musik, S. 610.
102 BRM Bd. 4, S. 259.
103 Ebenda.
104 *Michels*, dtv-Atlas Musik, S. 521.
105 Ebenda.

tur.[106] Sämtliche Details des Werkes wurden unmittelbar durch den Urheber festgelegt. Das elektronische Musikwerk ist nicht mehr die abstrakte Idee eines Musikwerkes, die in einer Partitur festgehalten wird und die, um hörbar zu werden, der Umsetzung durch einen Interpreten bedarf. Das elektronische Musikwerk ist vielmehr direkt in akustisch wahrnehmbarer Form nieder gelegt. Damit ist der Komponist erstmals dem bildenden Künstler vergleichbar, der das Werk unmittelbar sichtbar etwa in einem Gemälde zum Ausdruck bringen kann. Er kann die Klangfarbe unmittelbar festlegen, ohne von der Mitwirkung anderer Künstler oder von Zufälligkeiten (wie Instrument und Akustik) abhängig zu sein. *Dräger* beschreibt dieses Phänomen bei der Erläuterung des Stichworts „*Musikästhetik*" wie folgt:

> „Es kann aber auch der Klang eine absolut freie Zusammensetzung erfahren und wird dadurch von denjenigen gestalthaften Bindungen frei, die bei den konventionellen Instrumentenklängen auf Grund des jeweils verwendeten Materials an den jeweils zugrunde liegenden »Naturklang« bestanden."[107]

Die elektronische Musik entsteht in der Tradition der seriellen Musik. Die Parameter des Einzeltons (Tonhöhe, -dauer, -stärke und –farbe) sind absolut gleichwertig. Eine Melodie im herkömmlichen Sinne existiert praktisch nicht. Im Hinblick auf die Klangfarbe ergeben sich völlig neue Möglichkeiten, was diesen Parameter gegenüber den anderen deutlich heraushebt. Nur bei dieser Art von Musik ist die Klangfarbe tatsächlich das Werk des Komponisten und kann nicht durch einen Interpreten „verfälscht" werden. Nur in seltenen Fällen wird von einem Werk der elektronischen Musik auch eine Partitur oder ein Arbeitsplan angefertigt. Dies geschieht jedoch meist erst nach der Realisierung des Werkes auf Tonband und dient dazu, den Kompositionsvorgang zu dokumentieren.[108]

Das serielle Denken und die neuen, elektronischen Möglichkeiten der Klanggestaltung münden schließlich in allgemeine Versuche, reine Klangkompositionen oder Klangfarbenkompositionen zu schaffen.[109] In György Ligetis (1923-2006) Komposition „Atmosphères" (1961) sind wechselnde Klangfarbenflächen die bestimmenden Elemente. Auch Krzysztof Penderecki (geb. 1933) komponierte zwischenzeitlich in dieser Manier. Die reine Klangfarbenkomposition wurde jedoch von allen Vertretern rasch wieder aufgegeben, da sie zu schnell zu Wiederholungen führte.[110]

106 Ebenda.
107 *Dräger* in MGG, 1. Aufl., Bd. 9, S. 1015.
108 *Weissthanner*, Urheberrechtliche Probleme neuer Musik, S. 15.
109 *Michels,* dtv-Atlas Musik, S. 517.
110 Ebenda.

II. Die Unterhaltungsmusik des 20. Jahrhunderts

Der Begriff der Unterhaltungsmusik entstand gegen Ende des 19. Jahrhunderts und wird heute mit der Produktion von leichter Musik als Ware in der modernen Massengesellschaft in Verbindung gebracht.[111]

1. Jazz

Der Jazz entsteht gegen Ende des 19. Jahrhunderts in den Südstaaten der USA als afroamerikanische Form der populären Musik.[112] Eine allgemeine Definition des Jazz als Musikrichtung ist angesichts seiner stilistischen Vielfalt und der großen Bedeutung der Individualität des Musikers nicht möglich.[113] Das Wesen des Jazz wird jedoch zu einem erheblichen Teil durch die auf Musizier- und Ausdrucksweisen ihrer Heimatländer zurückgreifenden Afroamerikaner geprägt.[114] Entsprechend große Bedeutung kommt daher dem rhythmischen Element zu. Der für den Jazz besonders charakteristische „drive" oder „swing" wird durch den rhythmischen „Offbeat" hervorgerufen.[115] Der „Offbeat" wird später auch in zahlreichen anderen Musikrichtungen relevant und umfasst alle Abweichungen von der regelmäßigen Schlagzeit (dem Metrum oder „Beat") von der notierbaren Synkope bis hin zu feinsten Verzögerungen oder Beschleunigungen.[116] Mit den „blue notes" (Terz und Septe wechseln zwischen klein und groß ohne klare Dur-/Moll-Tonalität) und der „Hot-Intonation" (unsaubere Tongebung beim Singen und Spielen mit Schleifen und Vibrato) hat der Jazz eine eigene charakteristische Harmonik.[117]

Seinem Ursprung nach beruht der Jazz auf Gruppenmusizieren in „kollektiver Improvisation" auf der Basis eines Chorus.[118] Damit ein gemeinsames Improvisieren möglich ist, wird als Chorus eine allen Mitspielern seinem melodischen und harmonischen Verlauf nach bekannte Melodie (etwa ein Schlagerrefrain, Blues oder Marsch) zugrunde gelegt. Der Chorus wird fortlaufend wiederholt und nach dem in afrikanischen Traditionen verwurzelten Call-and-response-Prinzip von den einzelnen Musikern rhythmisch umgestaltet und melodisch um-

111 *Michels,* dtv-Atlas Musik, S. 509; zur Problematik des Begriffs vgl. oben S. 24.
112 *Wicke* (Hrsg.), Handbuch der populären Musik, S. 347.
113 *Wicke* (Hrsg.), Handbuch der populären Musik, S. 347.
114 *Michels,* dtv-Atlas Musik, S. 505.
115 Ebenda.
116 Ebenda.
117 Ebenda.
118 BRM Bd. 2 S. 255.

spielt.[119] Der Rückgriff auf bekannte Melodien ermöglicht dabei nicht nur das gemeinsame Improvisieren mehrerer Musiker, sondern erleichtert auch dem Zuhörer das Verständnis kunstvoller Improvisationen, da ihm die zugrunde liegende Melodie vertraut ist.[120] Im Laufe der Zeit bildet sich eine Standardanzahl von Chorus-Melodien, die so genannten „Standards“ heraus, die zum Repertoire jedes Jazzmusikers gehören. Diese werden fortan regelmäßig den gemeinsamen Improvisationen zugrunde gelegt und machen das Improvisieren über fremde Melodien zu einem zentralen Element der Jazz-Musik. Selbst wenn sich im Jazz später auch Einzelkünstler etablieren und das Improvisieren in Gruppen nicht mehr die einzige Ausdrucksform darstellt, ist die Melodik weiterhin von der bei der Improvisation verwendeten Umspielungs- und Kolorierungstechnik geprägt.[121] Das Komponieren neuer, origineller oder besonders eingängiger Melodien spielt daher im Jazz anders als in zahlreichen anderen Musikstilen keine zentrale Rolle.

Von großer Bedeutung in der Jazz-Musik ist dagegen die Individualität des einzelnen Musikers, sein persönlicher Stil, seine charakteristische Stimme und bei Instrumentalisten eben auch erstmals der besondere „Sound“. Dies gilt vor allem für die Swing-Ära (Duke Ellington, Count Basie, Woody Herman), in der ein origineller Sound zum Qualitätsmerkmal des Musizierens wurde.[122] Auch Louis Armstrong war sowohl für seine unverwechselbare Stimme, als auch für seinen ebenso einfachen wie dramatischen Trompetenklang berühmt.[123] Ebenso bekannt war der unnachahmliche, etwas kühl klingende Trompeten-Sound des Jazz-Trompeters Miles Davis.[124]

2. Rock- und Popmusik

Unter Rockmusik wird im Allgemeinen eine in den 1960er Jahren entstandene Form der populären Musik verstanden, die aus dem Rock ‚n’ Roll, dem Boogie Woogie und dem schwarzen Rhythm and Blues hervorging.[125] Eine einheitliche Begriffsbestimmung ist wegen der stilistischen Vielfalt und der unterschiedlichen, oft gegensätzlichen Spielkonzeptionen und Musikauffassungen nicht möglich.[126] Verallgemeinert werden kann wohl, dass es sich um rhythmusbetonte und

119 BRM Bd. 2 S. 256.
120 *Witmer* in Kernfeld (Hrsg.) The new Grove dictionary of jazz, Bd. 3, S. 650.
121 BRM Bd. 2, S. 256.
122 BRM Bd. 4, 176.
123 *Bogdanov*, All Music Guide, S. 1145.
124 *Bogdanov*, All Music Guide, S. 1203.
125 *Michels,* dtv-Atlas Musik, S. 511.
126 *Wicke*, Handbuch der populären Musik, S. 607.

häufig elektronisch verstärkte Musik handelt, deren Zielgruppe zunächst primär Jugendliche sind.[127] Zur Rockmusik wird meist auch die Beat-Musik gerechnet, eine 1962-69 in Großbritannien vorherrschende Musik-Richtung, deren wichtigste Vertreter die Beatles waren.

In soziologischer Hinsicht wird die personelle Identität von Texter, Komponist, Arrangeur und Interpret in der Rockgruppe für wesentlich gehalten.[128] Durch das Fehlen eines die komponierte musikalische Struktur dominierenden Komponisten werden die *„strukturellen Faktoren"* gegenüber solchen der *„klangsinnlichen Erscheinungsform von Musik"* zurückgedrängt.[129] Der Sound gewinnt damit gegenüber den anderen Faktoren erheblich an Bedeutung.

Im Laufe der Jahrzehnte bildeten sich unterschiedliche Stilrichtungen der Rockmusik heraus, darunter etwa Heavy Rock bzw. Hard Rock, Electronic Rock, Folk Rock, Latin Rock, Classic Rock, Jazz Rock und Blues Rock.[130]

Die Abgrenzung zur Pop-Musik ist nicht immer einfach. Teilweise werden die Begriffe synonym verwendet, an anderer Stelle gelten sie als Gegensätze, wobei darauf hingewiesen wird, dass der Begriff Pop-Musik nicht mit „populärer Musik" gleichzusetzen ist.[131] In diesem Fall wird die Pop-Musik als eine Musik aufgefasst, die hinsichtlich Stilistik und Sound Extreme zu vermeiden sucht, und die keinen Bezug auf bestimmte Segmente des Publikums (Subkulturen) aufweist, sondern allgemein gefallen möchte.[132] Im Gegensatz zur Rockmusik wird die Pop-Musik daher auch als *„eine eher am Schlager orientierte und gern mit Streichern angereicherte sentimentale Gattung"* beschrieben.[133] Als wesentliche Vertreter werden Abba und die Bee Gees genannt; später ernennt Michael Jackson sich selbst zum „King of Pop". Die Popmusik zeichnet sich durch einen weniger extremen, weniger „harten" Sound aus. Stattdessen stehen absatzfördernde Melodien im Vordergrund. Ein wesentliches Element erfolgreicher Popsongs ist der eingängige, melodische und einprägsame Refrain.[134]

3. Hip-Hop/Rap

Der Hip-Hop hat seine Wurzeln in der schwarzen Funk- und Soul-Musik. Charakteristisch ist vor allem die Dominanz des in der jamaikanischen Tradition ste-

127 *Kneif* in Honegger, Massenkeil (Hrsg.), Das große Lexikon der Musik, Bd. 7, S. 102.
128 *Wicke*, Handbuch der populären Musik, S. 607.
129 Ebenda.
130 BRM Bd. 4, S. 56.
131 BRM Bd. 3, S. 315.
132 *Wicke*, Handbuch der populären Musik, S. 542.
133 *Kneif* in Honegger, Massenkeil (Hrsg.), Das große Lexikon der Musik, Bd. 7, S. 102.
134 *Lee*, Encyclopedia of music in the 20th century, S. 473.

henden Sprechgesang (Rap). Daneben wird diese Musikrichtung vor allem durch verschiedene Techniken geprägt, bei denen die Schallplatte während des Abspielens manipuliert wird.

Bis Ende der 1970er Jahre beschränkt sich die Verbreitung des Hip-Hop auf die afroamerikanischen Ghettos von New York, im Laufe des darauf folgenden Jahrzehnts erobert diese Musikrichtung jedoch die ganze Welt.[135] Seinen Ursprung hat der Hip-Hop in den Sound-Systemen von Jamaika, die als mobile Diskotheken Reggae-Musik in den Slums von Kingston spielten und von Jamaikanischen Immigranten nach New York gebracht wurden.[136] Die Diskjockeys (DJs), die für das Auflegen der Platten verantwortlich waren, bemühten sich zunächst um nahtlose Übergänge zwischen den einzelnen Titeln. Für diese Übergänge waren die instrumentalen Überleitungspassagen (so genannte Breaks) der Disco-Titel am besten geeignet.[137]

Schon bald entstand aus dem kunstvollen Zusammenmischen mehrerer solcher Titel ein neues Stück Musik (Break Music).[138] Daneben entwickeln sich zusätzliche Techniken, bei denen die Schallplatte während des Abspielens manipuliert wird. So wird etwa zur Spannungssteigerung durch Zurückdrehen der Platte der Einsatz des Gesangs verzögert oder eine besonders beliebte Stelle durch Zurücksetzen der Nadel mehrfach wiederholt (Loop).[139] Weitere Manipulations- und Mix-Techniken wie etwa das „Scratching“ (die rhythmische Bewegung der Platte unter der Nadel) werden später zur Grundlage von Rap und Hip-Hop, wo man in der Regel mit zwei Plattenspielern gleichzeitig arbeitet.[140] Hierbei können entweder zwei Exemplare desselben Songs verwendet oder unterschiedliche Songs miteinander kombiniert werden.

Zusätzlich werden so genannte Masters of Ceremony (MC) in das Programm integriert, die mit Sprechrhythmen und Kommentaren die Tänzer beim akrobatischen Breakdance anfeuern.[141] Dieses „MCing“ ist die Grundlage des Rap.

Seit den 1980er Jahren werden auch Schallplattenaufnahmen von Hip-Hop eingespielt, die sich teilweise millionenfach verkaufen (etwa „Rapper’s Delight“ der Sugarhill Gang oder „Planet Rock“ von Afrika Bambaataa).[142]

Eine besondere Bedeutung bei der Produktion von Hip-Hop-Musik hat die Erfindung des Samplers. Seit den 1980er Jahren ist es durch die Technik des Sampling möglich geworden, einzelne Passagen aus Tonaufnahmen direkt zu über-

135 *Lee*, Encyclopedia of music in the 20th century, S. 516.
136 Ebenda.
137 *Wicke*, Handbuch der populären Musik, S. 320.
138 Ebenda.
139 *Wicke*, Handbuch der populären Musik, S. 197.
140 Ebenda.
141 *Wicke*, Handbuch der populären Musik, S. 320.
142 *Brügmann* in Hassler (Hrsg.), Musiklexikon, Bd. 2, S. 461.

nehmen und zu verarbeiten. Das für diese Zwecke entwickelte Gerät, „der Sampler“, ist in der Lage, jedes Geräusch aufzunehmen und in einen binären Code umzuwandeln (Digitalisierung).[143] Dabei können sowohl eigene Sounds eingespielt, als auch Teile aus Plattenaufnahmen kopiert werden. Sodann kann das digitalisierte Geräusch nicht nur über eine Klaviatur beliebig wiedergegeben, sondern auch – beispielsweise durch eine Veränderung der Tonhöhe (Transposition) oder Bildung von Schleifen (Loops) –bearbeitet werden.[144] Der Hip-Hop entstand somit aus der Kombination von kunstvoll zusammen gemischten Plattenaufnahmen und Sprechgesang.

Die Melodie ist nahe liegender Weise kein prägendes Element. An ihre Stelle tritt der „flow“ des Rap (eine Art Sprachmelodie). Daneben hat in dieser stark text-dominierten Musikrichtung der Sound eine besondere Rolle eingenommen. Da im Wesentlichen mit bereits auf Plattenaufnahmen vorgefundenem Material gearbeitet wird, zeigt sich die Leistung des DJ in der Verarbeitung dieses Materials. Die verschiedenen Techniken beim Manipulieren der Platten (z.B. Scratching) und beim Bearbeiten der Samples ermöglichen völlig neue Klangfarben, die den Hip-Hop als Stilrichtung heute wesentlich prägen.

4. Techno und House-Musik

Die elektronische Musik von Oskar Sala und Karl-Heinz-Stockhausen gilt als Vorbild, Anstoß und Inspirationsquelle früher elektronischer Tanzmusik. Die Musikgruppe Kraftwerk legte mit ihrem Album „Autobahn“ 1974 den Grundstein für den so genannten Elektropop, der als Vorläufer des Techno gilt.

Der Musikstil Techno bezeichnet in der Regel elektronisch produzierte stark rhythmusorientierte Tanzmusik. Seinen Ursprung hat der Techno in der House-Musik, die in den spätern 1970er Jahren in den Chicagoer Clubs und Diskotheken entstand. Diese Musikrichtung wird beschrieben als eine

> „Fusion aus Disco Sound und europäischer Synthesizer-Musik, in der die Basslinien ungewöhnlich stark hervorgehoben sind, ein treibender, mit Elementen lateinamerikanischer Salsa-Musik durchsetzter Drum Machine-Rhythmus darübergelegt ist, während die simplen auf die motorische Bewegungsstimulation zielenden Gesangsmelodien von synthetischen Streicherklängen gestützt werden.“[145]

Charakteristisch für den Techno ist ein elektronisch generierter regelmäßiger 4/4-Rhythmus, bei dem es kaum Punktierungen oder Zwischenschläge gibt und

143 BRM Bd. 5, 264.

144 *Großmann* in Schanze (Hrsg.), Metzler-Lexikon Medientheorie, Medienwissenschaft, S. 320.

145 *Wicke*, Handbuch der populären Musik, S. 329.

der gelegentlich durch regelmäßige Achtel- und Sechzehntelschläge überlagert wird.[146] Nicht ganz zu Unrecht wird Techno-Musik daher auch als *„betont mechanische, maschinengleich stampfende und hochtechnisierte digital produzierte Tanzmusik"* beschrieben.[147]

Manche „Tracks" bauen auf sehr einfachen, eingängigen Melodien auf, die Musik kommt jedoch bisweilen auch völlig ohne Melodie aus. Im Vordergrund steht stattdessen das Experimentieren mit unterschiedlichen elektronischen Klangfarben, zumeist aus dem industriellen, metallischen Bereich. Die einzelnen „Tracks" basieren in der Regel auf repetitiven Arrangements, bei denen relativ kurze Fragmente häufig wiederholt werden, während einzelne Parameter (meist die Klangfarbe) variieren.

Stark im Zentrum dieser Musik stehen also elektronisch generierte Klangfarben und regelmäßige, stampfende Rhythmen.

III. Bewertung

Sowohl in der ernsten Musik als auch im Bereich der Unterhaltungsmusik ist ein konsequenter Trend zur Klangfarbe als autonomem Gestaltungselement zu erkennen. Eine rein klangfarbenbasierte Musik hat sich letztlich nicht durchsetzen können. Es existieren jedoch Werke, die, basierend auf Klangfarben und Rhythmus, nahezu vollständig ohne Melodie auskommen (etwa Schönbergs „Farben" und Techno-Tracks ohne Melodie). Die Existenz melodiefreier aber dennoch erfolgreicher Werke der elektronischen Unterhaltungsmusik belegt, dass auch die wirtschaftliche Bedeutung rein rhythmus- und klangfarbenbasierter Musik gestiegen ist.

Gerade in der Unterhaltungsmusik hat der Sound eine überragende Bedeutung erlangt. Diese Musik ist häufig auf gute Wiedererkennbarkeit angelegt und greift daher im Bereich von Melodik und Rhythmus auf Bekanntes zurück. *Bindhardt* vermutet hier sogar eine *„Selbstbeschränkung der Komponisten der Popularmusik im Hinblick auf die musikalischen Parameter Harmonik, Melodik und Rhythmus"*, die er auf das Desinteresse der Käufer an wesentlich Neuem zurückführt.[148] Dem Sound kommt daher eine bedeutende Unterscheidungsfunktion zu.[149]

146 *Mühe*, Unterhaltungsmusik, S. 223.

147 *Wicke*, Handbuch der populären Musik, S. 734.

148 *Bindhardt*, Der Schutz von in der Popularmusik verwendeten elektronisch erzeugten Einzelsounds, S. 29.

149 ebenda.

Die gestiegene Bedeutung der Klangfarbe ist nicht zuletzt auf technische Neuerungen wie die elektronische Verstärkung von Musikinstrumenten, die elektronische Gestaltung von Klängen mittels Synthesizer und die Erfindung des Samplers zurückzuführen.

Bei der Gestaltung des Rhythmus wird in allen Musikrichtungen gerne an Bekanntes angeknüpft und mit Versatzstücken gearbeitet. Sofern es neue Impulse zu geben scheint, sind auch diese häufig aus fremdländischer Folklore übernommen.

C. Der Schutz von Melodien im deutschen Urheberrecht

I. Die Melodie als persönliche geistige Schöpfung

Eine Melodie kann als Werk der Musik im Sinne von § 2 Abs. 1 Nr. 2 UrhG geschützt sein, sofern sie sich als persönliche geistige Schöpfung nach § 2 Abs. 2 UrhG darstellt.

An die Schöpfungshöhe werden hier keine hohen Anforderungen gestellt. Bei Werken der Musik wird die Schutzfähigkeit in der Regel bereits dann bejaht, wenn die jeweiligen Werke zwar als einfache Gestaltungen anzusehen sind, aber dennoch einen gewissen Grad an Individualität erkennen lassen.[150] Der Schutz einfacher, aber gerade noch geschützter geistiger Schöpfungen im Rahmen der so genannten „kleinen Münze" wird bei musikalischen Werken großzügig anerkannt.[151]

Der Versuch, bei der Beurteilung der Schutzfähigkeit zwischen verschiedenen Intervallfolgen zu differenzieren, erscheint wenig überzeugend.[152] Schließlich kommt es für die Individualität der Melodie nicht ausschließlich auf die Tonfolge, sondern auch auf deren Rhythmus und Struktur an. In seiner „Fantasy"-Entscheidung legt der Bundesgerichtshof – den Ausführungen des Sachverständigen folgend – detailliert dar, wie einer denkbar einfachen Melodie dennoch urheberrechtliche Schutzfähigkeit zukommen kann:

> „Nach den vom BerGer. auf der Grundlage der gutachtlichen Ausführungen des Sachverständigen Prof. Dr. R. getroffenen Feststellungen ist zwar nicht das Motiv A des Refrains (bestehend aus den ersten acht Noten von „Wie ein Kind") für sich alleine schutzfähig, da sowohl die Tonfolge (aufsteigende Terz, Abstieg zur Tonika und Ausklingen in der Sekunde) als auch die rhytmische Struktur (zweimal vorgezogene Betonung auf dem letzten Achtel eines Taktes, sog. offenbeat) zum musikalischen Allgemeingut gehören. Das Motiv enthalte eine Tonfolge einfachster Art, die sich in dem engen Bereich von drei Tönen bewege, die mit einer „Allerweltsfloskel", der aufsteigenden Terz, beginne und bei der die Fortsetzung mit dem Ausklingen auf der Sekunde sich dem Hörer fast aufdränge. Die zweifache Wiederholung des Motivs A dagegen verleihe der Tonfolge eine spürbare Ein-

150 *Schulze* in Dreier/Schulze, § 2 Rn. 139 m.w.N.

151 BGH GRUR 1981, 267, 268 – Dirlada; BGH GRUR 1988, 812, 814 – Ein bißchen Frieden; BGH GRUR 1988, 810, 811 – Fantasy.

152 Dies versucht *Liebscher,* Der Schutz der Melodie im deutschen und im amerikanischen Recht, in einer ausführlichen Darstellung S. 43ff. Zutreffend ist freilich die dort getroffene Feststellung, dass musikalische Stereotypen, wie Tonleitern und Dreiklänge sowie einfache Intervallfolgen, nicht schutzfähig sind.

dringlichkeit und lasse in Verbindung mit dem Schlußteil B die Gesamtfolge zur Melodie werden."[153]

Bereits die zweifache Wiederholung einer einfachen und nicht schutzfähigen Phrase konnte hier in Verbindung mit einem einfachen Schlussteil die urheberrechtliche Schutzfähigkeit der Melodie begründen.

Nach Ansicht von Alpert soll es zumindest ausreichen, wenn „der Laie die jeweilige Tonfolge beim Hören erfassen kann und sie beim abermaligen Hören nach Art eines „Aha"-Effektes einem bestimmten Werk zuordnen" könne.[154] Ein solcher „Wiedererkennungswert" wird sicherlich stets ein Hinweis auf hinreichende Individualität sein, er kann jedoch nicht das einzige Kriterium sein, da sonst unter Umständen anspruchsvollere, komplexere Gestaltungen nicht mehr erfasst wären, sofern der Laie diese nicht beim Hören unmittelbar erfassen und ohne weiteres wiedererkennen kann.

Jedenfalls nicht schutzfähig sind musikalische *„Allerweltsfloskeln"* und musikalisches *„Grundmaterial, das jedem mit den einfachsten handwerklichen musikalischen Grundlagen Vertrauten zugänglich ist."*[155] Mit dieser Begründung hat das OLG München die Schutzfähigkeit einer metrisch einfach gestalteten, sich in Sekund- und Terzschritten bewegenden Folge von fünf Tönen abgelehnt.[156] Besonders hervorgehoben wurde dabei nicht nur, dass es sich bei der Tonfolge um eine musikalische Allerweltsfloskel handelte, sondern auch, dass nur eine einfache und nahe liegende rhythmische Gestaltung vorlag. Bei der gewählten Unterteilung des Taktes in drei + drei + zwei = acht Einheiten handelte es sich nach Ansicht des Sachverständigen um ein altbekanntes Mittel, *„um anstelle der mechanischen Unterteilung des geraden Taktes in halbe/viertel/achtel einen swingenden Dreiertakt zu gewinnen"*.[157]

Eine Melodie ist also dann nicht schutzfähig, wenn es sich sowohl bei der Tonfolge als auch bei der gewählten Rhythmisierung um eine nahe liegende und gängige Gestaltung handelt. Insgesamt ist jedoch festzuhalten, dass an die urheberrechtliche Schutzfähigkeit von Melodien keine hohen Anforderungen gestellt werden.

153 BGH GRUR 1988, 810, 811 – Fantasy.
154 *Alpert*, ZUM 2002, 525, 527.
155 OLG München, ZUM 408, 409 – Green Grass Grows.
156 Ebenda.
157 Ebenda.

II. Der so genannte „starre Melodienschutz" nach § 24 Abs. 2 UrhG als Ausnahme von der freien Benutzung nach § 24 Abs. 1 UrhG

§ 24 Abs. 1 UrhG statuiert die Zulässigkeit der freien Benutzung nach dem Urheberrecht. Die Vorschrift legt damit die Grenze des urheberrechtlichen Schutzbereichs fest. Wegen § 23 UrhG kann der Urheber nicht nur gegen unveränderte Übernahmen aus seinem Werk vorgehen, sondern auch über die Veröffentlichung und Verwertung seines Werkes in abgewandelter Form bestimmen. Diese Werkherrschaft endet jedoch dort, wo die Grenzen der freien Benutzung nach § 24 Abs. 1 UrhG beginnen.[158] Sofern das Ausgangswerk nur als Anregung und Quelle der Inspiration gedient hat, muss der Urheber die Benutzung hinnehmen.

§ 24 Abs. 2 UrhG schließt die freie Benutzung eines Musikwerkes aus, sofern eine Melodie erkennbar einem Werk entnommen und einem neuen Werk zugrunde gelegt wird. Die Regelung ist also als Ausnahme von der grundsätzlich zulässigen freien Benutzung gestaltet. Solange eine Melodie im Wege der Bearbeitung nach § 23 UrhG verarbeitet wird und der notwendige Abstand zum Ausgangswerk nicht erkennbar ist, spielt der starre Melodienschutz also noch keine Rolle. Erst wenn der Anwendungsbereich von § 24 Abs. 1 UrhG grundsätzlich eröffnet ist, greift die Ausnahmevorschrift des Absatzes 2 ein. In diesem Fall handelt es sich systematisch nicht um eine Bearbeitung, sondern um eine ausnahmsweise unzulässige freie Benutzung.

III. Historischer Hintergrund der Vorschrift

1. Das Gesetz betreffend das Urheberrecht an Schriftwerken, Abbildungen, musikalischen Kompositionen und dramatischen Werken vom 11. Juni 1870

Ein einheitliches Gesetz zum Urheberrecht wurde in Deutschland erstmals auf der Ebene des 1866 gegründeten Norddeutschen Bundes erlassen. Am 11. Juni 1870 erging das Gesetz betreffend das Urheberrecht an Schriftwerken, Abbildungen, musikalischen Kompositionen und dramatischen Werken, das 1871 als Reichsgesetz übernommen wurde.[159]

In § 46 dieses Gesetzes fand sich bereits eine Regelung zum Schutze der Melodie mit folgendem Wortlaut:

> „Als Nachdruck sind alle ohne Genehmigung des Urhebers einer musikalischen Komposition herausgegebenen Bearbeitungen derselben anzusehen, welche nicht als eigentümliche

158 *Bullinger* in Wandtke/Bullinger, § 24 Rn. 1.
159 *Vogel*, GRUR 1987, 873, 874.

> Komposition betrachtet werden können, insbesondere Auszüge aus einer musikalischen Komposition, Arrangements für einzelne oder mehrere Instrumente und Stimmen sowie der Abdruck von einzelnen Motiven oder Melodien eines und desselben Werkes, die nicht künstlerisch verarbeitet sind."

Die damalige Vorschrift schützte also anders als § 24 Abs. 2 UrhG nur gegen Nachdruck und nicht gegen eine künstlerische Verarbeitung. Sie kann insofern nicht als Vorläufer des starren Melodienschutzes verstanden werden. Auch seinerzeit war jedoch bei der Beratung des Gesetzes schon gefordert worden, jede Benutzung einer fremden Melodie zu verbieten, auch wenn durch die Benutzung ein neues eigentümliches Musikstück hervorgebracht würde. Diese Forderung wurde damals aber entschieden zurückgewiesen mit dem Hinweis, dass die Benutzung einer Melodie erlaubt sein müsse, *„sobald nur das neue Werk sich als eine im wesentlichen neue geistige Schöpfung auf dem Gebiete der Musik darstelle"*.[160] Ziel des Gesetzgebers war es damals also, den Komponisten vor unmittelbarem Nachdruck zu schützen, die Möglichkeit einer künstlerischen Anknüpfung an fremde Melodien sollte hingegen erhalten bleiben. Potpourris, Variationen, Fantasien und Transkriptionen über fremde Melodien waren damit zulässig, sofern sie frei und selbständig verarbeitet und künstlerisch eigentümlich umgestaltet waren.[161] Verboten waren hingegen Arrangements und Auszüge aus geschützten Kompositionen, da bei diesen nicht der in der Melodie verkörperte musikalische Gedanke schöpferisch umgestaltet wurde.[162]

Eine Schwachstelle dieser Regelung lag darin, dass es zwar nicht gestattet war, Melodien *„eines und desselben Werkes"* abzudrucken, dass die Zusammenstellung von Melodien und Motiven aus verschiedenen Werken (auch eines Komponisten) aber nicht erfasst war.[163] Daher war der Vertrieb von *„minderwertigen Potpourris, in denen Melodien aus unterschiedlichen Werken mittels einfacher Übergänge aneinander gereiht wurden,"* zulässig.[164] Die auf diese Art und Weise – insbesondere aus Opern- und Operettenmelodien – hergestellten Potpourris waren im 19. Jahrhundert überaus beliebt. Sie verkauften sich in der Regel sogar weit besser als das Originalwerk.[165]

An der Vorschrift wurde daher heftige Kritik geübt und ein unbedingter Melodienschutz gefordert. In diesem Sinne äußerten sich sowohl die Musikalienhändler in ihrer Eingabe an den Reichskanzler vom Juli 1885, als auch der Bör-

160 Motive zu dem Entwurf des Urheberrechtsgesetzes von 1870, 39 zu § 49 und Kommissionsbericht 20, zit. nach *Nitze*, Das Recht an der Melodie im internationalen Urheberrecht, S. 12.

161 *Nitze*, Das Recht an der Melodie im internationalen Urheberrecht, S. 12.

162 *Nitze*, Das Recht an der Melodie im internationalen Urheberrecht, S. 13.

163 *Kremer*, Das ausschließliche Recht des Urhebers an der Melodie, S. 34.

164 *Nitze*, Das Recht an der Melodie im internationalen Urheberrecht, S. 13.

165 *ebenda*.

senverein Deutscher Buchhändler in den „Beiträgen zum Urheberrecht“, Leipzig 1896.[166]

Vor diesem Hintergrund kam es in Deutschland erstmals zur Einführung einer Vorschrift, die als „starrer Melodienschutz“[167] bezeichnet werden kann.

2. Das Gesetz betreffend das Urheberrecht an Werken der Literatur und der Tonkunst vom 19. Juni 1901

Eine § 24 Abs. 2 UrhG entsprechende Regelung fand sich erstmals im Gesetz betreffend das Urheberrecht an Werken der Literatur und der Tonkunst vom 19. Juni 1901 (LUG). § 13 Abs. 2 LUG lautete:

> „Bei einem Werke der Tonkunst ist jede Benutzung unzulässig, durch welche eine Melodie erkennbar dem Werke entnommen und einer neuen Arbeit zugrunde gelegt wird.“

Auch diese Vorschrift war bereits als Ausnahme von der in § 13 Abs. 1 LUG erstmals ausdrücklich festgeschriebenen Möglichkeit der freien Benutzung konzipiert.[168]

Als Grund für die Einführung der strengen Regelung wurde seinerzeit angegeben, dass *„von allen Seiten“* kritisiert würde, das geltende Recht führe zu Rechtsunsicherheit und leiste der Ausbeutung Vorschub, indem es die künstlerische Verarbeitung einzelner Melodien und Motive gestatte.[169] Insbesondere Variationen, Phantasien und Potpourris über selbständige Melodien beruhten nicht selten auf der *„Anwendung einfacher musikalischer Technik“* und seien durch die Absicht veranlasst, *„aus dem Werk eines anderen eine Einnahme zu ziehen“*.[170] Wo hier die künstlerische Bearbeitung beginne, sei schwer festzustellen. Wegen des breiten Kreises gemeinfreier Melodien würden dem künstlerischen Schaffen hierdurch auch nicht zu enge Grenzen gesetzt.

Der damalige Gesetzgeber stellte jedoch einschränkend klar, dass weder die *„unbewusste musikalische Entlehnung“*, noch eine wissentliche Entlehnung, die aber nur *„beiläufig“* vorkomme, etwa in einer Symphonie, unter § 13 Abs. 2

166 Ebenda.

167 Der Begriff wird allgemein verwendet. Vgl. etwa *Haberstumpf* in Mestmäcker/Schulze, § 24 Rn. 48; *Loewenheim* in Schricker/Loewenheim, Urheberrecht, § 24 Rn. 32; *Nordemann* in Fromm/Nordemann, § 23/24, Rn. 53; *Schack*, Urheber- und Urhebervertragsrecht, Rn. 277.

168 § 13 Abs. 1 LUG: *Unbeschadet der ausschließlichen Bedürfnisse, die dem Urheber nach § 12 Abs. 2 zustehen, ist die freie Benutzung seines Werkes zulässig, wenn dadurch eine eigentümliche Schöpfung hervorgebracht wird.*

169 Verhandlungen des Reichstages, Stenographische Berichte, Bd. 189, 1900/03, 1. Anlagenband, S. 398.

170 Ebenda

LUG fallen sollte.[171] Außerdem wollte er Satiren und Parodien vom Anwendungsbereich der Vorschrift ausgenommen wissen, da hier *„der fremde Gedanke nicht als Thema für weitere Ausführungen zugrunde gelegt"* würde, sondern nur *„zum Ausgangspunkte für eine Neuschöpfung gewählt"*, die *„vermöge ihres Zweckes auf ganz andere Wirkungen"* abziele als das benutzte Werk.[172]

Ziel des damaligen Gesetzgebers war es also vornehmlich, im Interesse der Musikverlage die damals so beliebten (Klavier)ausgaben von Opern und Operetten zu verbieten, in denen bekannte Melodien – gegebenenfalls noch mit Text unterlegt – zu leicht spielbaren Potpourris aneinandergereiht wurden. Die Nachfrage nach solchen Potpourris (auch Fantasie, Mélanges, Divertissement, Bouquet oder Medley genannt) war im 19. Jahrhundert durch die steigende Zahl *„musizierender Dilettanten"* stark gewachsen.[173] Das Potpourri beschränkte sich auf die wichtigsten und erfolgreichsten Melodien, die ohne besondere Rücksicht auf ihren ursprünglichen dramaturgischen Ort in der Oper selbst aneinander gereiht, tonal angeglichen und durch Übergangsteile verbunden wurden. Durch ihre Beschränkung auf die „zündenden Melodien" entsprachen die Potpourris den Hörerwartungen breiter Kreise und durch ihre einfache Faktur waren sie den musikalischen Fähigkeiten des Publikums angepasst.[174] Sie gehörten daher zu den beliebtesten Mitteln häuslicher musikalischer Unterhaltung im 19. Jahrhundert. Dabei lag die Herausgabe solcher Potpourris durchaus auch im Interesse der Verleger, da sie wesentlich zur Verbreitung von neuem Opernrepertoire beitrugen, und über den Aufführungsort hinaus Reklame für ein neues Werk gemacht werden konnte. Naheliegenderweise wollten die Verleger des Gesamtwerkes jedoch nicht auf die Möglichkeit verzichten, auch selbst (exclusiv) das entsprechende, meist lukrativere Potpourri herauszugeben.

Vor diesem musikhistorischen Hintergrund kam es erstmals zur Einführung eines starren Melodienschutzes in Deutschland.

3. Beibehaltung des starren Melodienschutzes im heutigen Urheberrechtsgesetz von 1965

Mit § 24 Abs. 2 UrhG wurde eine dem Melodienschutz des § 13 Abs. 2 LUG identische Regelung ins heutige Urheberrechtsgesetz übernommen. Dies über-

171 Ebenda
172 Ebenda
173 *Ballstedt* in MGG 1. Aufl., Bd. 7, S. 1760.
174 Ebenda.

rascht insofern, als keiner der vorhergehenden Entwürfe eine Übernahme der Vorschrift vorgesehen hatte.[175]

In der Gesetzesbegründung des Regierungsentwurfes der Bundesregierung vom 23. März 1962 wurde die Übernahme des starren Melodienschutzes ausdrücklich abgelehnt.[176] Dies wurde damit begründet, dass es auf dem Gebiet der leichten Musik einer solchen Regelung nicht bedürfe, weil dort nach der zum damaligen Zeitpunkt bereits sehr strengen Rechtsprechung im Fall der Übernahme einer Melodie niemals eine freie Benutzung angenommen werden würde. Bei solchen Werken nämlich stünde die Melodie regelmäßig so sehr im Vordergrund, dass im Falle ihrer Entnahme kaum je von einer selbständigen Neuschöpfung gesprochen werden könne. Andererseits würden auf dem Gebiet der ernsten Musik durch den starren Melodienschutz dem musikalischen Schaffen zu enge Grenzen gezogen. Hier würden oft wertvolle selbständige Schöpfungen unter Benutzung fremder Themen geschaffen, wie zum Beispiel Variationen oder Fantasien, deren Verwertung nicht von der Einwilligung des Urhebers der als Anregung benutzen Melodie abhängig sein dürfe.[177] Der Ausschuss für Kulturpolitik und Publizistik hatte sich ebenfalls für die Regelung des Regierungsentwurfs ausgesprochen, da er eine Sondervorschrift zugunsten der Musik nicht für gerechtfertigt hielt. [178]

Der Rechtsausschuss hingegen hatte sich nach Anhörung von Sachverständigen gegen die Aufhebung des geltenden Melodienschutzes ausgesprochen. Er befürchtete, dass die Streichung der Vorschrift zu einer für den Urheber nachteiligen Rechtsunsicherheit und damit zu einer *„Ausbeutung von Melodien unter dem Deckmantel der freien Benutzung“* führen könnte.[179] Vorangegangen waren Stellungnahmen des Deutschen Komponistenverbandes und des Deutschen Musikverlegerverbandes. Aufgrund der Stellungnahme des Rechtsausschusses kam es letztlich doch zur Aufnahme des § 24 Abs. 2 in das Urheberrechtsgesetz von 1965.

175 Entwurf des RJM 1932, § 4 Abs. 2, Entwurf eines Gesetzes über das Urheberrecht an Werken der Literatur, der Kunst und der Photographie mit Begründung, Berlin 1932
Akademieentwurf 1932, § 2 Abs. 2, GRUR 1939, 242
Referentenentwurf des BJM 1954, § 16 Abs. 2, in: Haertel/Schneider, Taschenbuch des Urheberrechts, 1955, 495, 507
Entwurf des BJM 1959, 5, 37 f. (Zit nach Wolpert UFITA 50 (1967), 769
Regierungsentwurf 1962, BT-Drucks. IV/270, zu § 24 UrhG, 51 f., auch in Schulze, Materialien zum Urheberrechtsgesetz, S.16.

176 BT-Drucks. IV/270 zu § 24, *Schulze*, Materialien zum Urheberrechtsgesetz, S. 449.

177 Ebenda.

178 Schriftlicher Bericht des Rechtsausschusses, Bericht des Abgeordneten Dr. *Reischl*, BT-Drucks. IV/3401, zu § 24.

179 Ebenda.

Der Anregung, den Melodienschutz noch über das geltende Recht hinaus zu erweitern und auch die freie Benutzung eines Themas oder eines charakteristischen Motivs für unzulässig zu erklären, ist jedoch auch der Rechtsausschuss nicht gefolgt. Diese Begriffe wurden als zu unbestimmt und rechtsunsicher erachtet.[180]

IV. Die Voraussetzungen des § 24 Abs. 2 UrhG

1. Anwendbarkeit

Da § 24 Abs. 2 UrhG eine Gegenausnahme zur freien Benutzung bildet, kommt die Vorschrift nur dann zur Anwendung, wenn es sich grundsätzlich um einen Fall der freien Benutzung nach § 24 Abs. 1 UrhG handelt.

a) Schaffung eines selbständigen Werkes

Um die Privilegierung des § 24 Abs. 1 UrhG beanspruchen zu können, muss der Benutzende zunächst ein selbständiges Werk im Sinne von § 2 Abs. 2 UrhG schaffen. Dies ergibt sich unmittelbar aus dem Wortlaut der Vorschrift. Diese Voraussetzung wird bei der Verarbeitung fremder Melodien häufig erfüllt sein, da zum einen bei Musikwerken an die Gestaltungshöhe keine zu hohen Anforderungen gestellt werden,[181] und zum anderen sich die schöpferische Leistung nicht nur aus der Melodie, sondern auch aus weiteren Elementen wie etwa der Begleitung oder der Instrumentierung und Orchestrierung ergeben kann.[182]

b) Übernahme eigenpersönlicher Züge

Sofern lediglich urheberrechtlich nicht geschützte Bestandteile eines fremden Werkes übernommen werden, ist dies urheberrechtlich nicht relevant. Da eine solche Übernahme stets zulässig ist, kommt es auf das Vorliegen einer freien Benutzung nicht an. Die übernommene Melodie muss also die Voraussetzungen von § 2 Abs. 2 UrhG erfüllen.

180 Ebenda.
181 s.o. C. I. S. 43.
182 BGH GRUR 1991, 533, 535 – Brown Girl II; BGH GRUR 1968, 321, 324 – Haselnuss.

c) In freier Benutzung des anderen Werkes

aa) Die von der Rechtsprechung entwickelte „Verblassens-Formel"

Die Rechtsprechung stellt bei der Abgrenzung, ob es sich um eine freie oder um eine abhängige Benutzung handelt, auf die von Eugen Ulmer geprägte Formel ab: *„Frei ist die Benutzung nur da, wo angesichts der Individualität des neuen Werkes die Züge des benutzten Werkes verblassen."*[183] Konkret fordert die Rechtsprechung für eine freie Benutzung, dass *„angesichts der Eigenart des neuen Werks die entlehnten eigenpersönlichen Züge des geschützten älteren Werks verblassen"*.[184] In der Regel soll dies dadurch geschehen, dass *„die dem geschützten älteren Werk entlehnten eigenpersönlichen Züge in dem neuen Werk in der Weise zurücktreten, dass das neue Werk nicht mehr in relevantem Umfang das ältere benutzt, so dass dieses nur noch als Anregung zu neuem, selbständigem Werkschaffen erscheint."*[185]

Damit hat die Rechtsprechung klargestellt, dass die Bezugsgröße für das Verblassen nicht das Ausgangswerk in seiner Gesamtheit, sondern die übernommenen Elemente sind. Wird eine fremde Melodie einem neuen Werk zugrunde gelegt, handelt es sich regelmäßig um die Übernahme eines Werkteils. Aus der von der Rechtsprechung gewählten Formulierung ergibt sich, dass gerade die eigenpersönlichen Züge der Melodie zurücktreten müssen und dass es nicht auf das Verblassen des Ausgangswerkes, dem die Melodie entnommen wurde, ankommt. Die Melodie selbst muss in dem neuen Werk in einer Weise zurücktreten, dass sie nur noch als „Anregung" anzusehen ist.

bb) Die Rechtsprechung zum „inneren Abstand"

Für die Annahme einer freien Benutzung ist nach der Rechtsprechung nicht erforderlich, dass die übernommene Melodie in dem neuen Werk nicht mehr erkennbar ist. Im Zusammenhang mit der urheberrechtlichen Zulässigkeit von Parodien hat der Bundesgerichtshof klargestellt, dass nicht von einem wörtlichen, engen Verständnis des Begriffs Verblassen ausgegangen werden kann. Nähme man an, dass das ältere Werk in dem neuen nur noch schwach und in urheberrechtlich nicht mehr relevanter Weise durchschimmern dürfte, wären der künstlerischen Auseinandersetzung mit noch geschützten Werken zu enge Schranken

183 *Ulmer*, Urheber- und Verlagsrecht, S. 163.
184 BGH, GRUR 1994, 191, 193 - Asterix-Persiflagen.
185 Ebenda.

gesetzt.[186] Dies soll ausdrücklich nicht nur für Parodien, sondern auch für andere Formen der künstlerischen Auseinandersetzung mit fremden Werken gelten.[187] Auch wenn die übernommenen eigenpersönlichen Züge nicht im eigentlichen Sinne verblassen, kann eine freie Benutzung dann anzunehmen sein, wenn das neue Werk zu den entlehnten Werkteilen aufgrund eigenschöpferischen Schaffens einen so großen „inneren Abstand" hält, dass das neue Werk seinem Wesen nach als selbständig anzusehen ist.[188]

Bei der Beurteilung des „inneren Abstands" hatte der Bundesgerichtshof zunächst auch darauf abgestellt, ob die Übernahme der geschützten Werkteile zur Erreichung des künstlerischen Zwecks erforderlich sei.[189] Dieses Kriterium wurde jedoch begrüßenswerter Weise später aufgegeben, da die Wirkung eigenschöpferischer Werke stets abhängig sei von den eingesetzten Mitteln, und diese daher für die konkrete eigenpersönliche Schöpfung stets auch im eigentlichen Sinn erforderlich seien.[190]

Bei den Fällen, in denen die Rechtsprechung einen „inneren Abstand" angenommen hat, handelt es sich im Wesentlichen um Parodien und Satiren.[191] In diesen wird der „innere Abstand" durch die anti-thematische Auseinandersetzung mit den übernommenen Elementen vermittelt.[192]

Diese Entscheidungen zeigen, dass das Festhalten am Kriterium des Verblassens im Zusammenhang mit Parodien artifiziell ist. Die antithematische Auseinandersetzung mit den eigenpersönlichen Zügen des parodierten Werkes rückt diese in den Mittelpunkt der Betrachtung. Sie können und sollen in der Parodie nicht verblassen.[193]

Es ist jedoch grundsätzlich unerheblich, ob man die Kategorie des „inneren Abstands" als Unterfall des „Verblassens" einordnet, oder ob man den Begriff der freien Benutzung um diese Kategorie erweitert. Jedenfalls erscheint es sinnvoll und notwendig, auch diese Fälle unter § 24 Abs. 1 UrhG zu subsumieren. Ein Werk ist nämlich auch dann als „selbständiges" Werk anzusehen, wenn es sich mit einem anderen Werk auseinander setzt, ohne sich die eigenpersönlichen Züge dieses Werkes zu Eigen zu machen. Die übernommenen Züge des fremden Werkes erscheinen dann als „kommentierter Fremdköper" in einem selbständi-

186 BGH GRUR 1971, 588 , 589 - Disney- Parodie; BGH GRUR 1994, 206, 208 – Alcolix.

187 BGH GRUR 1994, 206, 208 – Alcolix.

188 Ebenda.

189 BGH GRUR 1971, 588 , 590 – Disney- Parodie.

190 BGH NJW 2001, 603, 604 – K's Mattscheibe.

191 BGH GRUR 1971, 588 , 589 - Disney- Parodie; BGH GRUR 1994, 206, 208 – Alcolix; GRUR 1994, 191, 193 – Asterix-Persiflagen; BGH GRUR 2003, 956, 958 – Gies-Adler.

192 BGH GRUR 1971, 588 , 589 - Disney- Parodie; BGH GRUR 2003, 956, 958 – Gies-Adler; *Hess*, Urheberrechtsprobleme der Parodie, S. 149.

193 *Hess*, Urheberrechtsprobleme der Parodie, S. 149.

gen Werk. Dieser Fall der freien Benutzung liegt in der Nähe des Zitats nach § 51 UrhG, unterscheidet sich von diesem jedoch dadurch, dass die übernommenen Elemente verarbeitet werden. Die Verarbeitung des fremden Materials ist dabei das Ausdruckmittel der eigenen Aussage.

Die Fälle des „inneren Abstands" sind daher nicht nur unter Berücksichtigung der Kunst- und Meinungsfreiheit nach Art. 5 Abs. 1 bzw. 3 GG, sondern auch aufgrund eines wertenden Vergleichs zu § 51 UrhG unter § 24 Abs. 2 UrhG zu fassen.

cc) Die freie Benutzung von Melodien

Legt man die „Verblassens-Formel" des Bundesgerichtshofs zugrunde, müsste es sich bei § 24 Abs. 2 UrhG um Fälle handeln, in denen eine fremde Melodie erkennbar einem Werk entnommen und einem neuen zugrunde gelegt wurde, wobei sie jedoch in einer Weise verarbeitet wird, dass ihre eigenpersönlichen Züge in dem neuen Werk verblassen.

Ähnlich wie im Fall der Parodie ist eine solche Verarbeitung kaum denkbar. Wenn die Melodie dem neuen Werk zugrunde gelegt ist, wird sie kaum in einer Weise verarbeitet werden können, die sie so sehr verblassen lässt, dass sie lediglich als Anregung betrachtet werden kann. Dennoch sind auch solche Fälle grundsätzlich denkbar. Vor allem im Bereich des Jazz wird vielfach mit fremden Melodien gearbeitet, die im Wege der Improvisation so stark verändert werden, dass sie bereits nach wenigen Takten zurücktreten und nur noch gelegentlich durchschimmern.[194]

Häufiger werden hingegen Fälle sein, in denen eine freie Benutzung aufgrund des „inneren Abstands" zur übernommenen Melodie anzunehmen wäre. Auch im Fall der Melodieübernahme geht es häufig um die gezielte – wenn auch nicht zwangsläufig antithematische – Auseinandersetzung mit dem fremden Werk.[195]

Eine freie Benutzung fremder Melodien im Wege der Parodie wäre jedenfalls unter
§ 24 Abs. 1 UrhG zu fassen. Auch eine Verarbeitung im Sinne einer Hommage könnte jedoch den notwendigen „inneren Abstand" aufweisen. Zu Recht hat der Bundesgerichtshof klargestellt, dass die Fälle des „inneren Abstands" nicht auf Parodien und Satiren zu beschränken sind.[196] Eine würdigende Auseinandersetzung mit fremden Werken muss damit genauso zulässig sein wie die kritische.

194 Genaueres unter B. II. 1. S. 36 und unter C. V. 3. S. 76.
195 Näheres hierzu im Rahmen der dargestellten Fallgruppen unter C. V. S. 73.
196 BGH GRUR 1994, 206, 208 – Alcolix.

Dabei muss es sich selbstverständlich in allen Fällen um eine echte künstlerische Auseinandersetzung mit dem fremden Werk handeln, da weder Parodie noch Hommage einen „Freibrief" für die Übernahme fremder Elemente darstellen. Bei der Beurteilung des Verblassens sind daher strenge Maßstäbe anzulegen.[197] Es soll auf die Übereinstimmungen der zu vergleichenden Werke abzustellen sein, nicht auf die Unterschiede.[198] Dabei ist entscheidend, in welchem Umfang urheberrechtlich geschützte Teile des älteren Werkes in dem neuen Werk vorhanden sind.[199] Nicht genügend für eine freie Benutzung ist, wenn das neue Werk auch weitere, abweichende Elemente enthält.

Da der Bundesgerichtshof das Kriterium der „Erforderlichkeit" zu Recht aufgegeben hat,[200] wäre bei der Beurteilung des „inneren Abstands" allein auf die durch die künstlerische Auseinandersetzung vermittelte Selbständigkeit des späteren Werkes abzustellen.

2. Der Begriff der Melodie

Bevor im Einzelnen auf das musikwissenschaftliche und juristische Verständnis des Melodiebegriffs eingegangen wird, soll zunächst die Bedeutung des Wortes „Melodie" im allgemeinen Sprachgebrauch untersucht werden. Denn jede Auslegung hat vom Wortlaut der Vorschrift auszugehen und sich dabei zunächst am allgemeinen Sprachgebrauch zu orientieren.

a) Der allgemeine Sprachgebrauch

Im Brockhaus ist die Melodie definiert als *„Folge von Tönen verschiedener Höhe oder eine Folge verschieden großer und verschieden gerichteter Intervalle, die als Einheit aufgefasst wird"*.[201] Die Melodie werde demnach in erster Linie bestimmt *„durch die Tonhöhenorganisation (Diastematik) und erst dann durch die Dauer (Betonung) der einzelnen Töne (Rhythmus) sowie die Gliederung (Periodik), das Zeitmaß (Tempo) und durch die Art der Ausführung (Tongebung,*

197 BGH ZUM 2003, 770 ff. – Gies Adler; BGH NJW 2000, 2202, 2205 – Laras Tochter; *Schulze* in Dreier/Schulze, § 24 Rn. 9; *Dreyer* in Dreyer/Kotthoff/Meckel, § 24 Rn. 14.

198 BGH GRUR 1960, 251, 253 – Mecki Igel; BGH GRUR 1961, 635, 638 – Stahlrohrstuhl; BGH GRUR 1965, 45, 48 – Stadtplan; BGH GRUR 1981, 267, 269 – Dirlada; BGH GRUR 2006, 53, 54 f. – Wagenfeld-Tischleuchte.

199 *Bullinger* in Wandtke/Bullinger, § 51 Rn. 20.

200 s.o. C. IV. 1. c) bb) S. 51.

201 Brockhaus Enzyklopädie, Bd. 18, S. 218.

Klangfarbe, Dynamik).“[202] Das Nachschlagewerk differenziert nicht zwischen dem allgemeinen Sprachgebrauch des Begriffs „Melodie“ und dessen musikalischem Verständnis. Der Terminus „Melodie“, wie er im Sprachgebrauch verwendet wird, ist ein musikalischer terminus technicus.

Diesem Verständnis folgend wird die Melodie auch in Meyers neuem Lexikon als *„eine in sich geschlossene, nach Tonstufen geordnete Folge von Tönen in der Vokal- und Instrumentalmusik“* definiert. *„Etwa einem Satz in der Sprache vergleichbar, zeigt sie eine allgemein deutliche Unterteilung, deren Beschaffenheit weitgehend stilgeschichtlich bedingt ist.“*[203]

Eine Melodie ist nach dem allgemeinen Sprachgebrauch also eine Folge unterschiedlicher Töne, die als Einheit aufgefasst wird.

Da es sich jedoch gezeigt hat, dass der Begriff im allgemeinen Sprachgebrauch als musikalischer terminus verstanden wird, empfiehlt es sich, auf das Verständnis des Begriffs in der musikwissenschaftlichen Literatur einzugehen.

b) Das musikwissenschaftliche Verständnis

In rechtswissenschaftlichen Abhandlungen wird oft mit Nachdruck abgelehnt, bei der Bestimmung dieses Begriffes auf das musikwissenschaftliche Verständnis zurückzugreifen.[204] Die musikwissenschaftlichen Definitionen werden als *„zu unklar“* und *„zu unbestimmt“* abgetan.[205] Eine solche Kritik überzeugt jedoch wenig. In der Musikwissenschaft sind allenfalls – ähnlich wie in der Jurisprudenz – unterschiedliche Meinungen zu berücksichtigen. Es spricht daher grundsätzlich nichts dagegen, die einzelnen in der Musikwissenschaft gebräuchlichen Definitionen daraufhin zu untersuchen, ob sie sich auf eine gemeinsame Grundaussage zurückführen lassen, und ob sie auch zur Auslegung des juristischen Melodiebegriffes herangezogen werden können. Schließlich hat der Gesetzgeber mit dem Begriff der „Melodie“ auf einen musikalischen Terminus zurückgegriffen, der auch im allgemeinen Sprachgebrauch als solcher verstanden wird.

202 Ebenda.

203 Meyers neues Lexikon, Bd. 5, S. 312.

204 *Wolpert* UFITA 50 (1967) 769, 787; *Rehbinder*, Urheberrecht, Rn. 387; *Loewenheim* in Schricker/Loewenheim, Urheberrecht, § 24 Rn. 343.

205 *Loewenheim* in Schricker/Loewenheim, Urheberrecht, § 24 Rn. 34; *Rehbinder*, Urheberrecht, Rn. 387.

aa) Der Melodiebegriff nach musikwissenschaftlichem Verständnis

Möchte man sich ein Bild vom musikwissenschaftlichen Melodiebegriff machen, empfiehlt es sich, von den Definitionen der großen Standardwerke auszugehen.

Im Riemann Musiklexikon wird die Melodie als *„in der Zeit sich entfaltende selbständige Tonbewegung"* definiert.[206] Von Neben-, Füll- oder Begleitstimmen unterscheidet sich die Melodie in der Regel durch *„innere Folgerichtigkeit, Gesanglichkeit, leichtere Fasslichkeit oder durch Festigkeit und Geschlossenheit ihrer Gestalt"*.[207] Die Melodie im engeren Sinne enthält dabei auch ein rhythmisches Element, wodurch sie sich von der bloßen Tonfolge unterscheidet.[208]

Carl Dahlhaus geht von der Definition von Aristeides Quintilianus aus.[209] Danach sei die Melodie im engeren Sinne *„eine Verknüpfung von Tönen, die in Höhe und Tiefe ungleich sind"*. Er fordert dabei zudem, dass sich die Melodie als *„Gestalt"* von der bloßen Tonfolge unterscheide. Merkmale einer *„Gestalt"* sollen dabei Anschaulichkeit und Transponierbarkeit sein, wobei Transponierbarkeit bedeutet, dass sich die Melodie von den Tönen, die ihr Material bilden, abheben kann. Die Melodie ist damit unabhängig von der absoluten Tonhöhe, in der sie jeweils in Erscheinung tritt.

Das französische Standardwerk „Dictionnaire de la Musique" von *Marc Honegger* definiert die Melodie in einem weiten Sinne als *„succession de sons musicaux"*, in einem engeren Sinne als *„chant fait d'un assemblage de fragments musicaux"*.[210] Letztlich sei die Melodie eine *„suite de sons formant une ou plusieurs phrases musicales"*.[211]

Das „Große Lexikon der Musik"[212] definiert die Melodie als eine *„sinnhafte, in sich geschlossene und überschaubare Tonfolge, für die bestimmte Eigenschaften – individuelle Gestalt, fasslicher Bau, Ausdruckshaftigkeit und Sanglichkeit – maßgeblich sind."*[213]

Im größten englischsprachigen Nachschlagewerk „The new Grove" wird die Melodie als *„pitched sounds arranged in musical time in accordance with given cultural conventions and constraints"* definiert.[214]

206 *Zaminer* in Eggebrecht (Hrsg.), Riemann Musik Lexikon, Sachteil Bd. 3 S. 554.
207 Ebenda.
208 Ebenda.
209 *Dahlhaus* in MGG 1. Aufl., Bd. 6, S. 38.
210 *Bertrando-Patier* in Honegger, Dictionnaire de la Musique, S. 588.
211 Ebenda.
212 Eine überarbeitete Übersetzung des französischen Dictionnaire de la musique.
213 *Kühn* in Honegger, Massenkeil (Hrsg.), Das große Lexikon der Musik, Bd. 5, S. 269.
214 *Ringer* in Sadie (Hrsg.), The New Grove, Dictionary of Music and Musicians, Vol. 16, S. 363.

Stellt man also die gängigsten musikwissenschaftlichen Definitionen nebeneinander, ergibt sich folgendes Bild:

In ihrem weitesten Sinne ist eine Melodie nur eine Folge von Tönen (*succession de sons musicaux*). Der Begriff beschreibt damit jedenfalls eine horizontale musikalische Struktur, bei der die Töne nacheinander erklingen, im Gegensatz zur Harmonie, die die vertikale Struktur der Musik beschreibt.

Die meisten musikwissenschaftlichen Definitionen fordern jedoch darüber hinaus eine besondere Struktur der Tonfolge, durch die sich die Melodie von anderen Stimmen abhebt oder hervorhebt, und eine gewisse Abgeschlossenheit, die die Melodie vollständig erscheinen lässt.

Die geforderte Struktur wird mit Begriffen wie *„innere Folgerichtigkeit, Gesanglichkeit, leichtere Fasslichkeit"*[215], *„Festigkeit"*[216], oder *„individuelle Gestalt, fasslicher Bau, Ausdruckshaftigkeit und Sanglichkeit"*[217] beschrieben. Nichts anderes bedeutet der Begriff von *Dahlhaus „Gestalt"*, der auf *„Anschaulichkeit und Transponierbarkeit"* beruhen soll.[218] Auch die Ansicht, die Melodie müsse *„nach gewissen kulturellen Gepflogenheiten und Zwängen arrangiert"* sein,[219] drückt aus, dass die Melodie in einer erkennbaren Weise geordnet sein muss. All diese Begriffe beziehen sich auf eine innere Struktur der Melodie, die diese in den Ohren des Hörers „sinnvoll" erscheinen lässt.

Zudem soll es sich um eine vollständige Tonfolge handeln, die in sich abgeschlossen ist. Dies wird ausgedrückt durch Begriffe wie „*Geschlossenheit*"[220] und *„in sich geschlossene und überschaubare Tonfolge"*[221]. Auch die französische Definition, nach der sich die Melodie aus einer oder mehreren Phrasen zusammensetzt,[222] zielt auf diese Abgeschlossenheit ab. Die musikalische Phrase ist ähnlich wie ein Satz oder Halbsatz in der Sprache ein in sich abgeschlossenes Element.[223]

215 *Zaminer* in Eggebrecht (Hrsg.), Riemann Musik Lexikon, Sachteil Bd. 3 S. 554.
216 Ebenda.
217 *Kühn* in Honegger, Massenkeil (Hrsg.), Das große Lexikon der Musik, Bd. 5, S. 269.
218 *Dahlhaus* in MGG, Bd. 6, S. 38.
219 *Ringer* in Sadie (Hrsg.), The New Grove, Dictionary of Music and Musicians, Vol. 16, S. 363.
220 *Zaminer* in Eggebrecht (Hrsg.), Riemann Musik Lexikon, Bd. 3 S. 554.
221 *Kühn* in Honegger, Massenkeil (Hrsg.), Das große Lexikon der Musik, Bd. 5, S. 269.
222 *Bertrando-Patier* in Honegger, Dictionnaire de la Musique, S. 588.
223 In der französischen Sprache wird sowohl für den Satz in der Sprache, als auch für die Phrase in der Musik das Wort „phrase" verwendet.

bb) Abgrenzung zu den Begriffen „Motiv“ und „Thema“

In der juristischen Literatur wird teilweise auch auf die musikalischen termini technici „Motiv“ und „Thema“ zurückgegriffen und versucht, anhand dieser Begriffe zu einer Konkretisierung des Melodiebegriffs zu gelangen. Es empfiehlt sich daher, vorab eine Klärung dieser Begriffe vorzunehmen.

Das Thema ist ein musikalischer Gedanke,

> „der, wenn auch noch nicht völlig abgerundet und geschlossen, doch bereits so weit ausgeführt ist, dass er eine charakteristische Physiognomie zeigt. (...) Darüber hinaus ist das Thema dadurch gekennzeichnet, dass es in einem größeren musikalischen Zusammenhang (Abschnitt, Satz oder Werk) als prägende Substanz wirksam wird; dies geschieht vor allem durch Wiederkehr aber auch durch Verarbeitung und Verwandlung des Themas.“ [224]

Das Motiv ist demgegenüber das *„kleinste musikalische Glied einer Komposition“*.[225] Sowohl die Melodie als auch das Thema bestehen in der Regel aus mehreren Motiven. Dass dies jedoch nicht zwingend ist, beweist *De la Motte* in seinem Werk „Melodie“, indem er *„unmotivische Melodien“* vorstellt, die sich nicht auf einzelne Motive zurückführen lassen.[226]

Der Begriff „Thema“ eignet sich im Wesentlichen für die musikalische Analyse. Er beschreibt nicht wie der Begriff der Melodie *„Wesen und Eigenschaften einer Tonbeziehung als solcher“*, sondern vielmehr *„die Funktion einer Tonbeziehung in dem Werk, in das sie eingebaut“* ist.[227] Ein Thema ist eine Tonfolge, mit der der Komponist arbeitet. Sie kann rhythmisch verändert werden, sie kann auch durch Veränderung einzelner Tonhöhen leicht variiert oder durch Modulation in andere Tonarten geführt werden.

Bestimmten Formen in Werken der „ernsten Musik“ definieren sich geradezu über ihren – strengen Grundsätzen folgenden – Umgang mit dem Thema. In der Klavier- und Kammermusik sowie in der Symphonik ist etwa die Sonatenhauptsatzform[228] (auch Sonatensatzform oder Sonatenform) als Aufbau des ersten Satzes eines meist viersätzigen Zyklus verbreitet.[229] Auch die Fuge als musikalische Form definiert sich über die Voranstellung eines Themas, das in einer bestimmten Art und Weise verarbeitet wird.

Ernst Toch bringt die Differenzierung mit folgenden Worten auf den Punkt:

224 *Zaminer* in Eggebrecht (Hrsg.), Riemann Musik Lexikon, Sachteil Bd. 3 S. 950.
225 *Zaminer* in Eggebrecht (Hrsg.), Riemann Musik Lexikon, Sachteil Bd. 3 S. 591.
226 *De la Motte,* Melodie, S. 38 f.
227 *Peter*, Freie Benutzung und abhängige Nachschöpfung im musikalischen Urheberrecht, S. 65, der auch darauf hinweist, dass dasselbe für den Begriff des Leitmotivs gilt. Im Hinblick auf die Tatsache, dass die Melodie dem Werk auch eine charakteristische Prägung verleihen muss, beschreibt jedoch auch dieser Begriff deren Funktion im Werk. vgl. Fn. 259.
228 vgl. im ei nzelnen *Bandur* in MGG 1. Aufl., Bd. 8, S. 1615 ff.
229 s.o. unter B. I. 3. S. 25.

> „Auch haftet dem Begriff „Thema" bereits der Gedanke der Wiederholung und Verarbeitung, ja der Polyphonie an, während die Melodie etwas durchaus frei Bewegliches, Homophones ist. (Man wird niemals von einer „melodischen", sondern immer nur von einer „thematischen" *Arbeit*, niemals aber von der „thematischen", sondern nur von der „melodischen" *Erfindung* eines Tondichters sprechen.)"[230]

Für den juristischen Gebrauch eignet sich der Begriff des Themas wenig, da es nicht darauf ankommt, in welcher Weise der Komponist mit der Tonfolge arbeitet. Auf komplexe Fragen der musikalischen Analyse kann und muss der Jurist nicht eingehen. Auch der Begriff der Zugrundelegung, auf den unten noch näher einzugehen sein wird, setzt keine thematische Verarbeitung voraus.

Der Begriff „Motiv" hingegen, der die kleinste musikalische Sinneinheit beschreibt, eignet sich grundsätzlich auch zur Verwendung im juristischen Kontext. Er bezeichnet ebenso wie der Begriff der Melodie *„Wesen und Eigenschaften einer Tonbeziehung als solcher"*.[231] Eine Melodie im musikwissenschaftlichen Verständnis wird in der Regel aus mehreren Motiven bestehen. Zwingend ist dies jedoch nicht. Darauf, ob nach dem juristischen Verständnis bereits ein einzelnes Motiv eine Melodie darstellen kann, wird noch näher einzugehen sein.

c) Der Melodiebegriff nach juristischem Verständnis

aa) Rechtsprechung

Eine noch heute viel diskutierte Entscheidung, die zu § 13 Abs. 2 LUG erging, definierte die Melodie als *„Tongebilde, das aus dem Werk selbständig herausgelöst werden könne und der Verwertung durch Umschreibung und Paraphrasierung zugänglich"* sei.[232] Sofern diese Voraussetzungen erfüllt seien, könnten auch Motive und Themen unter den Begriff zu subsumieren sein.

Die Vorinstanz hatte den Begriff der Melodie noch als Gegensatz zu Thema und Motiv verstanden und dabei gefordert, dass es sich um eine Tonreihe handele, die den musikalischen Gedanken in künstlerisch singbarer Form als gegliedertes, abgerundetes Ganzes verkörpere.

Der Bundesgerichtshof hat sich seit Inkraftreten des Urheberrechtsgesetzes nur sehr selten zu § 24 Abs. 2 UrhG geäußert. In zwei Entscheidungen aus dem

230 *Toch*, Melodielehre, S. 7.

231 *Peter*, Freie Benutzung und abhängige Nachschöpfung im musikalischen Urheberrecht, S. 65, der zu Recht darauf hinweist, dass dies nicht für den Begriff des Leitmotivs gilt, der wiederum die Funktion eines Motivs in einem Werk betrifft.

232 OLG Dresden GRUR 1909, 332 (335) – Richard Strauss, Ein Heldenleben.

Jahr 1988 hat er die Melodie als eine *„in sich geschlossene geordnete Tonfolge"* definiert, die einen *„individuellen ästhetischen Gehalt"* aufweisen müsse.[233]

Auch das OLG München hat die Melodie als *„in sich geschlossene und geordnete Tonfolge"* verstanden, die dem Werk eine *„individuelle Prägung"* geben soll. Die Abgrenzung zu kürzeren Tonfolgen wie Motiven habe anhand des Merkmals der persönlichen geistigen Schöpfung zu erfolgen, da diese Schutzvoraussetzung sei.[234]

bb) Literatur

In der Literatur finden sich kaum zwei Definitionen des Melodiebegriffs, die einander folgen. Die unterschiedlichen Formulierungen seien daher im Folgenden kurz dargestellt, bevor eine Bewertung stattfindet.

Schack definiert die Melodie als *„herauslösbare charakteristische Tonfolge"*[235].

Rehbinder hingegen versteht darunter eine *„als Einheit empfundene Tonfolge, die dem Werk seine individuelle Prägung gibt"*.[236] Seiner Ansicht nach sind an die schöpferische Eigentümlichkeit der Melodie keine zu hohen Anforderungen zu stellen.

Diesem Verständnis sehr nahe liegt auch die Definition von *Loewenheim*, die eine *„in sich geschlossene und geordnete Tonfolge, die dem Werk seine individuelle Prägung gibt,"* fordert.[237] Die Abgrenzung zu kürzeren Tonfolgen soll allein nach der urheberrechtlichen Schutzfähigkeit erfolgen, so dass auch Themen und Motive eine Melodie im Sinne der Vorschrift sein sollen, sofern sie dem Werk seine individuelle Prägung verleihen.

Nach einer älteren (mittlerweile aufgegebenen) Ansicht sollte unter einer Melodie *„die Zeichnung eines Tongemäldes, der geformte musikalische Gedanke"* zu verstehen sein.[238]

Ausgehend von den weiteren Voraussetzungen des § 24 Abs. 2 UrhG versteht *Wolpert* die Melodie als *„ungerade individuelle Tonreihe, die Gegenstand einer Entnahme und Zugrundelegung in einem anderen Werke sein kann"*.[239] Nach

233 BGH GRUR 1988, 810, 811 – Fantasy; BGH GRUR 1988, 812, 814 – Ein bisschen Frieden.

234 OLG München ZUM 2000, 408, 409 – Melodieentnahme.

235 *Schack*, Urheber- und Urhebervertragsrecht, Rn. 277.

236 *Rehbinder*, Urheberrecht, Rn. 387.

237 *Loewenheim* in Schricker/Loewenheim, Urheberrecht, § 24 Rn. 34.

238 *Nicolini* in Möhring/Nicolini, 1. Aufl., § 24 Anm. 6a.

239 *Wolpert*, Der Schutz der Melodie im neuen Urheberrechtsgesetz, UFITA 50 (1967), 769, 806.

dieser Auffassung sollen ausdrücklich auch charakteristische Motive von der Definition erfasst sein.

Ahlberg vertritt eine sehr weite Auffassung, nach der allein entscheidend sein soll, ob die Tonfolge urheberrechtlich geschützt ist oder nicht. Definitionen aus anderen Disziplinen seien als Rechtsbegriffe unbrauchbar, da über diese keine einheitliche Auffassung bestehe. Die Melodie als Rechtsbegriff sei daher allein *„die Tonfolge“.*[240]

Liebscher schließlich definiert die Melodie als eine *„Tonfolge, die einem Musikstück seine individuelle Prägung gibt, die durch Selbständigkeit und die Einheitlichkeit des Gesamteindrucks gekennzeichnet ist, die zu einem gewissen Grad der Wiedererkennbarkeit zugänglich ist und die das Musikstück von anderen Komponisten unterscheidungsfähig macht.“*[241] Das in dieser Definition besondere Kriterium der Wiedererkennbarkeit und Unterscheidungsfähigkeit gründet sich auf einen Vergleich mit dem Markenrecht. Nach dieser Idee soll die Melodie eine ähnliche Grundfunktion haben wie die Marke. Sie soll die Unterscheidbarkeit von moderner Pop-, Rock-, und Dancemusik garantieren. Daneben soll sie auch in ihrer Werbefunktion der Marke vergleichbar sein und einen der Marke vergleichbaren *„Goodwill“* beim Publikum bewirken.[242]

d) Beurteilung

aa) Verhältnis von musikwissenschaftlichem und juristischem Melodiebegriff

Zunächst ist festzustellen, dass auch der Rechtsbegriff der Melodie in Rechtswissenschaft und Rechtsprechung uneinheitlich definiert wird. Sodann fällt auf, dass sich in den rechtswissenschaftlichen Definitionen im Wesentlichen die von der Musikwissenschaft verwendeten Kriterien wieder finden. Auf das Wesentliche reduziert fordern auch die juristischen Definitionen eine gewisse innere Struktur und Abgeschlossenheit. Dabei greifen sie auf Begriffe wie „in sich geschlossen“, „geordnet“, „herauslösbar“, „charakteristisch“, „Einheitlichkeit des Gesamteindrucks“, „individuelle Prägung“ zurück, während die Musikwissenschaft parallele Begriffe wie „innere Folgerichtigkeit“, „Fasslichkeit“, „Festigkeit“, „individuelle Gestalt“ oder „in sich geschlossen und überschaubar“ verwendet.

240 *Ahlberg* in Möhring/Nicolini, 2. Aufl., § 24 Rn. 34.
241 *Liebscher*, Der Schutz der Melodie im deutschen und im amerikanischen Recht, S. 41.
242 *Liebscher*, Der Schutz der Melodie im deutschen und im amerikanischen Recht, S. 37 ff.

Die häufig geforderte[243] strikte Trennung zwischen dem Rechtsbegriff der Melodie und dem musikwissenschaftlichen Verständnis ist im Ergebnis also weder notwendig noch vorhanden.

bb) Das Merkmal der Tonfolge

Nahezu sämtliche musikwissenschaftlichen und juristischen Definitionen stimmen darin überein, dass für eine Melodie eine Folge von Tönen notwendig ist.[244]

Durch dieses Kriterium wird die Melodie zunächst von der Harmonie abgegrenzt, die einen Zusammenklang von Tönen beschreibt. In der Melodie erklingen die Töne damit nacheinander, während der Begriff der Harmonie vor allem das gleichzeitige Erklingen verschiedener Töne beschreibt.

Zusätzlich setzt der Begriff der Tonfolge als selbstverständlich voraus, dass eine Melodie nicht aus Geräuschen gebildet werden kann. Eine Erstreckung auch auf Geräusche ist vom Wortlaut der Vorschrift, der ausdrücklich eine Melodie fordert, nicht gedeckt. Allein das Argument, dass der Melodiebegriff auch auf fremdländische oder moderne Musik anwendbar sein müsse,[245] rechtfertigt ein derart weites Verständnis nicht. Der Gesetzgeber wollte nämlich nur der Melodie als besonderer Erscheinungsform innerhalb der Musik einen besonderen Schutz einräumen und nicht musikalische Werke im Allgemeinen privilegieren. Daher ist daran festzuhalten, dass es sich bei einer Melodie jedenfalls um eine Folge von Tönen handeln muss.

Der Begriff der Tonfolge kann jedoch zu Missverständnissen führen. Er legt nämlich auf den ersten Blick nahe, dass es sich um eine Folge von Tönen handelt, die ihrer absoluten Höhe nach vorgegeben sind. Dies ist jedoch wohl in keiner der Definitionen gemeint. Wird eine Melodie um einen Ton nach oben oder unten transponiert, wird dieser Unterschied für einen Hörer, der nicht über ein absolutes Gehör verfügt, nicht zu erkennen sein. Die Melodie bleibt stets dieselbe, unabhängig davon, auf welchem Ton sie begonnen wird, beziehungsweise in welcher Tonart sie steht. Dieses Phänomen umschrieb *Dahlhaus* mit dem Kriterium der Transponierbarkeit.[246] In keiner anderen der besprochenen Definitionen

243 *Loewenheim* in Schricker/Loewenheim, Urheberrecht, § 24 Rn. 34; *Rehbinder*, Urheberrecht, Rn. 387; *Wolpert*, Der Schutz der Melodie im neuen Urheberrechtsgesetz, UFITA 50 (1967) 769, 787; s.o. C. IV. 2. b) S. 55.

244 A.A. nur *Riedel*, Originalmusik und Musikbearbeitung, UFITA 36, S. 206, der bereits eine Folge von mindestens zwei Geräuschen unterschiedlicher Tonhöhe genügen lassen will, um auch „fremdländische Melodien“ einzubeziehen.

245 *Riedel*, Originalmusik und Musikbearbeitung, UFITA 36, S. 205, der eine Folge von mindestens zwei Geräuschen für ausreichend hält.

246 *Dahlhaus* in MGG, 1. Aufl., Bd. 6, S. 38, s.o. unter C. IV. 2. b) aa) S. 56.

findet sich ein Hinweis auf den relativen Charakter der Tonfolge, wenn auch eine absolute Festlegung der Tonfolge ebenfalls nicht gefordert wird.

Es empfiehlt sich daher, der Klarstellung halber nicht von einer Tonfolge zu sprechen, sondern von einer Folge von Intervallen oder zumindest von einer relativen Tonfolge. Hierdurch wird klargestellt, dass die Tonhöhenlinie der Melodie sich aus aufeinander folgenden Intervallschritten ergibt und nicht absolut vorgegeben ist.

cc) Das Erfordernis der urheberrechtlichen Schutzfähigkeit

Das Erfordernis der urheberrechtlichen Schutzfähigkeit findet sich in der Regel nicht in den Definitionen des Melodiebegriffs wieder. Dies ist darauf zurückzuführen, dass die Frage der urheberrechtlichen Schutzfähigkeit der Frage, ob es sich um eine Melodie handelt, vorgelagert ist. § 24 Abs. 2 UrhG stellt sich in systematischer Hinsicht als Ausnahme von der freien Benutzung nach § 24 Abs. 1 UrhG dar. Sofern die entnommene Melodie von vornherein nicht als persönliche geistige Schöpfung im Sinne von § 2 UrhG anzusehen ist, ist eine Entnahme urheberrechtlich nicht relevant und damit ohnehin zulässig. Weder § 24 Abs.1 UrhG noch § 24 Abs. 2 UrhG können hier eine Rolle spielen.

Nach einer Ansicht allerdings soll sich der Melodiebegriff im Erfordernis der urheberrechtlichen Schutzfähigkeit erschöpfen.[247] Die Melodie soll nach diesem Verständnis allein eine urheberrechtlich geschützte Tonfolge sein. Diese Auffassung wird jedoch weder dem allgemeinen Verständnis des Begriffs Melodie, noch der Intention des Gesetzgebers gerecht. Nicht jeder urheberrechtlich schutzfähigen Tonfolge wohnt der besondere wirtschaftliche Wert inne, den der Gesetzgeber vor der Ausbeutung schützen wollte. Es sind daher weitere Kriterien zur Eingrenzung heranzuziehen.

dd) Das Merkmal der Abgeschlossenheit

Nahezu alle juristischen und musikwissenschaftlichen Definitionen fordern, dass die Tonfolge in sich geschlossen beziehungsweise abgeschlossen ist. Nach allgemeinem Verständnis ist eine Melodie ein Gebilde, das einen Anfang und ein Ende hat.

Aufgrund bestimmter harmonischer Gegebenheiten empfindet der Hörer gewisse musikalische Verläufe als abgeschlossen. Dies ist vor allem dann der Fall,

247 *Ahlberg* in Möhring/Nicolini, Urheberrecht, 2. Aufl., § 24 Rn. 34.

wenn diese auf dem jeweiligen Grundton (Tonika) einer Tonart enden. Fordert man einen solchen tonalen Verlauf, kommt die Annahme einer Melodie bei einer Vielzahl von moderneren Kompositionen nicht in Betracht. Im Bereich der atonalen Musik etwa, werden die den Hörgewohnheiten folgenden Erwartungen des Hörers gezielt enttäuscht. Tonfolgen haben in harmonischer Hinsicht regelmäßig nicht den vom Hörer empfundenen abgeschlossenen Charakter.[248] Dennoch können auch solche Tonfolgen in einer Weise gestaltet werden, dass einzelne Verläufe als zueinandergehörig und abgeschlossen empfunden werden. Dies wird vor allem über das rhythmische Element der Melodie zu erreichen sein. Auch kann sich die Erwartung des Hörers, wann eine Tonfolge als Einheit anzusehen ist, bereits nach mehrmaligem Hören eines Musikstückes anpassen. So ist unter Sozialwissenschaftlern anerkannt, dass der Hörer eine Tonfolge dann als Einheit ansehen wird, wenn er sie immer wieder hört, oder wenn sie einer bereits bekannten Melodie ähnelt.[249] Derartige Hörgewohnheiten sind also auch einem ständigen Wandel unterworfen.

Das Urheberrecht hat sich gegenüber den verschiedenen Kunstformen neutral zu verhalten. Der Begriff der Abgeschlossenheit ist daher weit zu verstehen. Er beschränkt sich nicht auf bestimmte harmonische Verläufe, sondern umfasst auch atonale Tonfolgen, deren Verlauf durch rhythmische Gestaltung zu einem Abschluss geführt wird.

ee) Das Merkmal der Geordnetheit

Sowohl der Bundesgerichtshof als auch einige Vertreter in der Literatur fordern, dass die Tonfolge nicht nur abgeschlossen, sondern auch in sich geordnet sein muss. Dieses Merkmal wird dabei jedoch nicht genauer spezifiziert. Es ist davon auszugehen, dass das Merkmal den Eindruck des Hörers beschreiben soll, dem die Tonfolge nicht beliebig oder zufällig erscheint, sondern sinnvoll arrangiert.

Ob dies der Fall ist, hängt jedoch von den Hörgewohnheiten des Hörers und unter Umständen sogar von seiner musikalischen Vorbildung ab. Vielen Hörern mag der Melodieverlauf atonaler Werke beliebig, ja sogar chaotisch erscheinen, während Kenner solcher Musik in ihr eine Struktur erkennen und die Tonfolge durchaus als geordnet begreifen würden. Das Merkmal der Geordnetheit ist damit zu vage, um für den juristischen Gebrauch tauglich zu sein.

Es empfiehlt sich, stattdessen darauf abzustellen, ob die Tonfolge rhythmisiert ist. Dabei muss ihr zunächst eine Taktart (4/4, 3/4, 6/8 etc.) vorgegeben sein. Diese legt die grundsätzliche metrische Struktur der Melodie und damit eine Art

248 Vgl. B. I. 5. S. 31.

249 *Farnsworth*, Sozialpsychologie der Musik, S. 41.

Grundpuls fest. Des weiteren werden den einzelnen Tonhöhen Notenwerte („Halbe", „Viertel", „Achtel" etc.) zugeordnet, die innerhalb des Metrums den Rhythmus der Melodie bestimmen. Dabei ist nicht erforderlich, dass es sich um unterschiedliche Notenwerte handelt. Auch eine Tonfolge, die sich nur aus gleichen Notenwerten zusammensetzt, ist als rhythmisiert anzusehen, da die Tondauern innerhalb einer Taktstruktur vorgegeben sind.

Die Bedeutung des Rhythmus für das Entstehen der Melodie beschreibt Ernst Toch in anschaulicher Weise:

> „Das Nacheinander von Tönen ergibt wohl eine „melodische Linie" – wir wollen sie gleich ein für allemal „Tonhöhenlinie" nennen – aber noch keine Melodie. (...) Die Tonhöhenlinie war ein wächsernes Bild, der Rhythmus hauchte ihm Leben ein. Der Rhythmus wurde ihm zu Seele."[250]

Der musikalische Terminus des Rhythmus erweist sich hier als schärfer als das in juristischen Definitionen geforderte Kriterium der Geordnetheit. Durch den Rhythmus wird einer andernfalls beliebig erscheinenden Tonfolge oder „Tonhöhenlinie" eine Struktur vorgegeben, an der sich der Hörer orientieren kann. Eine darüber hinaus gehende Ordnung, Struktur oder Gestalt der Tonfolge kann im juristischen Kontext nicht verlangt werden, da diese Kriterien von jedem Hörer anders wahrgenommen werden und damit zu unscharf für den juristischen Gebrauch sind.

ff) Die Bedeutung der Melodie innerhalb des Werkes

In einigen juristischen Definitionen wird gefordert, dass die Melodie dem Werk eine *„individuelle Prägung"*[251] verleihe. Nach einer musikwissenschaftlichen Definition soll sich die Melodie durch *„innere Folgerichtigkeit, Gesanglichkeit, leichtere Fasslichkeit oder durch Festigkeit und Geschlossenheit ihrer Gestalt"*[252] von Neben-, Füll- oder Begleitstimmen absetzen.

Damit wird die Frage aufgeworfen, welche Rolle die Melodie innerhalb des Musikwerkes spielen muss. Traditionell wird in der abendländischen Musik häufig zwischen Melodiestimme und Begleitung unterschieden. Begleitung soll dabei alles sein, *„was außer den melodieführenden Hauptstimmen erklingt, ihnen untergeordnet ist und dabei ihren metrischen und harmonischen Bau verdeut-*

250 *Toch*, Melodienlehre, S. 8.
251 *Rehbinder*, Urheberrecht, Rn. 387; *Loewenheim* in Schricker/Loewenheim, Urheberrecht, § 24 Rn. 34.
252 *Zaminer* in Eggebrecht (Hrsg.), Riemann Musik Lexikon, Sachteil Bd. 3, S. 554.

licht."[253] Bei absoluter Einstimmigkeit und Polyphonie[254] existiert eine solche Trennung jedoch nicht.

Im Bereich der ernsten Musik ging das Verhältnis der Stimmen allerdings bereits in der zweiten Hälfte des 19. Jahrhunderts in die prinzipielle Gleichrangigkeit über, so dass die Begriffe Melodie und Begleitung als Gegensatzpaar nicht mehr angewendet werden können.[255]

Auch auf dem Gebiet der Unterhaltungsmusik kann nicht immer klar in Melodie und Begleitung getrennt werden. Bei Hip-Hop oder Rap-Musik etwa wird der charakteristische (meist melodieärmere) Sprechgesang häufig von der so genannten Hookline, einer eingängigen melodischen Linie, begleitet.

Für die Klärung der Frage, welche Bedeutung die entnommene Melodie im Ausgangswerk haben muss, kann also nicht ausschließlich auf den Gegensatz von Melodie und Begleitung zurückgegriffen werden. Man könnte jedoch an den grundsätzlichen Gedanken einer solchen Trennung anknüpfen und fordern, dass die Melodie in dem Werk, dem sie entnommen wird, deutlich heraus hörbar ist und eine prägende Rolle spielt. Dieser Ansicht sind offenbar diejenigen, die fordern, dass die Melodie dem Werk eine individuelle Prägung verleihen muss.[256]

Andererseits ist es auch möglich, jede auch in einer Nebenstimme vorkommende Tonfolge grundsätzlich als Melodie anzuerkennen, sofern sie Gegenstand einer Entnahme und Zugrundelegung sein kann.[257]

§ 24 Abs. 2 UrhG äußert sich nicht zu der Frage, welche Rolle die Melodie im Ursprungswerk gespielt haben soll, es wird lediglich gefordert, dass sie entnommen und einem anderen Werk zugrunde gelegt wird. Der Begriff der Zugrundelegung betrifft also zunächst nur die Bedeutung der Melodie in dem übernehmenden Werk. Er kann jedoch auch als Hinweis auf die dem Gesetzgeber vorschwebende Funktion einer Melodie im Allgemeinen verstanden werden. Für eine solche Auslegung spricht auch der Zweck der Vorschrift. Der Gesetzgeber wollte mit dem starren Melodienschutz der besonderen Bedeutung der Melodie Rechnung tragen.

Grundsätzlich baut auch derjenige, der eine nur in ein einer Nebenstimme erklingende Tonfolge übernimmt und diese seinem Musikwerk zugrunde legt, auf fremder Leistung auf. Der Erfolg seines Werkes wird zu einem großen Teil auf die Qualität der übernommenen Tonfolge zurückzuführen sein. Dennoch handelt es sich hier nicht um den Fall, den der Gesetzgeber im Blick hatte. Grund für den

253 *Schnaus* in MGG, 1. Aufl., Bd. 5, S. 94.

254 Mehrere Stimmen verlaufen völlig gleichwertig nebeneinander.

255 *Schnaus* in BRM, Bd. 1, S. 122.

256 *Loewenheim* in Schricker/Loewenheim, Urheberrecht, § 24 Rn. 34; *Rehbinder*, Urheberrecht, Rn. 387.

257 *Wolpert*, Der Schutz der Melodie im neuen Urheberrechtsgesetz, UFITA 50 (1967), 769, 806.

besonderen Schutz der Melodie ist die besondere Rolle, die die Melodie in einem Musikwerk spielt. Sie wird als bedeutendstes Element des Werkes verstanden, das derart ausschlaggebend für dessen Erfolg ist, dass sich in anderen Kunstrichtungen (Literatur, bildende Kunst) keine Entsprechung findet.[258]

Diese Motivation des Gesetzgebers muss sich auch in der Definition des Melodiebegriffes wieder finden. Es ist daher derjenigen Meinung zu folgen, die fordert, dass die Melodie dem Musikwerk eine charakteristische Prägung verleiht. Dabei muss sie im Vergleich zu anderen Stimmen deutlich heraus hörbar sein.[259]

gg) Die Mindestlänge der Melodie

Bei der Definition des Melodiebegriffs wird in der Literatur häufig auf die Begriffe Motiv und Thema rekurriert, um festzulegen, welche Länge eine Melodie mindestens haben muss. Dies ist zunächst deshalb bemerkenswert, weil sich damit auch Autoren, die den Rückgriff auf musikwissenschaftliche Definitionen des Melodiebegriffs strikt ablehnen, wieder musikwissenschaftlicher Termini bedienen. *Rehbinder* äußert sich folgendermaßen:

> „Keine Melodien sind jedoch Themen und Motive, die zwar auf Erfindungen beruhen, aber nicht aus so vielen Tönen zusammengesetzt sind, als dass von individueller Prägung die Rede sein könnte."[260]

Nach der Formulierung wird nicht vollständig deutlich, ob *Rehbinder* Themen und Motive wegen ihrer Kürze generell nicht unter § 24 Abs. 2 UrhG fassen möchte, oder ob er nur diejenigen Themen und Motive ausnehmen möchte, die wegen ihrer Kürze dem Musikwerk keine individuelle Prägung verleihen können.

Das Thema im oben beschriebenen musikwissenschaftlichen Sinne[261] kann keinesfalls generell als Melodie ausgeschlossen werden. Im Gegenteil ist das Thema geradezu qua definitionem diejenige Tonfolge, die das Werk charakteristisch prägt. Da das Musikwerk auf dem Thema aufbaut, ist dieses in der Regel der Kern des Werkes. Häufig handelt es sich um 8-taktige Phrasen, die sich in immer wieder leicht abgewandelter Form durch das Werk ziehen. Das Thema wird damit in der Regel hinreichend individuell sein um als Ausdruck der Schöp-

258 Vgl. oben unter C. III. S. 45.

259 Insofern beschreibt der Bergriff der Melodie nicht ausschließlich *„Wesen und Eigenschaften einer Tonbeziehung als solcher"* sondern auch *„die Funktion der Tonbeziehung in dem Werk in das sie eingebaut"* ist (*Peter*, Freie Benutzung und abhängige Nachschöpfung im musikalischen Urheberrecht, S. 65). vgl. oben C. IV. 2. b) bb) S. 58.

260 *Rehbinder*, Urheberrecht, Rn. 387.

261 Unter C. IV. 2. b) bb) S. 58.

ferpersönlichkeit verstanden zu werden und das Werk schon durch seine Funktion als Thema entscheidend prägen.

Das Motiv als kleinster Baustein musikalischen Schaffens hingegen wird in der Regel ohnehin nicht urheberrechtlich schutzfähig sein. Es kann sich hierbei auch um sehr einfache Tonfolgen von geringer Originalität handeln. So hat etwa der Bundesgerichtshof in der bereits erwähnten Fantasy-Entscheidung betont, dass das Motiv A (bestehend aus den ersten acht Noten des streitgegenständlichen Musikwerkes "Wie ein Kind") im Gegensatz zur gesamten Melodie (bestehend aus der zweifachen Wiederholung des Motivs A und dem Schlussteil B) nicht schutzfähig sei.[262] Erst die zweifache Wiederholung dieses Motivs in Verbindung mit einem Schlussteil hatte in diesem Fall die urheberrechlichte Schutzfähigkeit der gesamten Melodie begründet.

Dennoch kann auch Motiven die urheberrechtliche Schutzfähigkeit nicht generell abgesprochen werden. Dies gilt zunächst, weil auch ganz einfache Tonfolgen Originalität besitzen können.[263] Neben der Abfolge der verschiedenen Intervalle sind nämlich Rhythmus und Aufbau der Tonfolgen als Elemente der Tongestaltung für die Ausdruckskraft bedeutsam. Entscheidend für die Frage der Schutzfähigkeit ist der auf dem Zusammenspiel all dieser Elemente beruhende Gesamteindruck.[264] Außerdem besteht ein Motiv nicht immer nur aus einer kurzen und einfachen Tonfolge. So sind etwa Wagners Leitmotive in der Regel so lang und so komplex, dass ihnen wohl kaum die Schutzfähigkeit abgesprochen werden kann. Der Begriff Motiv, der die kleinste musikalische Einheit bezeichnet, ist nämlich nicht nur auf ganz kurze Tonfolgen beschränkt. Entscheidend ist vielmehr die Zusammengehörigkeit einer Tonfolge. Lässt sich eine längere Tonfolge nicht mehr in kleinere Einheiten unterteilen, da sie einer fortlaufenden Linie folgt, ohne dass sich eine Zäsur erkennen ließe, so kann auch sie grundsätzlich als Motiv bezeichnet werden.

Es stellt sich also die Frage, ob eine Melodie begriffsnotwendig aus mehreren Motiven bestehen muss, oder ob bereits ein einzelnes Motiv die Melodie sein kann. Einige Autoren wollen die urheberrechtliche Schutzfähigkeit der Tonfolge allein ausreichen lassen, ohne zwischen Melodien, Motiven und Themen zu unterscheiden.[265] Eine solche Abstandnahme von der Verwendung weiterer musikalischer Termini bei der Definition der Melodie erscheint sinnvoll. Der Begriff „Thema" als Terminus der musikalischen Analyse eignet sich ohnehin nicht für

262 BGH GRUR 1988, 810, 811 – „Fantasy"; vgl. hierzu im Einzelnen: C. I. S. 43.
263 BGH GRUR 1981, 267, 268 – „Dirlada".
264 Ebenda.
265 *Ahlberg* in Möhring/Nicolini 2. Aufl., § 24 Rn. 34.

den juristischen Gebrauch.[266] Der in der juristischen Literatur unscharf verwendete Begriff „Motiv“ sorgt ebenfalls eher für Verwirrung als für Klarheit.

Die Frage, ob eine Tonfolge die für eine Melodie hinreichende Länge besitzt, kann jedoch auch nicht allein nach der urheberrechtlichen Schutzfähigkeit bestimmt werden. Stattdessen sollte das Kriterium der charakteristischen Prägung entscheidend sein. Diejenige abgeschlossene Tonfolge, die das Werk charakteristisch prägt, ist die Melodie des Werkes. Dies kann je nach Aufbau und Charakter des Werkes eine längere oder kürzere Tonfolge sein. So stellt auch *Schulze* zu Recht fest, dass *„manche Melodie aus mehreren Motiven bestehen kann, die wiederum in einer anderen Komposition durchaus als Melodie fungieren können.“*[267] Entscheidend ist demnach das Verhältnis zum Rest der Komposition.

Zusätzliche Anforderungen an die Länge der Melodie sind nicht zu stellen. Sofern eine Tonfolge urheberrechtlich schutzfähig ist und das Werk charakteristisch prägt, ist dies ausreichend.

hh) Das Kriterium der Wiedererkennbarkeit

Nur ein Vertreter der Literatur stellt bislang ausdrücklich auch auf das Erfordernis der Wiedererkennbarkeit ab.[268] Dieser beruft sich auf einen von *Adorno* und *Eisler* gezogenen Vergleich, nach dem die wagnerschen Leitmotive als eine Art *„trademarks“* fungierten, an denen man Figuren, Gefühle und Symbole erkennen könnte.[269] Dieser Vergleich mag bezogen auf Leitmotive und die von ihnen in Bezug genommen Figuren und Gefühle durchaus zutreffend sein, ein Rückschluss auf die Funktion der Melodie ist jedoch abwegig. Auch *Adorno* und *Eisler* ziehen einen Vergleich zu *„song-Melodien“* nur insofern, als sich diese ebenso wie die Leitmotive durch häufige Wiederholung dem Hörer einprägen.[270]

Liebscher beruft sich darauf, dass die Melodie in der *„modernen Musik“* (hiermit meint er die *„Pop-, Rock-, House-, oder Dancemusik“*) derart im Vordergrund stehe, dass die Komposition oftmals fast ausschließlich aus dieser bestehe.[271] Die Melodie habe daher eine ähnliche Funktion wie die Marke, die die Unterscheidbarkeit von Waren eines Unternehmens von den Waren anderer Unternehmen gewährleiste. Die Melodie garantiere in vergleichbarer Weise die Unterscheidbarkeit von moderner Rock-, Pop-, und Dancemusik.[272]

266 ausführliche Erläuterung s.o. unter C. IV. 2. b) bb) S. 58.
267 *Schulze* in Dreier/Schulze, § 24 Rn. 45.
268 *Liebscher*, Der Schutz der Melodie im deutschen und im amerikanischen Recht, S. 41.
269 *Adorno, Eisler,* Komposition für den Film, S. 20 ff.
270 Ebenda.
271 *Liebscher*, Der Schutz der Melodie im deutschen und im amerikanischen Recht, S. 37.
272 *Liebscher*, Der Schutz der Melodie im deutschen und im amerikanischen Recht, S. 38.

Diese Begründung ist aus verschiedenen Gründen wenig überzeugend. Zunächst ist aufgrund der eingangs dargestellten[273] gestiegenen Bedeutung des Sound in der Unterhaltungsmusik zu bezweifeln, ob diese Einschätzung zutreffend ist. Sodann darf für die Frage der Melodiedefinition auch nicht allein auf die Funktion der Melodie in der modernen Unterhaltungsmusik zurückgegriffen werden. Allein aus der Tatsache, dass die Melodie hier eine bestimmte Rolle spielt, kann nicht darauf geschlossen werden, dass dies allen Melodien gemeinsam sein muss. Außerdem unterscheidet sich die Funktion der Melodie in wesentlichen Aspekten von der der Marke. Die Marke ist ein Kennzeichen und als solches von dem zu kennzeichnenden Produkt verschieden. Die Melodie hingegen ist das Werk beziehungsweise das „Produkt" selbst. Der Schöpfer des Musikwerkes hat die Melodie nicht nur geschaffen, um das Musikstück von anderen zu unterscheiden. Selbst wenn man nicht davon ausgehen möchte, dass es dem Künstler um den Ausdruck künstlerischer Inhalte ging, muss man doch zumindest annehmen, dass die Melodie in erster Linie den wirtschaftlichen Erfolg des Musikwerkes fördern sollte. Dies wird sie umso mehr tun, wenn sie eingängig und wiedererkennbar ist. Die Melodie ist der Marke daher nicht vergleichbar.

Das Kriterium der Wiedererkennbarkeit ist jedoch aus anderen Gründen überzeugend und in die Melodiedefinition aufzunehmen. Zunächst ergibt sich dies aus einem Rückschluss aus dem Kriterium der erkennbaren Zugrundelegung.[274] Sofern die Melodie als solche nicht wiedererkennbar ist, kann sie auch einem anderen Werk nicht erkennbar zugrunde gelegt werden. Darüber hinaus ergibt sich das Erfordernis auch aus der besonderen Funktion des starren Melodienschutzes. Der Gesetzgeber wollte die wirtschaftliche Ausbeutung fremder Melodien verhindern. Hintergrund war dabei der besondere wirtschaftliche Wert, den die Melodie dem Musikwerk verleiht.[275] Dieser Wert ist jedoch nur dann gegeben, wenn die Melodie auch vom Publikum wiedererkannt werden kann.

Eine darüber hinaus gehende besondere Eingängigkeit der Melodie kann hingegen nicht verlangt werden. Ob eine Melodie dem Hörer gefällt oder sich ihm besonders einprägt, hängt von zu vielen subjektiven Faktoren ab, als dass ein solches Kriterium für den juristischen Gebrauch noch geeignet wäre.

273 B. II. S. 36.
274 Vgl. unten C. IV. 4. S. 72.
275 Schriftlicher Bericht des Rechtsausschusses, Bericht des Abgeordneten Dr. Reischl, zu BT-Drucks. IV/3401, zu § 24.

ii) Vorschlag für eine Definition des Melodiebegriffs

Die Melodie ist damit eine relative Tonfolge (oder eine Folge von Intervallen), die in sich abgeschlossen, rhythmisiert und wiedererkennbar ist und die dem Werk eine charakteristische Prägung verleiht. Darüber hinaus muss die Melodie auch urheberrechtlich geschützt sein. Dieses Kriterium geht der Frage der Melodiequalität jedoch voraus, so dass es nicht zwangsläufig in die Definition mit aufgenommen werden muss.

3. Entnahme

Nach dem Gesetzeswortlaut ist die freie Benutzung dann ausgeschlossen, wenn eine Melodie einem Musikwerk entnommen und einem anderen erkennbar zugrunde gelegt wird.

Dieser Wortlaut lässt vermuten, dass es sich um einen bewussten Vorgang handeln muss, da andernfalls ein gegenüber „Entnahme" neutralerer Begriff wie etwa „Verwendung" nahe gelegen hätte. So wurde zu § 13 Abs. 2 LUG auch noch vertreten, dass nur die bewusste Benutzung der Melodie erfasst sei.[276] Der Autor des neuen Werkes müsse dabei wissen, dass er eine fremde Melodie verwende, nicht jedoch, von wem sie stammt. Die im musikalischen Bereich häufigen Fälle der unbewussten Übernahme (Kryptomnesie) wären daher nicht erfasst. Dies war in der amtlichen Begründung zu § 13 LUG auch so vorgesehen.[277]

Die herrschende Auffassung zu § 24 Abs. 2 UrhG geht jedoch dahin, dass auch eine unbewusste Entlehnung erfasst sei.[278] Wie in allen anderen Fällen der Urheberrechtsverletzung soll lediglich erforderlich sein, dass der Komponist des neuen Werkes das ältere gekannt und auf dieses zurückgegriffen hat. Dies ist die Konsequenz dessen, dass vorsätzliches Handeln keine Voraussetzung der Urheberrechtsverletzung ist. Allein die objektive Übernahme einer fremden Schöpfung ist ausreichend.

Unter Heranziehung des „Ausbeutungsgedankens" könnte man grundsätzlich fordern, dass für den starren Melodienschutz etwas anderes gelten sollte. Eine

276 *Allfeld*, Das Urheberrecht an Werken der Literatur und der Tonkunst, S. 179.

277 LUG-Entwurf v. 8.12.1900, abgedr. bei Schulze, Materialien zum Urheberrechtsgesetz, Bd. 1, S. 138.

278 BGH GRUR 1971, 266, 268 – Magdalenenarie; NJW 1989, 386 – Fantasy; NJW 1989, 387, 388 – Ein bisschen Frieden; *Schack*, Urheber- und Urhebervertragsrecht, Rn. 277. a.A. nur *Riedel*, GRUR 1949, 236, 237.

„Ausbeutung fremder Melodien unter dem Deckmantel der freien Benutzung“[279] legt ein Vorsatzelement nahe. Der Gesetzgeber wollte mit der Regelung jedoch nicht ein bestimmtes Verhalten bestrafen, sondern die aufgrund ihrer speziellen Bedeutung besonders wertvolle Melodie schützen. Für die Frage, ob eine Ausbeutung von Melodien vorliegt, kommt es also nicht darauf an, ob die Übernahme bewusst erfolgt. Auch wenn ein Künstler unbewusst auf eine Melodie zurückgreift, die er schon einmal gehört hat, bedient er sich einer fremden Leistung und nutzt deren wirtschaftlichen Gehalt. § 24 Abs. 2 UrhG setzt damit kein Bewusstsein der Übernahme voraus.

4. Erkennbarkeit der Übernahme

Die Melodie muss erkennbar dem älteren Werk entnommen und dem neuen zugrunde gelegt worden sein. Wann dies der Fall ist, entscheidet sich nach dem Urteil der *„mit musikalischen Fragen einigermaßen vertrauten und hierfür aufgeschlossenen Verkehrskreise“*.[280] Dabei soll es ausreichen, wenn sich zumindest eine assoziative Verbindung zu dem benutzten Werk herstellen lässt, ohne dass bekannt sein muss, um welches Werk es sich handelt.[281]

5. Zugrundelegung

Die Melodie, die das Ausgangswerk im oben erläuterten Sinne „charakteristisch prägt“, muss dem neuen Werk „zugrunde gelegt“ sein. Durch letztere Formulierung wird die Rolle definiert, die die Melodie in dem übernehmenden Werk spielen muss.

Für eine Zugrundelegung soll erforderlich sein, dass die übernommene Melodie ein wesentlicher Teil des neuen Werkes ist, ohne dass sie dessen beherrschendes Thema sein muss.[282] Das neue Werk soll auf der Melodie aufbauen und sie sich als Gegenstand seiner weiteren musikalischen Folgen zu Eigen machen.[283] In einem ähnlichen Sinne wird teilweise auch gefordert, dass die Melodie in einer Weise in das neue Werk eingearbeitet werde, dass sie als Bestandteil

279 Schriftlicher Bericht des Rechtsausschusses, Bericht des Abgeordneten Dr. *Reischl*, zu BT-Drucks. IV/3401, zu § 24.

280 BGH GRUR 1981, 267, 268 – Dirlada; *Haberstumpf* in Mestmäcker/Schulze, § 24 Rn. 51; *Löwenheim* in Schricker/Loewenheim, Urheberrecht, § 24 Rn. 36; *Schulze* in Dreier/Schulze, § 24 Rn. 47.

281 *Löwenheim* in Schricker/Loewenheim, Urheberrecht, § 24 Rn. 36.

282 *Ahlberg* in Möhring/Nicolini, § 24 Rn. 36.

283 Ebenda.

desselben erscheine.[284] Nach einer anderen Ansicht soll bereits die bloße Benutzung der Melodie ausreichen.[285]

Einigkeit besteht jedenfalls darüber, dass der Begriff der Zugrundelegung im Gegensatz zum Begriff des Anführens beim musikalischen Zitat im Sinne von § 51 Nr. 3 UrhG steht.[286] In letzterem Fall bleibt die übernommene Melodie nämlich ein *„musikalisch nicht verarbeiteter Fremdkörper"*.[287]

Da der Gesetzgeber mit der Zugrundelegung einen deutlich engeren Begriff wählte, muss angenommen werden, dass eine bloße Benutzung der Melodie nicht ausreicht. Bedenkt man zudem, dass der Begriff der Zugrundelegung der Abgenzung zum musikalischen Zitat dient, ist derjenigen Ansicht zu folgen, nach der das neue Werk auf der Melodie aufbauen und sie sich zu Eigen machen muss.

V. Einige Fallgruppen

Nachdem die Voraussetzungen von § 24 Abs. 2 UrhG im Einzelnen erörtert wurden, sollen nun einige Fallgruppen aus der musikalischen Praxis vorgestellt werden, die mit der Regelung in Konflikt geraten können. Zunächst soll jedoch auf einen Fall eingegangen werden, in dem der Gesetzgeber einem eventuellen Konflikt bereits durch eine Sonderregelung vorgebeugt hat.

1. Ausnahmefall: Das musikalische Zitat nach § 51 Nr. 3 UrhG

§ 51 Nr. 3 UrhG erlaubt die Aufnahme einzelner Stellen eines Musikwerkes in ein anderes selbständiges Werk der Musik, sofern die Stellen im Rahmen eines Zitatzwecks „angeführt" werden.

Der Begriff des „Anführens" steht im Gegensatz zum Begriff des „Zugrundelegens". Das Musikzitat erlaubt die Übernahme von Melodien, sofern diese nicht verarbeitet werden, sondern lediglich unverändert erklingen.[288] Die Melodie soll dabei in ihrer musikalischen Struktur im Wesentlichen unverändert bleiben und vom Hörer als „Fremdkörper" erkannt werden.[289] Der Begriff der „Zugrundele-

284 *Dreyer* in Dreyer/Kotthoff/Meckel, § 24 Rn. 46.
285 *Loewenheim* in Schricker/Loewenheim, Urheberrecht, § 24 Rn. 36; *Haberstumpf* in Mestmäcker/Schulze, § 24 Rn. 52.
286 *Loewenheim* in Schricker/Loewenheim, Urheberrecht, § 24 Rn. 36; *Haberstumpf* in Mestmäcker/Schulze, § 24 Rn. 52; *Dreyer* in Dreyer/Kotthoff/Meckel, § 24 Rn. 46.
287 *Haberstumpf* in Mestmäcker/Schulze, § 24 Rn. 52.
288 *Lüft* in Wandtke/Bullinger, § 51 Rn. 20.
289 *Hertin* in Mestmäcker/Schulze, § 51 Rn. 71.

gung“ setzt also eine Verarbeitung voraus, während der Begriff des „Anführens“ gerade auf die unveränderte Übernahme abstellt.

Als Problematisch stellen sich beim Musikzitat vor allem der Zitatzweck und die Quellenangabe dar. Im Gegensatz zur Sprache kann nämlich die Musik Sinngehalte nicht unmittelbar ausdrücken, sondern allenfalls assoziativ vermitteln, weshalb die beim Sprachzitat häufige Belegfunktion als Zitatzweck ausscheidet.[290] Häufig sind dagegen Intentionen des künstlerischen Ausdrucks und der künstlerischen Gestaltung. Das Musikzitat kann daher als musikalische Pointe, als Witz oder Parodie verwendet werden. Daneben kann es auch zur Herstellung einer bestimmten Stimmung eingesetzt werden (z.B. ein Trauermarsch oder Walzermusik) oder um die Symbolkraft bestimmter Werke auszunutzen (z.B. Nationalhymnen oder Programmmusik wie „die Moldau“ von Smetana).[291] Ferner sind Reverenz- oder Huldigungszitate in Musikwerken zulässig, bei denen der Urheber einem anderen Komponisten durch die Einarbeitung einer seiner Melodien seine Verehrung ausdrückt.

Auf eine Quellenangabe muss beim Musikzitat – naturgemäß – verzichtet werden.[292] Da das Musikwerk im Wesentlichen zur akustischen Wiedergabe bestimmt ist, kommt eine solche rein faktisch schon nicht in Betracht. Aus diesem Grunde wird auch auf eine Quellenangabe in der Partitur verzichtet.

Sofern es sich also um ein echtes musikalisches Zitat handelt, ist die Übernahme einer fremden Melodie zulässig.

2. Variationen, Fantasien und Potpourris

Variationen und Phantasien über ein fremdes Thema stellen im Bereich der so genannten „ernsten Musik“ eine traditionelle Werkgattung dar. Als besonders bedeutend sind hier etwa Beethovens „Diabelli-Variationen“ op. 120 (Variationen über ein Walzer-Thema von Diabelli, die dieser selbst in Auftrag gegeben hatte) oder Brahms’ Variationen über ein Thema von Händel (op. 24) und die Variationen über ein Thema von Paganini (op. 35) zu nennen. In der Musik des zwanzigsten Jahrhunderts ist diese Werkgattung – sicherlich nicht zuletzt aufgrund der abnehmenden Bedeutung der Melodie – in den Hintergrund getreten.

Bei Variationen wird nach der üblichen Verarbeitungsform zunächst ein (fremdes) Thema in der Originalversion vorangestellt. Diesem folgen dann einzelne, meist recht kurze Variationen, deren Variierungsgrad mit jeder Variation zunimmt, so dass das ursprüngliche Thema immer stärker in den Hintergrund

290 *Hertin*, GRUR 1989, 159, 162.
291 *Hertin* in Mestmäcker/Schulze, § 51 Rn. 79.
292 *Hertin*, GRUR 1989, 159, 164.

tritt. Das Thema wird dabei als Charakter aufgefasst, der sich in den Variationen expressiv und dramatisch entfaltet.[293]

Die Fantasie unterscheidet sich von der Gattung der Variationen im Wesentlichen dadurch, dass sie in der Form ungebunden ist und durch die Spontaneität der Gestaltung in der Nähe der Improvisation steht.[294] Auch Fantasien wurde bisweilen ein fremdes Thema zugrunde gelegt. Berühmt geworden ist vor allem Pablo de Sarates „Carmen-Fantasie“ über Themen aus Bizets Oper „Carmen“.

Das Potpourri ist eine bunte Folge von Melodien und Melodiefragmenten. Seit Beginn des 19. Jahrhunderts kam in Deutschland das Potpourri mit Arrangements von beliebten Opern- und Operettenmelodien in Mode, das sich bald auch anderer Repertoires wie der Walzer- oder Marschmusik bediente.[295] Diese Mode hatte maßgeblich zur Einführung des starren Melodienschutzes in das LUG geführt.[296]

Alle drei Kategorien bedienen sich traditionell fremder Melodien. Ein echter Konflikt mit § 24 Abs. 2 UrhG liegt allerdings nur dann vor, wenn es sich bei den genannten Werken grundsätzlich um einen Fall der freien Benutzung nach § 24 Abs. 1 UrhG handelt.

Wie bereits dargelegt, sind an das Vorliegen einer freien Benutzung strenge Maßstäbe anzulegen.[297] Ein echtes Verblassen wäre nur in Fällen denkbar, die die Melodie nur als Anregung zu freier Improvisation zugrunde legen, oder die einen „inneren Abstand“ zur Ausgangsmelodie erkennen lassen. Da der musikalische Terminus der Fantasie recht weit ist und freie, improvisationsähnliche Verarbeitungen der Melodie üblich sind, ist bei dieser Gattung ein „echtes“ Verblassen der übernommenen Melodie denkbar.

Variationen über ein fremdes Thema könnten, da bei dieser Gattung die Verarbeitung des fremden Themas im Zentrum steht und ein echtes Verblassen des Themas somit ausscheidet, allenfalls unter dem Gesichtspunkt des „inneren Abstands“ als freie Benutzung eingeordnet werden. Voraussetzung wäre, dass aufgrund der künstlerischen Auseinandersetzung mit dem fremden Thema das neue Werk als selbständig anzusehen wäre. Dabei wäre ein Umgang mit dem übernommenen Werk erforderlich, bei dem sich der Urheber dieses nicht zu Eigen macht, sondern es – wie bei der Parodie – im Wege der Bearbeitung kommentiert. Da es inkonsequent wäre, die Zulässigkeit einer freien Benutzung auf die Fälle der kritischen Verarbeitung im Sinne der Parodie zu beschränken, muss

293 BRM, Bd. 4, S. 289.
294 BRM, Bd. 2, S. 39.
295 BRM, Bd. 3, S. 320.
296 S.o. C. III. S. 45.
297 BGH NJW 2000, 2202, 2205 – Laras Tochter; BGH ZUM 2003, 770 ff. – Gies Adler; *Dreyer* in Dreyer/Kotthoff/Meckel, § 24 Rn. 14; *Schulze* in Dreier/Schulze, § 24 Rn. 9; s.o. C. IV. 1. c) cc) S. 53.

auch die Bearbeitung fremder Themen zum Zwecke der Hommage von § 24 Abs. 1 UrhG erfasst sein. Unter diesem Aspekt wären sicherlich einige Fälle von Variationen über ein fremdes Thema grundsätzlich als freie Benutzung einer fremden Melodie einzuordnen.

Sowohl bei Variationen als auch bei Fantasien über fremde Themen handelt es sich also um eine traditionelle Musikgattung, die mit § 24 Abs. 2 UrhG in Konflikt gerät. Die Tatsache, dass solche Werke nicht mehr zum gängigen Formenschatz zeitgenössischer Musik zählen, ändert nichts an ihrer Relevanz für die Beurteilung von § 24 Abs. 2 UrhG. *Schmieder* weist etwa zu Recht darauf hin, dass es durchaus denkbar wäre, dass *„ein der atonalen Avantgarde abholder, neokonservativer Komponist eine bekannte Schlagermelodie auf alte Weise höchst kunstvoll variiert und – sei es auch aus parodistischen Gründen – durchaus „heraushörbar" zu einem neuen, selbständigen, in sich eigenwertigen Werk verarbeitet"*.[298]

Das Potpourri als Aneinanderreihung fremden musikalischen Materials hingegen wäre nie unter § 24 Abs. 1 UrhG zu fassen, da es sich kaum von seiner Vorlage entfernt. Nach heutiger Rechtslage wäre damit die Sorge, die den LUG-Gesetzgeber zur Schaffung des starren Melodienschutzes trieb, unbegründet.

3. Jazz

Wie bereits eingangs dargestellt, war im Jazz das gemeinsame Improvisieren über fremde und allen Musikern bekannte Melodien stets üblich.[299] Die im Laufe der Zeit herausgebildeten Standard-Melodien („standards"), die zum Repertoire jedes Jazzmusikers gehörten, machten dies sogar zu einem zentralen Element der Jazz-Musik. Eine Sammlung der gängigsten Standards enthielt das so genannte „Realbook", das in den 1970er Jahren am Berklee College of Music von dem Bassisten Steve Swallow und dem Pianisten Paul Bley zusammengestellt wurde. Auf urheberrechtliche Belange wurde dabei keine Rücksicht genommen. Obwohl das Buch damit „illegal" und nur auf dem „Schwarzmarkt" erhältlich war, verbreitete es sich rasch. Bereits in den 1980er Jahren kam auch eine legale Version des Realbooks auf den Markt, bei dem sich der Verleger um die Einholung sämtlicher Lizenzen gekümmert hatte.[300]

Das gesamte Genre der Jazz-Musik basiert seinem Ursprung nach auf der Verwertung fremder Melodien. Diese werden im Wege der Improvisation häufig

298 *Schmieder*, Freiheit der Kunst und freie Benutzung urheberrechtlich geschützter Werke, UFITA 93 (1982), 63, 69.

299 S.o. unter B. II. 1. S. 36.

300 *Kernfeld*, The story of Fake Books, S. 129 ff.

so stark verändert, dass sie nur noch schwer heraus zu hören sind und damit im eigentlichen Sinne verblassen. Durch das Voranstellen der unveränderten Melodie und das Zurückgreifen auf bekannte, dem Zuhörer vertraute Melodien wird gewährleistet, dass die Melodie dennoch erkennbar zugrunde gelegt ist. Damit ist der Jazz das Musterbeispiel der freien Benutzung fremder Melodien, die in Konflikt mit § 24 Abs. 2 UrhG gerät.

Dies gilt auch für diejenigen Standards, die mit Zustimmung der Komponisten in das Realbook aufgenommen wurden. Eine solche Zustimmung deckt nämlich nur den Abdruck der Melodien im Realbook und nicht die weitere Verwertung. Zwar ist davon auszugehen, dass den Komponisten bei der Erteilung einer solchen Lizenz der Zweck des Realbook bekannt war, hieraus kann jedoch noch nicht auf eine konkludente Genehmigung der Verwendung für öffentliche Jazz-Improvisationen oder Schallplattenaufnahmen geschlossen werden. Auch wenn dem Urheber bekannt ist, dass sein Werk nicht unverändert dargeboten, sondern zur Grundlage weiteren musikalischen Schaffens gemacht werden soll, deckt sein Einverständnis stets nur den Privatgebrauch der Noten und nicht auch die Aufführung. Eine Jazz-Improvisation im privaten Bereich ist dagegen ohnehin stets zulässig, da auch § 23 UrhG nur die Verbreitung und Verwertung von Bearbeitungen von einer Zustimmung des Urhebers abhängig macht. Dies muss erst recht für die unzulässige freie Benutzung nach § 24 Abs. 2 UrhG gelten.

Die Problematik betrifft somit alle bei Jazz-Improvisationen verwendeten Melodien, unabhängig davon, ob diese mit Zustimmung des Künstlers in einer entsprechenden Sammlung veröffentlich wurden.

Dass es bei der Veröffentlichung von Jazz-Musik-Aufnahmen selten zu Rechtsstreitigkeiten kommt, wird daran liegen, dass die erforderlichen Lizenzen in der Regel eingeholt werden. Von Live-Improvisationen wird der Rechteinhaber ohnehin meist nicht erfahren. Hier wird jedoch auch eine gewisse Großzügigkeit gegenüber den im Jazz etablierten Traditionen der Melodienübernahme eine Rolle spielen. Dennoch ist festzuhalten, dass die freie Improvisation über fremde Themen, wie sie im Jazz allgemein üblich ist, in Deutschland wegen des starren Melodienschutzes eigentlich unzulässig ist. Insbesondere bei Live-Auftritten muss die Einholung einer Lizenz an der Spontaneität der Darbietung scheitern. Ein Vorschlag zur Lösung dieses Problems im Wege einer sachgerechten Auslegung der Vorschrift wird später erfolgen.[301]

301 S.u. C. VII. 3. c) S. 93.

4. Sampling von Melodien

Die besonderen rechtlichen Probleme, die im Zusammenhang mit Sampling auftreten, betreffen in erster Linie das Sampling von Einzeltönen oder sehr kurzen Sequenzen und werden daher im Zusammenhang mit dem Schutz der Klangfarbe behandelt.

Daneben kann jedoch auch in diesem Kontext der starre Melodienschutz relevant werden. So kann es etwa vorkommen, dass eine Melodie einer Originalaufnahme eines Musikwerkes entnommen wird, und in einem neuen Werk in „geloopter“ Form (ständige Wiederholung) als Begleitstimme zugrunde gelegt wird. Dabei ist grundsätzlich denkbar, dass die Melodie mit dem Sampler beispielsweise durch Verzerrung oder Tempoänderung in einer Weise elektronisch verändert wird, dass sie zwar noch erkennbar ist, ihre eigenpersönlichen Züge aber dennoch verblassen. In einem solchen Fall wäre das Sampling nach § 24 Abs. 2 UrhG unzulässig.

5. Parodien

Musikalische Parodien sind in verschiedenen Formen denkbar. Zunächst kann – vor allem bei reinen Musikwerken – die Musik selbst in parodierender Weise verändert werden, etwa durch eine Veränderung der Melodie oder des Rhythmus. Bei Musikwerken mit Text kann eine Parodie in einer Veränderung des Textes, in einer Verfremdung der Melodie oder in einer Kombination beider Elemente bestehen.

Sofern die Parodie nur in einer „Umtextierung“ besteht, die musikalischen Elemente also unverändert übernommen werden, kann hinsichtlich der Melodie grundsätzlich schon keine freie Benutzung angenommen werden. Häufig handelt es sich sogar um zusammengesetzte Werke, bei denen die Urheberschaft von Musik und Text auseinander fallen. Parodiert wird allenfalls der ursprüngliche Text, der durch einen neuen, abgewandelten ersetzt wurde. Sofern die Melodie unverändert übernommen wird, ist kein „innerer Abstand“ zum Musikwerk vorhanden.

Der Bundesgerichtshof ist allerdings großzügig und nimmt eine freie Benutzung bei Parodien auch an, wenn sich der Gegenstand der Kritik nicht auf das parodierte Werk bezieht, sondern die Parodie auf Umstände außerhalb des parodierten Werkes Bezug nimmt. So hat er es etwa im Gies-Adler-Fall, in dem eigentlich die staatliche Steuerpolitik kritisiert werden sollte, für unschädlich befunden, dass sich die kritische Auseinandersetzung mit dem künstlerischen Mittel der Karikatur nicht auf das verwendete Werk selbst, sondern auf dessen thematisches Umfeld bezog.[302] Die kritische Bezugnahme auf Drittobjekte darf jedoch nicht zur Begründung des „inneren Abstands" herangezogen werden.[303] Hier ist allein der Vergleich der beiden Werke maßgeblich, so dass eine unveränderte Übernahme der Melodie nie zulässig sein wird. Die Parodie eines Musikwerkes ist also nur dann als freie Benutzung einzuordnen, wenn auch die musikalischen Elemente verfremdet wurden. Daher fallen insbesondere Schlagerparodien (auch als „Bierzelt-Versionen" bezeichnet), bei denen die bekannte Melodie mit einem anderen – mehr oder weniger komischen – Text versehen wird, von vornherein nicht unter § 24 UrhG.[304]

Sofern auch die musikalischen Elemente verfremdet werden, kann grundsätzlich wegen des „inneren Abstands" zum Originalwerk auch bei Musikwerken ein Fall der freien Benutzung vorliegen, so dass der starre Melodienschutz relevant wird.

Bekannt geworden ist auf dem Gebiet der musikalischen Parodie vor allem eine Entscheidung des US Supreme Court zu dem Song „Pretty Woman" der Rap-Gruppe „2 Life Crew", der eine Parodie der Rock-Balade „Oh, Pretty Woman" von Roy Orbison darstellt.[305] Am deutlichsten tritt die Verfremdung hier in der Veränderung des Textes hervor. Der Song beginnt zwar noch mit einigen Zeilen der Originalversion, zieht den Text jedoch dann ins Lächerliche („big hairy Woman..."). Auch die musikalischen Elemente der Originalversion werden dabei deutlich parodiert. Soweit die Originalmelodie übernommen wird, wird diese absichtlich falsch gesungen. Wo ein Melodieteil in der Originalfassung nur zweimal wiederholt wird, erfolgt in der Rap-Version eine mehr als fünffache Wiederholung, was die Banalität der Originalmelodie gelungen hervorhebt.

Der Supreme Court hat hierzu ausdrücklich entschieden, dass eine solche Parodie trotz ihres kommerziellen Charakters als „fair use" zulässig sein kann. Im deutschen Recht wäre eine entsprechende Entscheidung wegen § 24 Abs. 2 UrhG grundsätzlich nicht möglich.

Da eine Stilimitation kaum in vergleichbar effektvoller Weise denkbar ist, sind musikalische Parodien also nach deutschem Recht generell von einer Genehmigung des Parodierten abhängig. Dass eine solche „Parodie von Gnaden des Parodierten" kaum besonders bissig sein wird, liegt auf der Hand.[306]

302 BGH GRUR 2003, 956, 958 – Gies-Adler; a.A. noch LG Berlin GRUR 1974, 231, 232 – Von Kopf bis Fuß.

303 *v. Becker*, GRUR 2004, 104, 106.

304 OLG München ZUM 1991, 432433 – Gaby wartet im Park; *Schack*, Urheber- und Urhebervertragsrecht, Rn. 281.

305 US Supreme Court, GRUR Int 1995, 258 ff.

306 In dem zitierten Fall war vergeblich versucht worden, eine solche Genehmigung einzuholen: GRUR Int 1995, 258, 259.

1. Rechtsprechung: Zurückhaltung bei der Anwendung der Vorschrift

In der Rechtsprechung wird auffallend selten eine Entscheidung auf § 24 Abs. 2 UrhG gestützt, obwohl sich die Kläger nicht selten auf die Vorschrift berufen. So scheitert es etwa am Vorliegen einer „Entnahme", wenn die Ähnlichkeiten zwischen den beiden Werken nicht im schöpferischen Bereich liegen,[307] oder wenn wegen mangelnder Eigentümlichkeit der zu vergleichenden Melodien kein Anscheinsbeweis in Frage kommt und daher von einer Doppelschöpfung ausgegangen wird.[308] In anderen Fällen wird bereits das Vorliegen einer freien Benutzung nach § 24 Abs. 1 UrhG abgelehnt und von einer unfreien Bearbeitung ausgegangen ohne dass dabei auf die Sonderregelung des Melodienschutzes zurückgegriffen wird,[309] oder der übernommenen Tonfolge wird von vornherein die urheberrechtliche Schutzfähigkeit abgesprochen.[310]

Das OLG München befand § 24 Abs. 2 UrhG für einschlägig in einem Fall, in dem Carl Orffs Chorstück „O Fortuna" als Hintergrundmusik für einen Fernsehspot verwendet wurde.[311] Hierbei handelt es sich allerdings offensichtlich um einen Irrtum. § 24 Abs. 2 UrhG betrifft nur die Verwendung einer Melodie in einem anderen Musikstück. Die unveränderte Verwendung eines Musikwerkes in einem Fernsehspot ist von der Vorschrift nicht umfasst, sondern stellt einen ohnehin unzulässigen Fall der Werkverbindung dar.

In einem Verfahren auf Erlass einer einstweiligen Verfügung bejahte das OLG München einen Unterlassungsanspruch aus §§ 97, 24 Abs. 2 UrhG ohne dabei jedoch darauf einzugehen, ob es sich nicht bereits um eine unfreie Bearbeitung handelte.[312] Es stützte seine Entscheidung auf einen Anscheinsbeweis wegen der objektiven Ähnlichkeit der beiden Refrain-Melodien.

Eine vertiefte Auseinandersetzung mit den Voraussetzungen des starren Melodienschutzes findet sich lediglich in einer Entscheidung des OLG Dresden aus dem Jahre 1909, auf die im Zusammenhang mit der verfassungskonformen Auslegung eingegangen werden wird.[313]

307 BGH GRUR 1988, 819, 812 – Fantasy; OLG Hamburg ZUM 1991, 589, 591 – Küss' mich und lieb' mich; OLG Hamburg ZUM-RD 2007, 71, 75.

308 BGH GRUR 1971, 266, 269 – Magdalenenarie; LG München I ZUM 2003, 245, 247.

309 OLG München ZUM 1992, 202, 204 – Sadness/Madness.

310 OLG München ZUM 2000, 408, 409 – Green Grass Grows.

311 OLG München NJW 1998, 1413, 1414 – Carmina Burana.

312 OLG München ZUM 1989, 309, 310.

313 OLG Dresden GRUR 1909, 332 – Ein Heldenleben; unter C. VII. 2. S. 89.

2. Literatur

In der Literatur finden sich zahlreiche, meist kritische Stellungnahmen zum starren Melodienschutz. Auch wenn die Vorschrift in der Praxis selten zu Aufsehen erregenden Entscheidungen führt, hat sich die Kontroverse um die Berechtigung dieser Ausnahmeregelung gehalten.

a) Die Regelung ist deklaratorisch

Sofern an der Vorschrift keine ausdrückliche Kritik geäußert wird, liegt dies bisweilen daran, dass sie für deklaratorisch und daher unerheblich gehalten wird.[314] Danach soll die Vorschrift schlichtweg keinen Anwendungsbereich haben, da die Melodie bei erkennbarer Zugrundelegung in dem neuen Werk nicht verblassen könne und daher ohnehin nie von einer freien Benutzung nach § 24 Abs. 1 UrhG auszugehen sei.[315] Die Bedeutung der Vorschrift werde in der übrigen Literatur überschätzt.[316]

Diese Einschätzung ist nicht zutreffend. Auch nach der Rechtsprechung des Bundesgerichtshofs ist für das Verblassen im Rahmen der freien Benutzung gerade nicht erforderlich, dass die übernommenen Elemente in dem neuen Werk nicht mehr erkennbar sind.[317] Auch bei „deutlichen Übernahmen" kann der erforderliche Abstand beispielsweise dadurch gegeben sein, dass das neue Werk zu den entlehnten eigenpersönlichen Zügen des älteren Werkes einen so großen „inneren Abstand" hält, dass es seinem Wesen nach als selbständig anzusehen ist.[318] Ein solcher Abstand ist grundsätzlich bei jeder Form der künstlerischen Auseinandersetzung (Parodie, Hommage, Jazzimprovisation) denkbar.

Auch die Voraussetzung, dass die Melodie dem neuen Werk zugrunde gelegt wird, führt nicht dazu, dass eine freie Benutzung von vornherein nicht vorstellbar ist. Es ist nämlich lediglich erforderlich, dass die Melodie ein wesentlicher Teil des neuen Werkes geworden ist, und nicht, dass sie dieses Werk beherrscht.

In der vorangegangenen Darstellung von Fallgruppen wurden zahlreiche Fälle aufgezeigt, in denen die freie Benutzung einer Melodie aufgrund von § 24 Abs. 2

314 *Riedel*, Originalmusik und Musikbearbeitung, UFITA 36, S. 207; *Spautz* in Möhring/Nicolini (Hrsg.), Urheberrechtsgesetz, § 24 Rn. 39; *Nordemann* in Fromm/Nordemann, 10. Aufl.; a.A. noch *Vinck* in Fromm/Nordemann, 9. Aufl., § 24 Rn. 12ff.

315 Ebenda.

316 *Spautz* in Möhring/Nicolini (Hrsg.), Urheberrechtsgesetz, § 24 Rn. 39.

317 BGH GRUR 1999, 984, 987 – Laras Tochter.

318 Ebenda.

UrhG unzulässig wäre. Der Vorschrift kommt also ein echter Anwendungsbereich zu.

b) Die Regelung macht jede freie Benutzung von Musikwerken praktisch unmöglich und verhindert wertvolle Neuschöpfungen

Häufig wird kritisiert, dass unter der Geltung von § 24 Abs. 2 UrhG viele bedeutende Werke der ernsten Musik unzulässig gewesen wären.[319] Dabei wird auch hervorgehoben, dass die Vorschrift im Bereich der Schlager-, Operetten- und Unterhaltungsmusik durchaus ihre Berechtigung haben könne, für den Bereich der ernsten Musik aber bedenklich erscheine.[320]

In diesem Zusammenhang wird auch angeführt, die Vorschrift mache eine freie Benutzung von Musikwerken praktisch unmöglich.[321]

Letzterer Auffassung ist zuzugeben, dass wegen der starken Dominanz der Melodie in einer Vielzahl von Musikwerken der starre Melodienschutz einem generellen Ausschluss der freien Benutzung für Musikwerke sehr nahe kommt. Die dem Komponisten verbleibenden Möglichkeiten der Inspiration sind stark eingeschränkt. Anlehnungen sind meist nur noch im Bereich der ohnehin nicht urheberrechtlich geschützten Elemente möglich. So kann etwa ein einfacher Rhythmus oder ein kürzerer Teil einer Tonfolge übernommen werden. Auch Stilimitationen sind selbstverständlich zulässig.

Da nach der hier vertretenen Ansicht nicht jede urheberrechtlich geschützte Tonfolge bereits eine Melodie ist, verbleiben als Quelle der Inspiration außerdem noch diejenigen Tonfolgen, die zwar grundsätzlich geschützt sind, aber keine Melodie im Rechtssinne darstellen, etwa weil sie das Werk nicht prägen oder weil sie nicht in sich abgeschlossen sind.

Das Problem liegt hier jedoch in der durch § 24 Abs. 2 UrhG vermittelten Rechtsunsicherheit für die Künstler. Angesichts der Vielzahl an unterschiedlichen Melodiedefinitionen und der Unbestimmtheit der von der Rechtsprechung herangezogenen Formel wird der Komponist auf die Übernahme jeglicher Tonfolgen verzichten müssen. Zumindest faktisch sind die Inspirationsmöglichkeiten heutiger Komponisten daher auf urheberrechtlich nicht geschützte Elemente an-

319 *Loewenheim* in Schricker/Loewenheim, Urheberrecht, § 24 Rn. 33; *Schack,* Urheber- und Urhebervertragsrecht, Rn. 277; *Ulmer*, Urheber- und Verlagsrecht, § 58 II. 1.

320 *Loewenheim* in Schricker/Loewenheim, Urheberrecht, § 24 Rn. 33; *Vinck* in Fromm/Nordemann, 9. Aufl., § 24 Rn. 12ff; a.A. *Nordemann* in Fromm/Nordemann, 10. Aufl., der die Vorschrift für deklaratorisch hält.

321 *Bullinger* in Wandtke/Bullinger, § 24 Rn. 16; *Dreyer* in Dreyer/Kotthoff/Meckel, § 24 Rn. 30; *Loewenheim* in Loewenheim, Handbuch des Urheberrechts, § 8 Rn. 17; a.A. *Nordemann* in Fromm/Nordemann § 23/24 Rn. 54.

derer Kompositionen und auf wegen Ablauf der Schutzfrist gemeinfreie Werke beschränkt.

Gegenüber dem Verweis auf die zahlreichen bedeutenden Werke aus früheren Epochen, die am starren Melodienschutz gescheitert wären, ist jedoch Zurückhaltung geboten. So wird etwa angeführt, Pablo Sarasate hätte seine Carmen-Fantasie unter der Geltung von § 24 Abs. 2 UrhG nicht veröffentlichen dürfen. Betrachtet man jedoch gerade letzteres Werk, so fällt auf, dass dieses von den fremden Themen vollständig dominiert wird. Es handelt sich zwar nicht geradezu um ein Potpourri, in dem fremde Themen ohne wesentliche Veränderung aneinander gereiht werden, trotz ihrer virtuosen Verarbeitung stehen Bizets Melodien aus der Oper „Carmen" jedoch im Zentrum der Komposition. Von einem Verblassen im Sinne von § 24 Abs. 1 UrhG kann daher keine Rede sein. Auch ein „innerer Abstand" aufgrund künstlerischer Verarbeitung kann diesem Werk nicht zugute gehalten werden. Sarasate macht sich die fremden Melodien für seine eigene Komposition zunutze, um ein virtuoses Werk für Violine und Orchester zu schaffen. Diese Vorgehensweise ist ohnehin nicht als ein Fall von freier Benutzung anzusehen und scheitert daher nicht erst am starren Melodienschutz. Auch die Mehrzahl der Variationen über ein fremdes Thema hält nicht den geforderten Abstand zum Originalwerk ein und wäre daher ebenfalls in die Kategorie der Bearbeitung einzuordnen.[322]

Im Übrigen muss man sich vor Augen führen, dass das Urheberrecht grundsätzlich immer die Inspirationsfreiheit anderer Künstler einschränkt. Aufgabe des Gesetzgebers ist es, ein Gleichgewicht zwischen der Schaffensfreiheit aller Künstler und dem Schutzbedürfnis des einen Urhebers herzustellen. Vor Geltung des modernen Urheberrechts sind sicherlich auch bedeutende Werke entstanden, die unter heutigem Recht Urheberrechtsverletzungen dargestellt hätten. So dürfen Bearbeitungen nach § 23 UrhG nicht ohne die Genehmigung des Urhebers des Originalwerkes veröffentlicht werden. Allein die Tatsache, dass so manche Bearbeitung – wie etwa Maurice Ravels Orchesterfassung zu Modest Mussorgskis Klavierzyklus „Bilder einer Ausstellung" – ebenso berühmt wurde wie das Originalwerk oder dieses an Popularität sogar noch übertrifft, kann nicht als Argument für die generelle urheberrechtliche Zulässigkeit kunstvoller Bearbeitungen herangezogen werden.

Andererseits darf der einschneidende Charakter der Sonderregelung auch nicht unterschätzt werden. So baut etwa die gesamte Stilrichtung des Jazz auf der Verarbeitung fremder Melodien auf. Die Einholung einer Genehmigung ist in der Regel nicht möglich, da es sich bei den Darbietungen um Improvisationen handelt, deren Reiz und Qualität durch Spontaneität bestimmt werden.

322 *Rehbinder*, Urheberrecht, Rn. 388.

Auch die Unzulässigkeit musikalischer Parodien beeinträchtigt die Schaffensfreiheit der Komponisten erheblich. Diese Einschränkung hatte der Gesetzgeber jedoch bewusst in Kauf genommen. Bei Schaffung des LUG war noch in den Motiven vermerkt worden, dass die Regelung auf Parodien keine Anwendung finden sollte.[323] Der Gesetzgeber des Urheberrechts von 1965 hat sich diesem Gedanken nicht angeschlossen. In den Materialien findet sich sogar eine Bemerkung, wonach auch das Parodieren ein „Zugrundelegen“ im Sinne von § 24 Abs. 2 UrhG sein sollte.[324]

Der starre Melodienschutz ist aufgrund seiner einschränkenden Wirkungen kulturpolitisch sicher äußerst fragwürdig, ob die Vorschrift jedoch auch verfassungswidrig ist, soll im Folgenden geklärt werden.

c) Die Regelung ist verfassungswidrig

Schmieder hält § 24 Abs. 2 UrhG wegen seiner absoluten Starrheit im Hinblick auf die Kunstfreiheitsgarantie nach Art. 5 Abs. 3 GG für *„schlicht verfassungswidrig“*.[325]

Tatsächlich drängt sich ein Konflikt mit den Grundrechten nicht nur im Bezug auf die Kunstfreiheit auf. Durch das generelle Verbot von Parodien ist auch die Meinungsfreiheit nach Art. 5 Abs. 1 GG betroffen. Die Ungleichbehandlung von Musikwerken und Werken anderer Kunstgattungen lässt an den Gleichheitssatz denken. Keines dieser Grundrechte ist aber schrankenlos gewährt. Daher ist die Verfassungsmäßigkeit von § 24 Abs. 2 UrhG jeweils im Einzelnen zu untersuchen.

aa) Verstoß gegen den Gleichheitssatz

Die Ausnahmeregelung des § 24 Abs. 2 UrhG gilt nur für Musikwerke. Die freie Benutzung einer Melodie zieht andere Rechtsfolgen nach sich als die freie Benutzung anderer Werke oder Werkteile.

Ein Verstoß gegen Art. 3 Abs. 1 GG liegt aber nur dann vor, wenn dadurch wesentlich Gleiches ohne sachlichen Grund ungleich behandelt wird.[326] Nach der

323 Verhandlungen des Reichstages, Stenographische Berichte, Bd. 189, 1900/03, 1. Anlagenband, S. 398.

324 Protokoll Unterausschuss 12/35, S. 36.

325 *Schmieder*, Freiheit der Kunst und freie Benutzung urheberrechtlich geschützter Werke, UFITA 93 (1982), 63, 69.

326 *Heun* in Dreier, Grundgesetz, Art. 3 Rn. 24.

Rechtsprechung des Bundesverfassungsgerichtes ist der Gleichheitssatz verletzt, *„wenn sich ein vernünftiger, sich aus der Natur der Sache ergebender oder sonstwie sachlich einleuchtender Grund für die gesetzliche Differenzierung oder Gleichbehandlung nicht finden lässt, kurzum, wenn die Bestimmung als willkürlich bezeichnet werden muss."*[327]

Die Differenzierung zwischen Melodien und anderen Objekten urheberrechtlichen Schutzes mag kulturpolitisch fragwürdig sein, willkürlich ist sie aber keineswegs. Bereits bei Schaffung des LUG kam zur Sprache, dass die Eigentumsverhältnisse in der Musik auf sehr viel engerem Raum zusammen gedrängt seien und man einen Roman oder eine größere Dichtung nicht in vergleichbarer Weise ausbeuten könne wie eine Melodie.[328] Auch das OLG Dresden hatte in seiner Entscheidung zum LUG hervorgehoben, dass *„die Eigenart und der Wert eines musikalischen Werkes in weit höherem Grade auf einer oder wenigen Melodien beruhen"* könnten, *„als Eigenart und Wert eines literarischen Werkes auf einem oder einigen darin vorkommenden Gedanken oder Ideen."*[329]

Tatsächlich muss man feststellen, dass es weder in der Literatur noch in der bildenden Kunst ein Element gibt, das den Stellenwert der Melodie erreicht. Die Melodie ist, vor allem was den Markterfolg des Werkes angeht, von unvergleichlicher Bedeutung. Selbst der Plot eines Romans wird für dessen wirtschaftlichen Erfolg nicht in diesem Maße ausschlaggebend sein. Ist eine Melodie sehr eingängig oder gar ein „Gassenhauer", wird sich das Musikwerk rasch verbreiten. Diesem hohen Anteil am wirtschaftlichen Wert des Musikwerkes trägt § 24 Abs. 2 UrhG Rechnung. Die Melodie ist in dieser Hinsicht nicht mit anderen urheberrechtlich geschützten Elementen vergleichbar.[330] Der starre Melodienschutz ist eine Ausnahmeregelung für eine besondere Situation und verstößt daher nicht gegen den Gleichheitssatz.

bb) Verletzung der Kunstfreiheit

Art. 5 Abs. 3 S. 1 GG garantiert als wertentscheidende Grundsatznorm und individuelles Freiheitsrecht die freie Betätigung im Kunstbereich.[331] Geschützt sind

327 BVerfG NJW 1951, 877, 878.

328 Stenogr. Bericht über die Verhandlungen von dem zur Revision der Gesetze über Urheberrecht eingesetzten außerordentlichen Ausschuss des Börsenvereins der Deutschen Buchhändler zu Leipzig vom März 1895, S. 51.

329 OLG Dresden GRUR 1909, 332, 335 – Ein Heldenleben.

330 Zu diesem Ergebnis kommt auch *Liebscher*, Der Schutz der Melodie im deutschen und im amerikanischen Recht, S. 85 f., der außerdem darauf hinweist, dass die Erkenntnisse der Sozialforschung eine besondere Gefahr der Ausbeutung von Melodien bestätigen.

331 BVerfGE 30, 173, 188 f. – Mephisto.

sowohl der Werk- als auch der Wirkbereich, was bedeutet, dass sowohl die Herstellung von Werken in der Literatur- und Kunstproduktion als auch deren Verbreitung erfasst werden.[332] Dabei verlangt das Bundesverfassungsgericht, *„staatliche Eingriffe umso weniger zuzulassen, je näher die umstrittene Handlung dem Kern der Kunstfreiheit zuzuordnen ist und je mehr sie sich im Bereich des Schaffens"* (im Unterschied zum Bereich des Wirkens) abspielt.[333] Durch das Verbot der Zugrundelegung fremder Melodien wird die künstlerische Freiheit zweifellos beeinträchtigt. Unabhängig davon, welchen Kunstbegriff man zugrunde legt,[334] fällt das Komponieren neuer Musikwerke in den Schutzbereich der Kunstfreiheit. Da die dem Urheber nach §§ 15 ff. UrhG ausschließlich zugewiesenen Rechte lediglich die Verbreitung des Werkes und nicht dessen Herstellung betreffen, beschränkt § 24 Abs. 2 UrhG grundsätzlich nur den Bereich des Wirkens.

Die Kunstfreiheit ist im Grundgesetz vorbehaltlos gewährt, ihre Grenzen findet sie lediglich in den Grundrechten anderer Rechtsträger sowie in anderen Rechtsgütern mit Verfassungsrang.[335]

Eine solche Schranke kann sich auch aus der Eigentumsgarantie des Art. 14 Abs. 1 GG ergeben, die den Schutz des geistigen Eigentums und insbesondere des Urheberrechts erfasst. Nach Art. 14 Abs. 1 S. 2 GG werden Inhalt- und Schranken des Eigentums durch die Gesetze bestimmt. Bei dieser nach Art. 14 I 2 GG vorzunehmenden Ausgestaltung hat der Gesetzgeber einen verhältnismäßig weiten Einschätzungsspielraum.[336] Für den Bereich des Urheberrechts ist jedoch anerkannt, dass Art. 14 GG die grundsätzliche Zuordnung der vermögenswerten Seite dieses Rechts an den Urheber gebietet.[337] Damit ist aber nicht jede denkbare Verwertungsmöglichkeit verfassungsrechtlich gesichert. Vielmehr haben Gesetzgeber und Richter im Rahmen der Rechtssetzung und Rechtsanwendung des Urheberrechts sachgerechte Maßstäbe für die Grenzen zu finden.[338]

Was den Schutz des geistigen Eigentums unter Art. 14 GG angeht, ist zusätzlich zu bedenken, dass zunächst der Urheber selbst das Werk der Allgemeinheit zugänglich gemacht hat. Mit der Veröffentlichung steht das geschützte Musikwerk nicht mehr allein seinem Schöpfer zur Verfügung, sondern tritt bestimmungsgemäß in den gesellschaftlichen Raum und kann damit *„zu einem eigenständigen, das kulturelle und geistige Bild der Zeit mitbestimmenden Faktor"*

332 BVerfGE 30, 173, 188 f. – Mephisto; BVerfG GRUR 2005, 880, 881 – Xavier Naidoo.
333 BVerfG NJW 1988, 325, 326 – Herrnburger Bericht.
334 Vgl. zum Kunstbegriff *Wandtke* in Wandtke/Bullinger, Einleitung Rn. 31.
335 BVerfG NJW 1971, 1645, 1646 – Mephisto.
336 BVerfG NJW 1967, 619, 620; BVerfG NJW 1992. 1307, 1308.
337 BVerfG GRUR 2001, 149, 151 – Germania 3.
338 BVerfG GRUR 2001, 149, 151 – Germania 3.

werden.[339] *„Es löst sich mit der Zeit von der privatrechtlichen Verfügbarkeit und wird geistiges und kulturelles Allgemeingut.“*[340]

Dennoch hat sich der Gesetzgeber vorliegend entschieden, die vom Künstler selbst in den „gesellschaftlichen Raum“ entlassene Melodie besonders zu schützen.

Es handelt sich also um eine echte Grundrechtskollision zwischen dem vom Gesetzgeber inhaltlich ausgestalteten geistigen Eigentum und der Kunstfreiheit des nachschaffenden Komponisten. Aufgabe des Gesetzgebers ist es hier, einen verhältnismäßigen Ausgleich der gegenläufigen, gleichermaßen verfassungsrechtlich geschützten Interessen mit dem Ziele ihrer Optimierung zu finden.[341] Ergebnis dieses Ausgleichs soll die „praktische Konkordanz“ sein, bei der beide betroffenen Grundrechtspositionen möglichst weitgehend berücksichtigt werden.[342]

Die Kunstfreiheit darf daher nur soweit zurückgedrängt werden, wie dies zum Schutz des geistigen Eigentums unter Art. 14 GG erforderlich ist. Hierbei ist zu bedenken, dass Art. 14 GG lediglich die vermögensrechtliche Seite des geistigen Eigentums schützt. Sofern ein geringfügiger Eingriff in die Urheberrechte ohne Gefahr merklicher wirtschaftlicher Nachteile der künstlerischen Entfaltungsfreiheit gegenübersteht, hat das Urheberrecht im Vergleich zur Kunstfreiheit zurückzutreten.[343] Die Kunstfreiheit wird in jedem Anwendungsfall von § 24 Abs. 2 UrhG eingeschränkt, da dem Komponisten die Verbreitung des von ihm geschaffenen konkreten Werkes untersagt wird. Da § 24 Abs. 2 UrhG nach seinem Wortlaut auch Fälle erfasst, die für den Urheber des Ausgangswerkes keine wirtschaftlichen Nachteile haben, ist die praktische Konkordanz insoweit nicht hergestellt. Hieraus folgt jedoch nicht die generelle Verfassungswidrigkeit der Norm. Eine Vorschrift ist lediglich dann vom Bundesverfassungsgericht für nichtig zu erklären, wenn eine nach anerkannten Auslegungsgrundsätzen zulässige, mit der Verfassung vereinbare Auslegung nicht möglich ist.[344] Die Möglichkeit einer solchen verfassungsgemäßen Auslegung soll daher im Folgenden untersucht werden.

339 BVerfG NJW 1992, 1307, 1308; BVerfG NJW 1979, 2029, 2030; BVerfG NJW 1971, 2163, 2164.
340 BVerfG NJW 1992, 1307, 1308.
341 BVerfG NJW 1990, 1982, 1983.
342 BVerfG NJW 1991, 1471, 1473 – Josephine Mutzenbacher.
343 BVerfG GRUR 2001, 149, 151 – Germania 3.
344 BVerfG NJW 1992, 2947, 2950.

1. Verfassungskonforme Auslegung des Begriffs der Zugrundelegung im Falle von Parodien

Nach einer Ansicht in der Literatur soll der starre Melodienschutz im Falle musikalischer Parodien wegen Art. 5 Abs. 1 GG verfassungskonform auszulegen sein.[345] In den Begriff der Zugrundelegung soll daher ein *„subjektives Element"* insoweit *„negativ"* hineinzulesen sein, dass dieses Merkmal nicht vorliegt, wenn mit der Melodieübernahme das vorbestehende Werk kritisiert werden soll.[346] Die Melodie wird im Fall der Parodie also nicht zugrunde gelegt, sondern lediglich antithematisch in Bezug genommen.

Diese Einschränkung des Begriffs der Zugrundelegung erscheint auf den ersten Blick etwas artifiziell,[347] andererseits stellt sie eine Parallele zum Kriterium des „inneren Abstands" dar. Der deutsche Gesetzgeber hat sich entschieden, der Parodie keine privilegierte Sonderstellung einzuräumen. Mit § 24 UrhG hat er allerdings lediglich den inspirationssuchenden Künstler berücksichtigt. Die Vorschrift ist daher nicht für den Anwendungsfall der Parodie geschaffen. Das Wesen dieser Kunstform besteht gerade in der Auseinandersetzung mit anderen Werken. Möchte man diese Ausdrucksform, die zugleich ein Mittel der Meinungsäußerung ist, nicht vollständig verbieten, so gilt es, diese Besonderheit bei der Anwendung der entsprechenden urheberrechtlichen Vorschriften zu berücksichtigen.

Die vorgeschlagene einschränkende Auslegung von § 24 Abs. 2 UrhG trägt den Besonderheiten der Parodie Rechnung. Andere Probleme werden hier jedoch nicht gelöst. So bleibt es unter anderem dabei, dass Jazz-Improvisationen über fremde Themen – und damit nahezu eine gesamte Musikrichtung – unzulässig wären, ein Ergebnis, das unter Berücksichtigung der Kunstfreiheit nicht zu tolerieren ist. Auch sind weiterhin Fälle erfasst, die für den Urheber des Ausgangswerkes keine wirtschaftlichen Nachteile mit sich bringen. Letzteres sollte über die verfassungskonforme Auslegung aber gerade vermieden werden. Daher sind weitere Auslegungsmöglichkeiten zu untersuchen.

345 *Hess*, Urheberrechtsprobleme der Parodie, S. 169.

346 Ebenda.

347 *Schack*, Urheber- und Urhebervertragsrecht, Rn. 281 in Fußnote 275 hält diese Auslegung für *„mit dem Wortsinn von „zugrunde gelegt" jedoch kaum vereinbar"*.

2. Richard Strauss „Ein Heldenleben" OLG Dresden 1909: Beschränkung auf Fälle wirtschaftlicher Schädigung

Das OLG Dresden vertrat in seiner Entscheidung aus dem Jahre 1909 eine stark einschränkende Auslegung des Melodienschutzes.[348] Der Entscheidung lag ein Streit um das Orchesterwerk „Kaleidoskop" von Heinrich G. Noren zugrunde. Dessen zehnte Variation war mit den Worten „An einen berühmten Zeitgenossen" überschrieben und enthielt als Hommage an Richard Strauss beabsichtigte Anspielungen auf das „Hauptthema" und das „Widersacherthema" der Straussschen Tondichtung op. 40 „Ein Heldenleben". Die Verlegerin von Richard Strauss hatte die Benutzung der Melodien untersagt, woraufhin die Verlegerin von Heinrich Noren Klage erhob mit dem Ziel festzustellen, dass diese Untersagung unberechtigt sei.

Das Gericht kam zu dem Ergebnis, dass ein zulässiges Zitat – *„die Nennung des von Noren gefeierten Komponisten und seines Werkes in der Sprache der Musik"* – vorläge.[349] Da jedoch eine Ausnahmevorschrift wie die des § 51 Nr. 3 UrhG damals noch nicht existierte, erforderte die Zulässigkeit der Hommage an Strauss einen erhöhten Begründungsaufwand. In seiner Entscheidung zu § 13 Abs. 2 LUG nahm das Gericht Bezug auf die Motive des Gesetzgebers, wonach sich dieser *„zu dem schweren Eingriff in die künstlerische Freiheit, zu dem Verbot an die Künstler, fremde Melodien zum Ausgangspunkt eigentümlicher Neuschöpfungen zu wählen,"* nur entschlossen habe *„in der Absicht und zu dem Zwecke, das materielle Interesse des Autors oder seines Verlegers an der alleinigen Ausnutzung des Vormögenswertes der musikalischen Komposition zu schützen, die wirtschaftliche Ausbeutung der fremden Melodie zu verhindern."*[350] Demnach sollte die Benutzung einer fremden Melodie *„nur dann unter das Verbot des § 13 Abs. 2 fallen, wenn sie objektiv geeignet ist, dem Originalwerk Konkurrenz zu machen, seinen Absatz zu beeinträchtigen."*

Aus der Intention des Gesetzgebers, die Ausbeutung der für besonders schutzwürdig befundenen Melodie zu verhindern, schloss das Gericht also darauf, dass dem Komponisten durch die Verwertung ein wirtschaftlicher Schaden aufgrund der entstandenen Konkurrenzsituation drohen müsse. Im Falle des vorliegenden Zitats sah es eine wirtschaftliche Schädigung des Urheberrechtsinhabers als ausgeschlossen an und befand die Übernahme der Melodie für zulässig.[351] Die Entscheidung zieht zur Begründung auch die Tatsache heran, dass nach den Motiven bestimmte Benutzungsfälle wie Satiren und Parodien nicht un-

348 OLG Dresden GRUR 1909, 332 – Ein Heldenleben.
349 OLG Dresden GRUR 1909, 332, 336 – Ein Heldenleben.
350 OLG Dresden GRUR 1909, 332, 336 – Ein Heldenleben.
351 OLG Dresden GRUR 1909, 332, 337 – Ein Heldenleben.

ter die Vorschrift gefasst werden sollten, und überträgt diesen Gedanken auf den Fall des musikalischen Zitats.

Damit ist die Entscheidung aus zwei Gründen nicht ohne weiteres auf die heutige Rechtslage übertragbar: Zum einen ist der Fall des musikalischen Zitats nunmehr in § 51 Nr. 3 UrhG ausdrücklich geregelt. Zum anderen ist bei der Schaffung des § 24 Abs. 2 UrhG ausdrücklich zur Sprache gekommen, dass auch das Parodieren als „Zugrundelegen" im Sinne von § 24 Abs. 2 UrhG gelten sollte.[352]

Die Entscheidung liegt allerdings auf der Linie der angesprochenen Bundesverfassungsgerichtsentscheidung, nach der im Falle eines geringfügigen Eingriffs in die Urheberrechte ohne Gefahr merklicher wirtschaftlicher Nachteile das Urheberrecht im Vergleich zur Kunstfreiheit zurückzutreten habe.[353] In dem betreffenden Fall ging es allerdings ebenfalls um die Zulässigkeit eines Zitats. Das Bundesverfassungsgericht hatte dabei ausdrücklich auf die Gefahr von Absatzrückgängen Bezug genommen.[354]

Auch der Bundesgerichtshof hat in einem Fall, der abermals die Zulässigkeit eines Zitats betraf, auf die Absatzchancen des Originalwerkes abgestellt. Die Anleihen bei dem Original dürften nicht in einem solchen Umfang Kenntnis von dem Original verschaffen, dass hierdurch ein gewisser Ersatz für den Erwerb eines Exemplars des vollständigen Werkes geboten würde.[355]

Der Fall der Melodienübernahme hingegen ist von dem des Zitats zu unterscheiden. Das übernommene Element wird hier nicht als erkennbarer Fremdkörper in Bezug genommen, sondern wie eigenes Material verarbeitet und untrennbar mit dem neuen Werk verbunden. Dabei wird die Melodie in einer Weise behandelt, die grundsätzlich eine freie Benutzung nach § 24 Abs. 1 UrhG darstellen würde. In Anbetracht des hierfür erforderlichen Verblassens wird eine Konkurrenzsituation zum Originalwerk kaum entstehen. Ein Szenario wie beim Zitat, wo das Originalwerk in so weiten Teilen übernommen werden kann, dass eine Anschaffung des Originalwerkes überflüssig wird, ist praktisch undenkbar.

Das Entstehen einer Konkurrenzsituation war auch nicht die Befürchtung des Gesetzgebers. Dieser sah vielmehr die Gefahr, dass nachschaffende Komponisten sich an dem besonderen wirtschaftlichen Wert bereits bestehender Melodien bereichern und ohne viel eigenen Aufwand erfolgreiche Kompositionen produzieren könnten. Es sollte gerade nicht nur die Schädigung anderer Komponisten, sondern bereits die wirtschaftliche Ausbeutung fremder Arbeitsergebnisse ohne eigene Leistung verhindert werden.

352 Protokoll Unterausschuss 12/35, 36.

353 BVerfG GRUR 2001, 149, 151 – Germania 3.

354 Ebenda.

355 BGH GRUR 1959, 197, 200 – Verkehrs-Kinderlied.

Die Begrenzung auf Fälle, in denen das spätere Werk zum früheren in Konkurrenz tritt, schränkt den Anwendungsbereich von § 24 Abs. 2 UrhG sehr stark ein und erlaubt eine weite Entfaltung der Kunstfreiheit. Sie trägt jedoch der Intention des Gesetzgebers noch nicht hinreichend Rechnung.

3. Begrenzung auf Fälle der „Ausbeutung“

Nach dem Wortlaut von § 24 Abs. 2 UrhG werden zahlreiche Fälle erfasst, die nicht die vom Gesetzgeber befürchtete Ausbeutung fremder Melodien betreffen. Als Beispiele sind hier vor allem die oben erläuterten Fälle der Jazz-Improvisation und der Parodie zu nennen. Um diese Fälle vom Anwendungsbereich der Vorschrift auszunehmen empfiehlt es sich, eine teleologische Reduktion vorzunehmen. Demnach dürften zumindest diejenigen Fälle nicht in den Anwendungsbereich der Vorschrift fallen, bei denen eindeutig keine wirtschaftliche Ausbeutung vorliegt.

a) Kein Erfordernis einer unmittelbaren Konkurrenzsituation

Der Gesetzgeber hat sich entschieden, dem Komponisten einer Melodie besonderen Schutz zu gewähren. Grund hierfür war das eher wettbewerbsrechtliche Ziel, die Ausbeutung fremder Leistung zu verhindern. Aus dieser im Hintergrund stehenden Erwägung darf jedoch nicht auf das Erfordernis eines echten Wettbewerbsverhältnisses geschlossen werden. Bei § 24 Abs. 2 UrhG handelt es sich vielmehr um eine inhaltliche Ausgestaltung des geistigen Eigentums im Sinne von Art. 14 GG. Die wirtschaftliche Verwertungsmöglichkeit von Melodien erstreckt sich auch auf die Fälle der freien Benutzung, während bei anderen Werkgattungen hier die Genehmigungspflicht und damit auch die Verpflichtung zur Zahlung einer Lizenzgebühr entfallen.

Der Unterschied wird an folgendem Beispiel deutlich: Wenn die Band „Botch“ eine Heavy-Metal-Version[356] von „O Fortuna“ aus Carl Orffs „Carmina Burana“ produziert, wird sich das Originalwerk deswegen nicht schlechter verkaufen. Die Heavy-Metal-Band spricht völlig andere Hörerkreise an als Carl Orff. Niemand wird die beiden Werke als Alternativen ansehen. Vielleicht wird sogar der ein oder andere Heavy-Metal-Fan, durch die Botch-Version begeistert, das Originalwerk erwerben und damit dessen Verkaufszahlen steigern. Dennoch wird der Erfolg des Botch-Titels „O Fortuna“ im Wesentlichen auf der Genialität

356 Erschienen im Jahr 1997 mit dem Album „The Unifying Themes of Sex, Death, and Religion“ bei dem Label Hydra Head.

der Melodie Carl Orffs beruhen. Diese zeichnet sich durch große Einprägsamkeit und Einfachheit aus. Dabei vermittelt sie eine gleichermaßen feierliche wie finstere Atmosphäre, wodurch sie sich tatsächlich auch für einen Heavy-Metal-Song eignet. Die besondere Popularität dieser Melodie zeigt sich auch daran, dass zahlreiche weitere Rock-, Latin-, Dance- und Electronic-Versionen sowie eine Workout-Version existieren.[357] Zwar mag es sein, dass einige dieser Versionen sich so eng an ihrer Vorlage orientieren, dass ohnehin keine freie Benutzung vorliegt, teilweise sind die Titel aber allein durch die Wahl einer anderen Musikrichtung (wie etwa Heavy-Metal) derart weit vom Original entfernt, dass die Annahme einer freien Benutzung in Betracht käme. Dennoch wird ein für die Kaufentscheidung des Hörers erhebliches Element jeweils auch die zugrunde gelegte Melodie sein. Der Erfolg bei der breiten Masse der Bevölkerung wird zudem dadurch befördert, dass die Originalversion unter anderem durch die häufige Verwertung in der Werbung weithin bekannt ist.[358] Bei den nachschaffenden Komponisten handelt es sich damit um Trittbrettfahrer, die, ohne viel eigene Kreativität zu investieren, an den Erfolg der Melodie Carl Orffs anknüpfen.

Für solche Fälle hat der Gesetzgeber beschlossen, dem Urheber die Möglichkeit zu erhalten, für die Nutzung seines Werkes die Zahlung einer entsprechenden Lizenzgebühr zu verlangen. Da hierdurch die Kunstfreiheit eingeschränkt wird, ist die Vorschrift so auszulegen, dass nur die vom Gesetzgeber intendierten Fälle erfasst werden. Dabei sind jedenfalls diejenigen Fälle vom Anwendungsbereich der Vorschrift auszunehmen, bei denen es offensichtlich nicht um den wirtschaftlichen Wert der fremden Melodie geht.

b) Generelle Zulässigkeit der musikalischen Parodie

Vom Anwendungsbereich der Vorschrift auszunehmen sind somit zunächst einmal die Fälle der musikalischen Parodie. Sofern es sich tatsächlich um die Parodie eines Musikwerkes mit musikalischen Mitteln handelt, wird diese keinen Nutzen aus dem wirtschaftlichen Wert des Gegenstands der Parodie ziehen. Die Melodie wird in einer Weise verfremdet werden, dass ihre musikalischen

357 Vgl. etwa die Pop-Version der Band „Estampie“ aus dem Album Ondas (2000), die Dance-Version von „Spiritual Project“ (1999), die Latin-Version von „Lito Vitale“ aus dem Album „La Memoria Del Tiempo Juntando Almas Vol II“ (2006), Rock-Versionen von „Don Hughes“ (Album: Don Hughes, 2008), von „Bob“ (Album: BBBOB, 2008), von „The Disco Biscuits“ (Album: Live Disco Biscuits, 2009) und die Workout-Version von Michiel van der Kuy (Album: Classical Cardio Workout 1, 2002).

358 z.B. durch Nestlé, Procter & Gamble, Daimler-Chrysler, Reebok, Pepsi oder die Australische Brauerei Foster's; Quelle: http://www.sound-library.net/ shop/de_DE/products/show, 176651.html; zuletzt besucht am 23.01.2010.

Schwächen betont werden und sie ins Lächerliche gezogen wird. Damit wird sie ihren Reiz für das Publikum verlieren. Hier sei auf das oben genannte Beispiel der „Pretty Woman“ Parodie von „2 Life Crew“ verwiesen.[359] Niemand würde diesen Titel erwerben, weil ihm die Melodie der Originalversion von Roy Orbison gefällt, da diese in der Parodie regelrecht entstellt wird. Der Reiz der Rap-Version geht vielmehr von ihrem Witz aus. Im Rahmen von § 24 Abs. 2 UrhG ist also umso mehr darauf zu achten, dass tatsächlich eine antithematische Auseinandersetzung mit dem Musikwerk vorliegt. Ist dies der Fall, scheidet eine wirtschaftliche Ausbeutung der fremden Melodie aus, und die Parodie ist zulässig.

c) Genehmigungsfreiheit bei Life-Jazz-Improvisationen – Genehmigungserfordernis bei Tonaufnahmen

Schwieriger stellt sich die Einordnung hingegen bei Jazz-Improvisationen dar. Das Zurückgreifen auf fremde, meist populäre Melodien als Grundlage für die Improvisation sollte ursprünglich das gemeinsame Improvisieren mehrerer Musiker ermöglichen. Zusätzlich sollte die dem Hörer bekannte Grundlage immer wieder durchschimmern und diesem das Verständnis der Feinheiten der Jazz-Improvisation erleichtern. Erwirbt der Hörer also Aufnahmen von Jazz-Musik, wird er unter Umständen solche bevorzugen, deren Standards er kennt oder besonders schätzt.

Bei der Jazz-Musik ist daher zu differenzieren: Bei der spontanen Darbietung von Improvisationen ist die Einholung einer Genehmigung nicht möglich. Ein solches Erfordernis würde den Jazz in seiner ursprünglichen Form zunichte machen. Einen solchen Fall hatte der Gesetzgeber nicht im Blick. Der wirtschaftliche Wert der Melodie, über die improvisiert wird, ist bei Live-Aufführungen nicht von nennenswerter Bedeutung. Der finanzielle Erfolg der Veranstaltung steht schon deshalb nicht im Zusammenhang mit der zugrunde gelegten Melodie, weil auf diese in Vorankündigungen in der Regel nicht hingewiesen wird. Die Auswahl erfolgt nämlich gerade spontan oder zumindest für den Hörer überraschend.

Bei der Vermarktung von Tonaufnahmen verhält sich dies jedoch anders. Für diese ist ohnehin ein erheblicher organisatorischer Aufwand mit entsprechender Vorlaufzeit erforderlich. Die Einholung einer Genehmigung ist daher zumutbar. Auch spielt der Erfolg der zugrunde gelegten Melodie bei Tonaufnahmen eine größere Rolle. Teilweise werden sogar ganze Alben mit Jazz-Improvisationen zu

359 Unter C. V. 5. S. 78.

Melodien eines bestimmten Komponisten herausgegeben.[360] Selbst wenn es sich jedoch nicht um bekannte Melodien handelt und wenn diese bei der Vermarktung der Tonaufnahme nicht genannt werden, kann auf das Erfordernis einer Genehmigung hier nicht verzichtet werden. Der Jazz-Musiker hat sich die fremde Melodie zunutze gemacht und kann sich nicht auf die Sondersituation der Life-Improvisation berufen. Anders als bei der Parodie ist im Bereich des Jazz nicht von vornherein ausgeschlossen, dass eine Genehmigung gegen Zahlung einer entsprechenden Gebühr erteilt wird. Damit liegen die Einschränkungen des Künstlers vornehmlich im finanziellen Bereich. Da die Produktion und der Vertrieb einer Tonaufnahme in der Regel finanziell motiviert sind, erscheint dieses Ergebnis nicht unbillig.

d) Andere Formen der Melodie-Übernahme

Was andere Formen der Melodienübernahme, wie etwa die Auseinandersetzung mit einer fremden Melodie im Rahmen einer Hommage, angeht, muss auf den Einzelfall abgestellt werden. Sofern die Umstände dafür sprechen, dass die Übernahme der Melodie aus Mangel an eigener Kreativität erfolgte oder mit dem Ziel, die Bekanntheit und Beliebtheit einer Melodie auszunutzen, ist die Einholung einer Genehmigung stets erforderlich. Stehen andere Motive im Vordergrund, wie etwa die Hommage an den Urheber der übernommenen Tonfolge, ist § 24 Abs. 2 UrhG nicht anzuwenden. In einem solchen Fall wäre die Interessenlage ähnlich wie bei der Parodie. Zwar ist nicht generell davon auszugehen, dass der Urheber des Originalwerkes die Genehmigung verweigern würde, die Hommage verlöre jedoch ihren Charme und ihre Wirkung, wenn zuvor eine Erlaubnis eingeholt werden müsste, so dass der nachschaffende Komponist wohl gänzlich von dem Vorhaben abgebracht würde.

Bei der Abgrenzung ist auf alle Umstände des Falles abzustellen. Von besonderer Bedeutung können dabei die Popularität der übernommenen Melodie und die Art der Vermarktung des geschaffenen Musikwerkes sein. Wird beispielsweise bei dem Vertrieb einer Tonaufnahme ausdrücklich auf das Originalwerk Bezug genommen,[361] spricht vieles dafür, dass der Komponist an dem Erfolg der Originalversion teilhaben möchte. Dies gilt umso mehr, je berühmter und populärer das Ausgangswerk ist.

360 Etwa das Album „Harry Potter Jazz“ des Mark Kramer Jazz Trio zu Melodien von John Williams, erschienen im Jahr 2005 beim Plattenlabel Eroica.

361 Vgl. das oben angesprochene Beispiel „Harry Potter Jazz“ zur Filmmusik der „Harry Potter“ Filme s. Fußnote 360.

Abgrenzungsschwierigkeiten werden stets zu Lasten des nachschaffenden Komponisten gehen. Der Gesetzgeber wollte mit § 24 Abs. 2 UrhG auch Rechtsklarheit schaffen.[362] Daher können nur diejenigen Fälle vom Anwendungsbereich der Vorschrift ausgenommen werden, die eindeutig nicht in den vom Gesetzgeber intendierten Bereich fallen.

e) Zugleich verfassungskonforme Auslegung

Die Lösung über eine teleologische Reduktion birgt zugleich den Vorteil, dass sie zu einer sachgerechten Auflösung der Grundrechtskollision führt. Zwar wird hier nicht wie in der Bundesverfassungsgerichtsentscheidung auf eine Schädigung des Originalurhebers durch Absatzrückgang abgestellt, der Anwendungsbereich der Vorschrift beschränkt sich aber dennoch auf den Schutz der vermögenswerten Komponente des Urheberrechts.

Der Gesetzgeber hat sich entschieden, den besonderen wirtschaftlichen Wert von Melodien, der auch im Rahmen der freien Benutzung noch zutage tritt, dem Urheber zuzuweisen. Insofern stellt § 24 Abs. 2 UrhG eine Inhalts- und Schrankenbestimmung zu Art. 14 GG dar.

Wer sich den wirtschaftlichen Wert einer fremden Melodie zunutze macht, braucht die Genehmigung des Urhebers, dessen Eigentumsschutz als höher zu bewerten ist. Fälle, in denen dieser wirtschaftliche Wert nicht betroffen ist, werden von vornherein vom Anwendungsbereich der Vorschrift ausgenommen. Da Art. 14 GG nur die materielle Seite des Urheberrechts schützt, läge hier schon keine Grundrechtskollision vor. Ein Eingriff in die Kunstfreiheit wäre nicht zu rechtfertigen. Der im Hinblick auf die zusätzlich betroffene Meinungsfreiheit besonders problematische Fall der musikalischen Parodie wird dabei ebenfalls sachgerecht gelöst.

VIII. De lege ferenda

Einige Stimmen in der Literatur halten den starren Melodienschutze für verfehlt[363] oder zumindest verzichtbar[364]. Tatsächlich ließen sich die Fälle der wirtschaftlichen Ausbeutung fremder Melodien bereits über eine sachgerechte Anwendung von § 24 Abs. 1 UrhG weitestgehend reduzieren. Einer Abschaffung der Vorschrift stünde daher nichts entgegen. Im Hinblick auf die notwendige

362 BT- Drucks. IV/3401, Schriftlicher Bericht des Abgeordneten Dr. *Reischl*, S. 4.
363 *Schack*, Urheber- und Urhebervertragsrecht, Rn. 281..
364 *Bullinger* in Wandtke/Bullinger, § 24 Rn. 16.

verfassungskonforme Auslegung und die hierbei entstehende Rechtsunsicherheit wäre eine Abschaffung sogar wünschenswert.

Sofern man aber mit dem Gesetzgeber an der Zuweisung des wirtschaftlichen Wertes der Melodie an den Urheber festhalten möchte, wäre eine andere Lösung gegebenenfalls passender: Im Bereich der Schrankenregelungen ist es nicht unüblich, dass eine Genehmigungspflicht zwar entfällt, für die Nutzung des fremden Werkes aber dennoch eine angemessene Vergütung zu zahlen ist (vgl. § 45 a Abs. 2, § 46 Abs. 4, § 52 Abs. 1 S. 2, § 52 a Abs. 4, § 52 b S. 2 UrhG). Diese Vorschriften betreffen zwar sämtlich nur die Rechte der Vervielfältigung und der Darbietung, dies spricht jedoch nicht von vornherein dagegen, das angewandte Prinzip auch auf den Bereich von Bearbeitung und freier Benutzung zu übertragen.[365] Im Fall des Melodienschutzes geht es nicht um urheberpersönlichkeitsrechtliche Aspekte. In dieser Hinsicht ist die Melodie nicht schutzwürdiger als andere Werke. Lediglich der besondere wirtschaftliche Wert der Melodie ist Schutzgegenstand von § 24 Abs. 2 UrhG. Daher bietet es sich an, die freie Benutzung von Melodien generell zuzulassen und lediglich eine Vergütungspflicht vorzusehen. Die Beeinträchtigung der Kunstfreiheit wird damit erheblich reduziert.

Schwierigkeiten bei der Abgrenzung zwischen freier Benutzung und Bearbeitung werden hierdurch allerdings nicht vermieden. Möchte der Urheber des Originalwerkes die Nutzung seiner Melodie gänzlich verbieten, muss die Frage, ob eine freie Benutzung oder eine unfreie Bearbeitung vorliegt, tatsächlich entschieden werden. Dies spricht jedoch nicht gegen die vorgeschlagene Regelung. Es ist nicht ersichtlich, warum die Abgrenzung bei Musikwerken (noch dazu beschränkt auf die Übernahme von Melodien) schwieriger ausfallen soll als bei anderen Werkgattungen. Geht es dem Urheber lediglich um die Zahlung der Lizenzgebühr, kann die Entscheidung überdies dahinstehen, da diese in jedem Fall gezahlt werden muss.

Gegenüber dem oben vorgestellten Vorschlag der teleologischen Reduktion wäre diese Lösung jedenfalls leichter zu handhaben, da keine detaillierte Berücksichtigung des Einzelfalles erforderlich wäre. Gegenüber der geltenden Vorschrift bietet sie außerdem einen sachgerechteren Ausgleich der betroffenen Grundrechtspositionen. Probleme bei der Bestimmung der angemessenen Vergütung sprechen nicht generell gegen die Lösung, da diese dem Urheberrecht immanent sind. Allerdings kann nicht ohne weiteres auf die Vergütungssätze der Verwertungsgesellschaften zurückgegriffen werden, da diese keine Lizenzen für

365 Da die Lizenzen für Bearbeitungen regelmäßig nicht von den Verwertungsgesellschaften vergeben werden, würde sich die Durchsetzung der Ansprüche jedoch schwieriger gestalten.

Bearbeitungen vergeben. Die Höhe müsste sich daher nach dem branchenüblichen Honorar bestimmen.

IX. Zwischenergebnis

Der starre Melodienschutz schränkt die Möglichkeiten der freien Benutzung von Werken der Musik stark ein. Besondere Bedeutung entfaltet die Regelung im Bereich von Jazz-Improvisationen und musikalischen Parodien. Nach dem Wortlaut der Vorschrift sind diese nur mit Genehmigung des Urhebers der Originalmelodie zulässig. Eine solche wird wegen des spontanen Charakters von Jazz-Improvisationen und des kritischen Aussagegehalts von Parodien in der Regel nicht zu erlangen sein. Die Kunstfreiheit nachschaffender Künstler wird dadurch in nicht hinzunehmender Weise beeinträchtigt. Da diese Fälle jedoch ohnehin nicht in den vom Gesetzgeber intendierten Anwendungsbereich fallen, kann das Problem durch eine teleologische Reduktion gelöst werden. Melodienübernahmen, die keine wirtschaftliche Ausbeutung der fremden Melodie darstellen, sind vom Anwendungsbereich der Vorschrift auszunehmen. Da bei diesem Verständnis der Vorschrift eine verfassungskonforme Auslegung möglich ist, ist § 24 Abs. 2 UrhG nicht als verfassungswidrig anzusehen.

Insgesamt ist festzustellen, dass das Schutzniveau der Melodie höher ist als das jedes anderen künstlerischen Elements. Dies ist zunächst historisch zu erklären. Die Vorschrift stammt ursprünglich aus einer Zeit, in der „Gassenhauermelodien" insbesondere in Operetten eine hohe Bedeutung hatten. Die Regelung des LUG zur freien Benutzung stellte den Schutz vor Verbreitung dieser Melodien über so genannte „Potpourris" nicht hinreichend sicher. Obwohl dieses Problem bereits über § 24 Abs. 1 UrhG gelöst war, setzten die Befürworter des Melodienschutzes die Übernahme der LUG-Vorschrift ins Urheberrechtsgesetz durch.

Als weiterer Grund für das hohe Schutzniveau ist allerdings zu berücksichtigen, dass tatsächlich kein anderes künstlerisches Element vergleichbare Bedeutung für den wirtschaftlichen Erfolg eines Werkes hat. Daher ist die gesetzgeberische Entscheidung für einen besonderen Schutz der Melodie im Hinblick auf den Gleichheitssatz grundsätzlich nicht zu beanstanden.

Eine de lege ferenda vorzugswürdige Regelung würde die Genehmigungsfreiheit der Melodieübernahme mit der Verpflichtung zur Zahlung einer angemessenen Vergütung kombinieren. Eine wirtschaftliche Beteiligung des Urhebers der Originalmelodie wäre damit ohne erhebliche Einschränkungen der Kunstfreiheit gewährleistet.

Da sich die wirtschaftliche Ausbeutung fremder Melodien bereits über eine sachgerechte Anwendung von § 24 Abs. 1 UrhG hinreichend verhindern ließe, wäre de lege ferenda auch ein völliger Wegfall von § 24 Abs. 2 UrhG denkbar.

Im Folgenden soll nun geklärt werden, ob angesichts des besonderen Schutzes der Melodie andere Parameter musikalischen Schaffens unzureichend berücksichtigt werden.

D. Die Berücksichtigung der Klangfarbe im Urheberrecht

I. Die verschiedenen Einflussfaktoren

Die musikalische Klangfarbe wird durch eine Vielzahl zusammenwirkender Faktoren bestimmt. Entsprechend heterogen ist das Feld der Rechtsprobleme ihres Schutzes.

Im Bereich der herkömmlichen, „akustischen" Musik (im Gegensatz zur elektronischen) nimmt der Komponist über die Instrumentierung[366] Einfluss auf den Klang des Musikwerkes. Dabei ist nicht nur entscheidend, welche Instrumente überhaupt beteiligt sind, sondern gerade bei symphonischen Werken auch die Verteilung der einzelnen Stimmen auf die Instrumentengruppen.

Im Bereich der elektronischen Musik ist der Komponist nicht mehr auf die Umsetzung durch Interpreten angewiesen. Er kann die Klangfarbe selbst unmittelbar auf Tonband festlegen.[367]

In der traditionellen Musik wird die Klangfarbe außerdem bei der Darbietung durch den oder die ausübenden Künstler beeinflusst. Hierbei sind auch äußere Umstände wie etwa die Akustik des Raumes, in dem die Darbietung stattfindet, von Bedeutung. Außerdem spielt die Qualität des jeweiligen Instruments eine Rolle. Vor allem ist aber die Spielweise des Künstlers entscheidend. Auch diese kann – etwa durch Anweisungen (sog. musikalische Vortragsbezeichnungen) wie „dolce" oder „risoluto" – durch den Komponisten beeinflusst werden, die wesentliche Leistung liegt jedoch in der Interpretation des Musikers.[368] Dabei entwickelt grundsätzlich jeder Musiker einen individuellen „Ton", der sich von dem aller anderen Musiker unterscheidet. Dies gilt zumindest für die meisten Instrumentalisten. Eine Ausnahme wäre lediglich für wenige Musikinstrumente zu machen, bei denen der Klang durch den Interpreten nicht unmittelbar beeinflusst werden kann, wie etwa im Falle des Cembalo oder der Orgel. Beim Cembalo werden die Saiten mit einem Federkiel angerissen. Bei der Orgel werden die einzelnen Pfeifen zum Klingen gebracht. In beiden Fällen können weder Klangfarbe noch Dynamik vom Interpreten über den Anschlag beeinflusst werden. Eine Variation des Klanges ist bei diesen Instrumenten nur über die Wahl unterschiedlicher Register möglich. Bereits beim modernen Klavier ist nicht nur die Lautstärke sondern auch der Klang des einzelnen Tones über den Anschlag variierbar, so

366 Verteilung der Parte einer Komposition auf die einzelnen Instrumente.

367 S.o. unter B. I. 5. c) S. 34.

368 Zur Leistung des Interpreten im Einzelnen unten D. III. 1. S. 116.

dass „härtere“ oder „weichere“ Farben erzeugt werden können. Noch mehr Variationsmöglichkeiten bieten Streichinstrumente, bei denen eine Vielzahl unterschiedlicher Bogen- oder Zupftechniken differenzierte Klangfarben ermöglichen. Im Laufe seiner Darbietung variiert der Musiker den Klang fortlaufend und bringt auch hierdurch seine Interpretation des Werkes zum Ausdruck. Hierin liegt eine der Hauptleistungen des ausübenden Künstlers, deren Bedeutung nicht unterschätzt werden darf.

Wird von einer Live-Aufführung eine Aufnahme angefertigt oder findet die Darbietung von vornherein zu diesem Zwecke im Tonstudio statt, nimmt zudem der Tonmeister erheblichen Einfluss auf den Klang, der letztlich auf der Aufnahme zu hören ist. Er platziert die Mikrophone und „mischt“ anschließend die Tonspuren. Dabei kann er das Verhältnis der einzelnen von ihm aufgenommenen Tonspuren so lange variieren bis schließlich der von ihm gewünschte Klang erreicht ist.[369]

II. Urheberrechtlicher Schutz der Klangfarbe

1. Die Instrumentierung als urheberrechtsbegründendes Element

In der herkömmlichen nicht-elektronischen Musik nimmt der Komponist im Wege der Instrumentierung (bei Orchesterwerken auch „Orchestrierung“ genannt) und über Vortragsbezeichnungen Einfluss auf die Klangfarbe.

Die Tatsache, dass die Klangfarbe im Ergebnis nicht allein von den Vorgaben des Komponisten, sondern auch durch die Leistung des Interpreten beeinflusst wird, spricht zunächst nicht dagegen, jedem der beiden für seinen Anteil ein eigenes Schutzrecht zuzusprechen. Urheberrecht und Leistungsschutzrecht liegen auf unterschiedlichen Ebenen. Während ersteres das Werk in seiner abstrakten Form schützt, betrifft letzteres nur die konkrete Darbietung. Die Regelung zur Miturheberschaft in § 8 UrhG zeigt überdies, dass das Werk nicht auf die Leistung eines einzelnen zurückführbar sein muss, um schutzfähig zu sein.

Auf die Instrumentierung als schutzbegründendes Element kommt es bei der „Neuschöpfung“ von Musikwerken in den meisten Fällen nicht an. Diese weisen bereits aufgrund der übrigen Elemente eine hinreichende Schöpfungshöhe auf. Bei Werken der kleinen Münze oder sehr kurzen Abschnitten eines Musikwerkes, kann die Instrumentierung jedoch als zusätzliches Element zur Begründung des Urheberrechtsschutzes herangezogen werden. In Extremfällen ist auch denkbar, dass die Gestaltung der Klangfarben das einzige Element ist, auf das die ur-

369 Zum Tätigkeitsfeld eines Tonmeisters im Einzelnen s.u. D. V. 1. S. 146.

heberrechtliche Schutzfähigkeit eines Werkes sich gründet. Als Beispiel wäre hier das bereits erwähnte Orchesterstück op. 16 Nr. 3 von Arnold Schönberg zu nennen, das den Titel „Farben" trägt.[370] In diesem Werke wollte Schönberg seine Idee von der Klangfarbenmelodie umsetzen, indem er im selben Akkord bruchlos die Instrumente wechseln ließ und damit die Klangfarbe fließend variierte.

Die Instrumentierung wird jedoch wesentlich häufiger ausschlaggebend sein, wenn es um die Schutzfähigkeit einer Bearbeitung nach § 3 UrhG geht. Dies gilt insbesondere dann, wenn die Leistung des Bearbeiters wie beim so genannten „Arrangement" nahezu ausschließlich in der Instrumentierung besteht. Hierunter wird zunächst die „*Einrichtung eines Musikstückes für eine andere Besetzung als die ursprüngliche*" verstanden.[371] Vor allem im Bereich von Jazz-Werken, Musicals und in der Unterhaltungsmusik im Allgemeinen ist es aber auch üblich, dass die Komposition zunächst nur in skizzierter Form (Melodie und Akkordsymbole) vorliegt.[372] Die Instrumentierung wird dann einem so genannten Arrangeur überlassen. Auch namhafte Komponisten wie George Gershwin und Leonard Bernstein ließen ihre Werke von professionellen Arrangeuren instrumentieren.[373] In einem solchen Fall kann die Instrumentierung eine Miturheberschaft nach § 8 Abs. 1 UrhG begründen.

Es kann kein Zweifel daran bestehen, dass auch das bloße Arrangement eines Werkes eine persönliche geistige Schöpfung darstellen kann. Hierzu hat auch der Bundesgerichtshof bereits mehrfach eindeutig Stellung bezogen.[374] Dabei kommt es nach Ansicht des Bundesgerichtshofs nicht darauf an, ob dem Arrangeur die Besetzung des Ensembles oder sogar die Zahl der Instrumente vorgegeben ist. Entscheidend ist vielmehr die Art und Weise des Einsatzes der einzelnen Instrumente.[375] Das Argument, es handele sich hierbei lediglich um musikalisches Handwerkszeug, weist der Bundesgerichtshof zurück. Dabei nimmt er auch Bezug auf § 12 Abs. 2 Nr. 4 LUG, wonach die Tätigkeiten der Instrumentierung und Orchestrierung dem Urheber ausdrücklich vorbehalten waren.[376]

Die Ansicht, dass das Instrumentieren von Musikwerken als Bearbeitung schutzfähig sein kann, entspricht auch der überwiegenden Meinung in der Literatur.[377] Für die Schutzfähigkeit der Leistung des Arrangeurs kommt es wesentlich

370 S.o. B. I. 5. a) S. 31.

371 BRM, Bd. 1 S. 57.

372 BRM, Bd. 1 S. 58.

373 BRM, Bd. 2 S. 115.

374 BGH GRUR 1968, 321, 324 – Haselnuss; BGH GRUR 1981, 267, 268 – Dirlada; BGH GRUR 1991, 533, 535 – Brown Girl II.

375 BGH GRUR 1968, 321, 324 – Haselnuss.

376 BGH GRUR 1968, 321, 325 – Haselnuss.

377 *Ulmer*, Urheber- und Verlagsrecht, S. 159; *Ahlberg* in Möhring/Nicolini, § 3 Rn. 17; *Bullinger* in Wandtke/Bullinger, § 2 Rn. 70; *Tenschert*, ZUM 1987, 612, 617.

darauf an, dass seine Instrumentierung den klanglichen Charakter des Werkes beeinflusst.[378] Dies gilt insbesondere, wenn bereits instrumentierte Werke für eine neue Besetzung umarrangiert werden (sog. Transkriptionen).

Die Einflussnahme von Komponisten und Bearbeitern auf das Ergebnis der Klangfarbe durch die Instrumentierung wird bei der Anwendung der allgemeinen Vorschriften des Urheberrechts hinreichend berücksichtigt. Ein Schutz des Komponisten vor Einzelton-Sampling ergibt sich aus den dargestellten Grundsätzen nicht. Schutzbegründend ist gerade nicht die Festlegung der Besetzung (Auswahl der zum Einsatz kommenden Instrumente), sondern die Verteilung der Stimmen auf die einzelnen Instrumente und der dadurch erzeugte klangliche Charakter des Werkes.[379] Diese Verteilung kann lediglich über den Verlauf eines gewissen Abschnitts des Musikwerkes zutage treten. Im einzelnen Klang wird nur die vom Komponisten gewählte Besetzung hörbar. Selbst bei äußerst origineller Auswahl der Instrumente ist eine persönliche geistige Schöpfung hier nicht vorstellbar.

2. Die unmittelbare Gestaltung des Klangs in der elektronischen Musik durch Komponisten und Sounddesigner

Unter elektronischer Musik soll hier sämtliche Musik verstanden werden, die ausschließlich unter Verwendung elektronischer Klangerzeuger ohne mechanische Musikinstrumente hergestellt wird.[380] Aus urheberrechtlicher Sicht bestehen keine Unterschiede zwischen der elektronischen Musik als Stilrichtung der ernsten Musik des 20. Jahrhunderts[381] und der elektronischen Unterhaltungsmusik[382]. Nicht unter den Begriff der elektronischen Musik fällt jedoch die elektronische Verstärkung mechanischer Musikinstrumente (z.B. die sogenannte E-Gitarre).

378 *Ahlberg* in Möhring/Nicolini, § 3 Rn. 17.
379 BGH GRUR 1968, 321, 324 – Haselnuss.
380 Vgl. die Definition in MGG, Bd. 3 S. 1264.
381 S.o. B. I. 5. c) S. 34.
382 S.o. B. II. 4. S. 40.

a) Abgrenzung zwischen Urheberrecht und Leistungsschutzrechten

aa) Elektronische Musik als konkretes Werk

Da in der elektronischen Musik die Grenzen zwischen Urheber und Interpret verschwimmen, stellen sich auf juristischer Seite Probleme bei der Abgrenzung zwischen Urheberrecht und Leistungsschutzrechten.

Grundsätzlich spricht nichts dagegen, den elektronisch hergestellten Klang als Werk der Musik für schutzfähig zu erachten, sofern dieser die Voraussetzungen der persönlichen geistigen Schöpfung erfüllt. Nicht jede Leistung des Komponisten fällt jedoch automatisch in den urheberrechtlichen Schutzbereich. Ist der Urheber des Werkes zugleich auch der Interpret, muss eine Abgrenzung erfolgen. Führt der Schöpfer eines Werkes dieses selbst auf, ist er im Bezug auf seine Interpretenleistung auf die Leistungsschutzrechte beschränkt. Umgekehrt kann er keinen Leistungsschutz begehren für eine Tätigkeit, die ausschließlich der Werkschöpfung zuzurechnen ist.[383] Diese Abgrenzung ist insofern relevant, als der Schutzumfang der beiden Systeme voneinander abweicht. Als bedeutendster Unterschied ist zu nennen, dass der Interpret im Gegensatz zum Urheber keinen Schutz vor Nachahmung genießt, sondern nur vor unmittelbarer Leistungsübernahme geschützt wird.

Im Fall der elektronischen Musik entfällt die Interpretation im klassischen Sinne. Der Komponist legt Lautstärke, Tempo und Klangfarbe unmittelbar auf der Bandaufnahme fest. Für eine Aufführung oder Darbietung im Sinne von § 73 UrhG bleibt kein Raum mehr.[384]

Bei der Wiedergabe von Sprach- und Musikwerken in Form der Darbietung geht es darum, *„ein ursprünglich als Sprache oder Musik empfundenes Werk, das zum Zweck seiner Erhaltung in ein anderes Medium (Schrift- oder Notennotierung) übertragen worden ist, in sein ursprüngliches Medium zurückzutransponieren.“*[385] Der Begriff der Darbietung setzt also voraus, dass ein abstraktes Werk in eine konkrete Ausdrucksform „transponiert“ wird.[386] Dies impliziert, dass das betreffende Werk darauf angelegt ist, dargeboten zu werden. Hierdurch unterscheidet sich die Darbietung von der Vorführung oder Ausstellung. Werke der bildenden Kunst etwa sind von vornherein konkrete Werke, die für den Betrachter unmittelbar wahrnehmbar sind. Musikwerke, die in einer Partitur oder

383 BGH GRUR 1984, 730, 732 – Filmregisseur.

384 *Davies, v. Rauscher auf Weeg*, Das Recht Der Hersteller von Tonträgern, S. 25; *Krüger* in Schricker/Loewenheim, Urheberrecht, § 73 Rn. 29; *Weissthanner*, Urheberrechliche Probleme neuer Musik, 1974, S. 14.

385 LG Hamburg, GRUR 1976, 151, 153 – Rundfunksprecher.

386 *Schaefer* in Fromm/Nordemann, § 73 Rn. 13.

sonstigen Aufzeichnungen festgelegt sind, bedürfen, um wahrnehmbar zu werden, der Umsetzung durch einen Interpreten. Das Beispiel der elektronischen Musik zeigt jedoch, dass dies nicht bei allen Musikwerken der Fall ist. Moderne, am Computer erzeugte Stücke werden häufig unmittelbar als Tondatei entwickelt. Dies gilt insbesondere für Musikrichtungen wie Techno oder House. Auch in der elektronischen Musik als Stilrichtung der ernsten Musik wurde das Werk in der Regel unmittelbar auf einem „Urband" festgelegt.[387] Die betreffenden Werke bedürfen keiner weiteren Interpretation, da sie von vornherein in hörbarer Form vorliegen. Das in dieser Form festgelegte elektronische Musikwerk ist insofern tatsächlich dem Gemälde vergleichbar, das keiner weiteren Darbietung zugänglich ist.

Etwas anderes kann allenfalls für den (ungewöhnlichen) Fall der Realisation einer elektronischen Partiturvorlage gelten.[388] Diese wird in der Regel durch einen Techniker umgesetzt, der dabei ähnliche Spielräume hat wie der Interpret herkömmlicher Musik. In einem solchen Fall können je nach Einzelfall auch die Rechte der §§ 73 ff UrhG einschlägig sein.[389]

Ebenfalls einen Sonderfall stellen die Konzerte der Band Kraftwerk dar, die die eigenen elektronischen Werke auf der Bühne mit Computern live aufführen.[390] Auch in diesem Fall kann von der Darbietung eines elektronischen Werkes ausgegangen werden.

Die Schutzfähigkeit der vom Komponisten elektronisch oder mittels Computer erzeugten Klänge betrifft aber im Wesentlichen den Bereich der Werkschöpfung und richtet sich nach den allgemeinen urheberrechtlichen Voraussetzungen.

bb) Die Rolle des Diskjockeys

Die öffentliche Vorführung elektronischer Unterhaltungsmusik erfolgt in der Regel durch einen Diskjockey (DJ). Sofern dieser nur eine Platte nach der anderen auf den Plattenspieler legt und eventuell für fließende Übergänge sorgt, kommt er als Interpret nicht in Betracht. Die Rolle des DJ hat sich jedoch im Laufe der Zeit gewandelt. Bereits in den 1950er Jahren begannen jamaikanische DJs im Umfeld des Reggae, die Platten beim Auflegen zu manipulieren. Hierbei wurde etwa zur Spannungssteigerung durch Zurückdrehen der Platte der Einsatz

387 BRM Bd. 4, S. 259.

388 Hierzu ausführlich: *Weissthanner*, Urheberrechtliche Probleme neuer Musik, S. 15f und 57.

389 A.a.O. S. 57.

390 In einem Interview mit dem Spiegel erklärt der Musiker Ralph Hütter, Mitbegründer der Band Kraftwerk, die Musik nähme ihre Gestalt erst bei der Live-Aufführung an. *Hüttner*, Maschinen sind einfach lockerer, Der Spiegel Nr. 50/2009, S. 138.

des Gesangs verzögert oder eine besonders beliebte Stelle durch Zurücksetzen der Nadel mehrfach wiederholt (Loop).[391] Die Rolle des DJ im Kontext von Hip-Hop und Rap-Musik wurde bereits eingangs erwähnt.[392] Sofern hier mit zwei Plattenspielern gleichzeitig gearbeitet wird, können entweder zwei Exemplare desselben Songs verarbeitet werden oder unterschiedliche Songs miteinander kombiniert werden.[393] Durch diese Technik entstehen während des Abspielens neue Musikwerke.

Im Kontext der House-Musik etablierte sich später sogar die Praxis, vorhandene Musikaufnahmen nicht nur zu modifizieren, sondern als Material für völlig neue Produktionen zu benutzen.[394] Bislang war die Erkennbarkeit des Originals ein wichtiger Indikator bei der Beurteilung der Kunst des DJ gewesen, nun verschwand das Ausgangsmaterial hinter dem neuen „Mix".

Vor dem Hintergrund dieser Entwicklung drängt sich die Frage auf, ob der DJ der Interpret elektronischer Musik und damit auch ein ausübender Künstler im Sinne von § 73 UrhG sein kann.[395] Künstlerisch arbeitende DJs empfinden ihren Plattenspieler oder ihr Mischpult als Musikinstrument.[396] Die auf Schallplatte gebannten Klänge sind jedoch keine abstrakten, der Interpretation zugänglichen Werke mehr. Sie bedürfen, um hörbar zu werden, nur noch eines Plattenspielers. Sie können demnach nicht dargeboten, sondern allenfalls vorgeführt werden. Der DJ folgt beim Auflegen der Platte gerade nicht den Anweisungen des Werkschöpfers, sondern allein seiner eigenen Kreativität. Das auf Schallplatte gebannte Werk bietet keinen interpretatorischen Spielraum mehr.

Die klanglichen Veränderungen, die der DJ durch die Manipulationen beim Abspielen der Platte vornimmt, stellen sich daher als Bearbeitungen des fertigen Werkes dar. Er schafft mit Hilfe der Platte und des Plattenspielers unter Umständen ein neues Werk, das dem Urheberrechtsschutz nach § 3 UrhG zugänglich ist. Dieses neue Werk wird von ihm zugleich auch dargeboten. Theoretisch könnte es von einem anderen DJ, der dieselben Manipulationen an der gleichen Platte vornimmt, oder von ihm selbst bei anderer Gelegenheit dargeboten werden. In der DJ-Branche ist dergleichen jedoch gänzlich unüblich.

Im Falle einer originellen Bearbeitung der aufgelegten Platten steht dem DJ ein Bearbeiterurheberrecht an dem von ihm erstellten neuen „Mix" zu. Er ist je-

391 *Wicke*, Handbuch der populären Musik, S. 197.
392 Unter 0S. 33.
393 *Wicke*, Handbuch der populären Musik, S. 197.
394 Ebenda.
395 *Czychowski* in Loewenheim § 9 Rn. hält eine säuberliche Trennung zwischen Werk, Bearbeitung, Interpretation und Aufführung hier kaum noch für möglich.
396 *Büscher* in Wandtke/Bullinger, § 73 Rn. 17 sieht den DJ daher als Interpreten an.

doch nicht der Interpret von auf Tonträgern festgelegter elektronischer Musik, da diese der Darbietung nicht zugänglich ist.[397]

b) Die elektronische Gestaltung der Klangfarbe

In der elektronischen Musik wird der Klang in der Regel vom Komponisten selbst hergestellt. Auch Musiker, wie etwa Keyboarder, erschaffen häufig eigene Sounds, die sie auf ihrem Instrument abspeichern, um sie bei Musikproduktionen „anbieten" zu können.[398] Darüber hinaus gibt es auch so genannte „Sounddesigner", die sich auf die Schaffung von Einzelsounds spezialisiert haben, die sie für Synthesizer produzieren, oder die sie in so genannten Sound-Libraries zum Verkauf anbieten.[399] Auch auf solche Klänge kann der Komponist elektronischer Musik zurückgreifen.

Die elektronische Herstellung eines künstlichen Klanges sei im Folgenden kurz skizziert:[400] Die Klangerzeugung basiert zunächst stets darauf, dass ein oder mehrere Oszillatoren durch elektrischen Strom in Schwingungen gebracht werden. Diese Schwingungen sind vom Menschen als Geräusch oder Ton hörbar, sofern sie im Bereich von etwa 2 bis 22.000 Hz liegen. Bei dem so erzeugten Klang handelt es sich zunächst um den in der Einleitung[401] angesprochenen Sinus-Ton, einen gleichförmigen, relativ „neutral" klingenden Ton, der sich graphisch als Sinuskurve darstellen lässt. Die Klangfarbe (bzw. der Klang oder Sound) wird verändert, wenn die sinusförmige Schwingung des Oszillators beeinflusst wird. Dies geschieht durch so genannte „Hüllkurven", die ihrerseits durch elektrischen Strom erzeugt werden. So können sowohl synthetische Klänge, die in der Natur nicht vorkommen, entwickelt werden, als auch natürliche Klänge, wie etwa die eines analogen bzw. akustischen Musikinstruments, nachgeahmt werden. Den Vorgang der Beeinflussung eines Oszillators durch Hüllkurven bezeichnet man als Klangsynthese. In seiner reinsten Ausprägung wird dieser Vorgang bei der Benutzung eines Synthesizers angewandt. Außerdem existieren sounderzeugende Musikinstrumente, die nach dem gleichen Prinzip arbeiten, die allerdings mit fabrikmäßigen Voreinstellungen für die Hüllkurven

397 A.A. *Büscher* in Wandtke/Bullinger, § 73 Rn. 17.

398 *Bindhardt,* Der Schutz von in der Popularmusik verwendeten elektronisch erzeugten Einzelsounds, S. 55.

399 Ebenda.

400 Die Darstellung folgt den Ausführungen des LG Rottweil, ZUM 2002, 490, 491. Eine sehr ausführliche Erläuterung der Funktionsweise eines Synthezisers findet sich außerdem bei *Bindhardt, Der Schutz von in der Popularmusik verwendeten elektronisch erzeugten Einzelsounds,* S. 41.

401 S.o. A. II. S. 19.

versehen sind und daher nur eine eingeschränkte Manipulation der Klänge ermöglichen. Dazu gehören die unterschiedlichen auf dem Markt erhältlichen Keyboards sowie zahlreiche weitere Klangmodule, die in ein vorhandenes Studio integriert werden können. Bei der Bedienung all dieser Geräte können nicht nur unterschiedliche Klänge produziert werden, sondern diese Klänge auch in beliebigen Tonhöhen und Lautstärken wiedergegeben werden.

Bei der beschriebenen Klangsynthese (Erzeugung und Anbringung von Hüllkurven an die Sinus-Schwingung) können und müssen zugleich Frequenz, Amplitude und Phase der Schwingung bestimmt werden.[402] Zudem wird die sinusförmige Schwingung in eine dreiecks- oder vierecksförmige umgewandelt, wobei es unendlich viele Variationen gibt. Außerdem kann, um etwa den charakteristischen Klang eines einzelnen Trompetentones in seinem gesamten Verlauf vom Anfang bis zum Ende nachzubilden, eine im Zeitverlauf veränderbare Hüllkurve angelegt werden. Die unterschiedlichen Verfahren der Klangsynthese sind außerordentlich zahlreich und kompliziert. Die Bedienung des Synthesizers und der übrigen klangerzeugenden Geräte erfolgt mit Hebeln und Tasten, die an dem Gerät angebracht sind, und durch die sich die Klangsynthese steuern lässt. Ein geräteinternes Softwareprogramm erzeugt sodann die entsprechenden Einstellungen. Da die Erstellung des gewünschten Klangs unter Umständen sehr aufwendig ist, können die Einstellungen als so genannte Presets im Gerät abgespeichert werden. Als solche können sie später jederzeit wieder abgerufen werden. Die Hersteller selbst liefern meist einige solcher Presets, die der Musiker sofort verwenden kann, auf ihren Geräten mit. Auch die erwähnten Sound-Designer entwerfen häufig gerätespezifische Einstellungen für die gängigen Fabrikate und bieten diese in gespeicherter Form zum Kauf an.

Die dargestellte Klangsynthese wird heutzutage auch mit den entsprechenden Programmen am Computer durchgeführt. Der erstellte Klang kann dann als Sounddatei unmittelbar gespeichert oder weiter verarbeitet werden.

Sofern vom isolierten Schutz elektronischer Klänge die Rede ist, kann es sich um eine Sounddatei handeln, die den elektronischen Klang selbst speichert, häufig sind jedoch die in Form von Presets gespeicherten Einstellungen gemeint.[403] Da es eine unendliche Fülle an Einstellungsmöglichkeiten gibt und die Verfahren überwiegend sehr komplex sind, liegt in der Erzeugung einer auf dem Markt akzeptierten Voreinstellung eine beachtliche Leistung.

402 Die Darstellung folgt weiterhin den Ausführungen des LG Rottweil, ZUM 2002, 490, 491.

403 So auch im Fall des LG Rottweil, ZUM 2002, 490, 491.

c) Der elektronisch generierte Klang als persönliche geistige Schöpfung

Der einzelne vom Komponisten unmittelbar gestaltete Klang erfährt in der elektronischen Musik eine größere Bedeutung als in der „klassischen" Komposition, wo die Ausgestaltung der Klangfarben im Wesentlichen den Interpreten überlassen wurde. Die einzelnen Klänge sind nun das „Material", aus dem das Werk hergestellt wird, vergleichbar den vom Künstler angerührten Farben in der Malerei.

Für die Frage der urheberrechtlichen Schutzfähigkeit ist es unerheblich, ob Klänge und Klangfarben betroffen sind, die von einem Sounddesigner ohne die Absicht der konkreten Verwendung hergestellt wurden, oder ob es sich um einen vom Komponisten für ein bestimmtes Werk geschaffenen oder bereits in einem Werk verwendeten Klang handelt. Ebenso wie der Einzelklang als Werkteil sind isoliert geschaffene Klänge dann schutzfähig, wenn sie eine persönliche geistige Schöpfung darstellen.

Elektronische Klänge werden außerdem nicht nur für Musikwerke hergestellt, sondern haben als Signaltöne bei Computerprogrammen und Computerspielen oder als Handyklingeltöne eine eigenständige Bedeutung erlangt. Da das deutsche Urheberrecht keinen numerus clausus von schutzfähigen Werkarten kennt, ist unerheblich, ob diese Signaltöne und Einzelklänge noch als Musikwerke eingeordnet werden können.[404] Sofern die Töne die Voraussetzung als persönliche geistige Schöpfung erfüllen, käme zumindest eine Schutzfähigkeit als „sonstiges Werk" in Betracht. Die Frage der urheberrechtlichen Schutzfähigkeit einzelner elektronisch generierter Klänge erfährt damit eine gesteigerte praktische Bedeutung.

aa) Ergebnis eines Schaffensprozesses in wahrnehmbarer Form

Als persönliche geistige Schöpfung muss der Klang zunächst das Ergebnis eines Schaffensprozesses sein. Hierbei ist unschädlich, dass sich der Komponist (bzw. „Sounddesigner") zur Herstellung des Klangs technischer Hilfsmittel bedient. Entscheidend ist vielmehr, dass die Form des Werkes auf das schöpferische Tätigwerden eines Menschen zurückzuführen ist.[405] Der Klang, den der Komponist in der oben beschriebenen Weise im Wege der Klangsynthese hergestellt hat, ist das Ergebnis eines Schaffensprozesses. Der einzelne, vom Oszillator erzeugte, unveränderte Sinuston hingegen nicht.

404 Das LG Rottweil, ZUM 2002, 490, 491 lehnt dies ab, da den Klangdateien Tonfolge und Rhythmus fehlen.

405 *Bullinger* in Wandtke/Bullinger, § 2 Rn. 16.

Der elektronisch erzeugte Klang hat die erforderliche wahrnehmbare Form, sobald die Bearbeitung abgeschlossen und der hergestellte Ton hörbar geworden ist. Hierfür ist unerheblich, ob der Klang als Sounddatei existiert, ob er als Preset gespeichert wurde, oder ob der Sounddesigner ihn nur ein einziges Mal mit Hilfe des Synthesizers hat erklingen lassen. Eine Fixierung ist nach deutschem Recht keine Voraussetzung für die Entstehung des Urheberrechts.

bb) Individueller geistiger Gehalt

Letztlich kommt es für die Frage, ob der technisch hergestellte einzelne Klang urheberrechtlich geschützt ist, darauf an, ob es sich um eine individuelle geistige Leistung handelt. Das geschützte Werk als Ergebnis eines individuellen Schaffensprozesses muss einen geistigen Gehalt aufweisen.[406]

Teilweise wird diesem Erfordernis des geistigen Gehalts in der Literatur wenig Bedeutung beigemessen.[407] Musikalischen Werken soll demnach das Attribut des „Geistigen“ immer zuzusprechen sein, da der Schaffens- und Wirkweise der musikalischen Komposition eine solche Komponente immanent sei.[408] Dabei wird unter anderem argumentiert, die Tätigkeit beinhalte

> „eine gedanklich-logische, nach bestimmten Formalgesichtspunkten erfolgende oder eine intuitive, rein gefühlsmäßige Kreativität, deren Arbeitsergebnis stets darauf abzielt, den Rezipienten in irgendeiner Weise ästhetisch anzusprechen, ihm also den gedanklichen oder gefühlsmäßigen Inhalt des Werkes nahe zu bringen.“[409]

Aus dieser Feststellung folgt jedoch keineswegs zwingend, dass das Ergebnis der kompositorischen Tätigkeit immer einen geistigen Gehalt oder Inhalt besitzt. Für die Schutzfähigkeit eines Werkes kommt es gerade nicht auf den Schöpfungsvorgang, sondern auf das Ergebnis an. Allein die Tatsache, dass eine Tätigkeit darauf abzielt, letztlich einen gefühlsmäßigen Inhalt zu vermitteln, führt noch nicht dazu, dass ein solcher Inhalt bereits vorhanden ist. Zudem ist hervorzuheben, dass die elektronische Gestaltung der einzelnen Klangfarbe nicht zwangsläufig dem Bereich des Komponierens zugeordnet werden muss. Dies wird bereits daran deutlich, dass diese Tätigkeit häufig von Sounddesignern ausgeführt wird, die an der späteren Erschaffung des Werkes nicht beteiligt sind. Man kann

406 BGH GRUR 1987, 704 – „Warenzeichenlexika“; BGH GRUR 1995, 673, 675 – „Mauer-Bilder“; *Bullinger* in Wandtke/Bullinger, § 2 Rn. 21; *Loewenheim* in Schricker/Loewenheim, Urheberrecht, § 2 Rn. 18.

407 *Ernst* in Hoeren, Sieber (Hrsg.), Handbuch Multimediarecht, Teil 7.1 Rn. 5.

408 *v. Gamm*, § 2 Rn. 5; *Riedel*, Originalmusik und Musikbearbeitung, S. 160; *Münker*, Urheberrechtliche Zustimmungserfordernisse bei digital Sampling, S. 42.

409 *Münker*, Urheberrechtliche Zustimmungserfordernisse bei digital Sampling, S. 42.

sie daher auch als eine dem eigentlichen Komponieren vorgelagerte Aufgabe verstehen, dem Anmischen der Farben in der Malerei vergleichbar.

Auch an anderer Stelle wird das Kriterium des geistigen Gehalts lediglich als Abgrenzungskriterium aufgefasst, das dazu diene, die in der aleatorischen Kunst zentralen Zufallsergebnisse vom Urheberrechtsschutz auszuschließen.[410] Diese seien nicht schutzfähig, da sie nicht auf einer geistigen Leistung, sondern allein auf dem Zufall beruhten. Auch diese Ansicht verkennt, dass das Kriterium des geistigen Gehalts nicht den Schöpfungsvorgang betrifft, sondern den durch das Werk vermittelten Inhalt. Zu Recht fordert der Bundesgerichtshof für die urheberrechtliche Schutzfähigkeit einen *„in eigentümliche Form gebrachten Gedankeninhalt"*.[411] Daher wird statt von einem geistigen Gehalt teilweise auch von einem *„geistigen Inhalt"* gesprochen.[412] Dabei ist unerheblich, ob es sich um einen begrifflichen Inhalt handelt, wie bei Sprachwerken, einen anschaulichen, wie bei Werken der bildenden Kunst, oder um einen akustischen, wie bei Musikwerken.[413] Ausreichend ist jedoch nicht der *„schöpferische Gedankensplitter"*, vielmehr muss *„der menschliche Geist in umfassender Weise in dem Werk seinen Niederschlag"* gefunden haben.[414] Andernfalls kann von einer persönlichen geistigen Schöpfung nicht mehr die Rede sein.

Aus diesem Grund ist auch eine strikte Differenzierung zwischen dem Kriterium des geistigen Gehalts und dem der Individualität oder schöpferischen Prägung artifiziell.[415] Vielmehr beeinflussen sich diese Faktoren gegenseitig. Der geistige Inhalt muss in *„eigentümliche Form"* gebracht werden.[416] Ein hohes Maß an geistigem Gehalt begründet aber auch gerade die Individualität des Werkes.[417]

Hinsichtlich der Individualität finden sich terminologisch teilweise unterschiedliche Umschreibungen, ohne dass dies einen Unterschied in der Sache zur Folge hat. So verwendet die Rechtsprechung teilweise die Formulierung *„schöp-*

410 Ebenda.
411 BGH GRUR 1958, 402, 404 – Lili Marleen.
412 *Rehbinder*, Urheberrecht, Rn. 148.
413 Ebenda.
414 Ebenda.
415 Auch *Nordemann* in Fromm/Nordemann, § 2 Rn. 24 f. sieht diese beiden Kriterien als zusammengehörig an.
416 BGH GRUR 1958, 402, 404 – Lili Marleen.
417 BGH GRUR 1984, 453 – Hemdblusenkleid.

ferische Eigentümlichkeit“[418], während an anderer Stelle von „*eigenschöpferischer Prägung*“[419] oder von „*schöpferischer Eigenart*“[420] die Rede ist.

Die individuelle Prägung des Werkes kann unterschiedlich stark ausgeprägt sein. Im einen Extremfall trägt ein Werk gewissermaßen den „Stempel der Persönlichkeit des Urhebers“ und ist diesem aufgrund der Stilmerkmale ohne weiteres zuzuordnen. Im anderen Extremfall handelt es sich um ein Werk der so genannten „kleinen Münze“, dessen Individualität auf ein Minimum beschränkt ist und das gerade noch schutzfähig ist. Dieses unterschiedliche Niveau wird allgemein als „Gestaltungshöhe“ bezeichnet.[421] Der Begriff bezeichnet den quantitativen Maßstab der Individualität eines Werkes, ohne dass dabei die künstlerische Qualität in Betracht gezogen wird. Die Anforderungen an das Maß der Gestaltungshöhe sind umstritten. Abgesehen von dem Bereich der angewandten Kunst ist jedoch der Schutz der „kleinen Münze“ weitgehend anerkannt. Insbesondere für Musikwerke werden hier sehr geringe Anforderungen an den Eigentümlichkeitsgrad gestellt.[422] Damit kommt es in Wirklichkeit für die Schutzfähigkeit kaum noch auf eine bestimmte Gestaltungshöhe an, entscheidend ist vielmehr, dass das Werk überhaupt Eigentümlichkeit aufweist.[423] Die Gestaltungshöhe ist vornehmlich als Maß der Individualität für den Schutzumfang entscheidend.[424]

Das urheberrechtliche Werk als durch den menschlichen Geist geprägtes Produkt, das die Persönlichkeit des Urhebers widerspiegelt, ist aber vom rein handwerksmäßigen Erzeugnis abzugrenzen, dem Individualität und Eigenartigkeit fehlen.[425] Außerdem ist das Zusammenspiel mit dem geistigen Gehalt zu beachten. Es muss ein in „*eigentümliche Form*“[426] gebrachter Gedankeninhalt vorliegen und nicht lediglich ein „*schöpferischer Gedankensplitter*“[427].

418 BGH GRUR 1987, 704, 705 – Warenzeichenlexika; BGH GRUR 1991, 449, 451 – Betriebssystem; BGH GRUR 1994, 206, 207 – Alcolix; BGH GRUR 2004, 855 ff. – Hundefigur.

419 BGH GRUR 1985, 1041, 1947 – Inkassoprogramm; BGH GRUR 2002, 958, 960 – Technische Lieferbedingungen.

420 BGH GRUR 1981, 352, 353 – Staatsexamensarbeit; BGH GRUR 1985, 1041, 1047 - Inkasso-Programm; BGH GRUR 1992, 382, 385 – Leitsätze.

421 BGH GRUR 1983, 377, 378 – Brombeermuster; BGH GRUR 2004, 855 ff. – Hundefigur.

422 BGH GRUR 1991, 533 – Brown Girl.

423 *Ahlberg* in Möhring/Nicolini, § 2 Rn. 76; *Loewenheim* in Schricker/Loewenheim, Urheberrecht, § 2 Rn. 25.

424 *Loewenheim* in Schricker/Loewenheim, Urheberrecht, § 2 Rn. 25.

425 *Bullinger* in Wandtke/Bullinger, § 2 Rn. 21; BGH GRUR 1995, 673, 675 – „Mauer-Bilder“.

426 BGH GRUR 1958, 402, 404 – Lili Marleen.

427 *Rehbinder*, Urheberrecht, Rn. 148.

Die Schutzfähigkeit des elektronisch erstellten Einzelklangs wird häufig mit dem Hinweis auf dessen fehlende Individualität kategorisch abgelehnt.[428] Angesichts der Vielzahl an möglichen elektronischen Klangfarben, die sich von einander jeweils erheblich unterscheiden, kann diese Begründung jedoch nicht überzeugen.

Beim einzelnen vom Künstler oder Sounddesigner geschaffenen Klang bereitet vielmehr die Feststellung eines die Individualität vermittelnden geistigen Gehalts Probleme. Bei Werken der Musik soll dieser in dem *„in Tönen ausgedrückten musikalischen Erlebnis, der Stimmung und dem Gefühlswert"* liegen.[429] Das Werk darf sich jedoch nicht darauf beschränken, einen beliebigen Sinneseindruck beim Hörer hervorzurufen. Geht es, wie beim Schutz einzelner Klänge, um den Schutz der Bausteine eines Werkes, muss auch bei Anerkennung der kleinen Münze und weitgehendem Verzicht auf das Vorliegen einer gewissen Gestaltungshöhe auf das Vorhandensein eines Inhalts geachtet werden. In diesem Sinne hat auch das OLG Düsseldorf zu Recht festgestellt, dass

> „auch bei nur geringen Anforderungen als sachliche Voraussetzung eines urheberrechtlichen Schutzes eines Werkteiles eine in sich abgeschlossene persönliche geistige Schöpfung erkennbar sein" muss, „da nur der geistige Inhalt eines Werkes schutzfähig ist, nicht das einzelne Formelement, das zur Schaffung des Werkes verwendet worden ist."[430]

Bei der Erforschung des möglichen geistigen Gehalts des Einzelklanges ist der bereits gezogene Vergleich zu dem vom Künstler angerührten einzelnen Farbton hilfreich. Dieser Farbton selbst repräsentiert keinen eigenen Gehalt. Erst der Einsatz der Farbe durch den Künstler transportiert dessen Gedanken- oder Gefühlsinhalt. Dies wird eindrücklich am Beispiel der monochromen Malerei deutlich. Eine von einem Maler in einem bestimmten blauen Farbton bemalte rechteckige Leinwand ist aufgrund der Monotonie des Werkes geeignet, Gedanken und Gefühle zu vermitteln, ebenso wie der Einsatz der Farbe im Zusammenspiel mit anderen Farben oder zur Gestaltung bestimmter Formen.[431] Der geistige Gehalt wird jedoch stets durch den bestimmten Einsatz der Farbe transportiert und nicht durch den Farbton selbst.

Das gleiche gilt für den Einsatz bestimmter Klangfarben. Die einzelne vom Künstler oder Sounddesigner geschaffene Klangfarbe besitzt – unabhängig davon, ob sie für ein bestimmtes Werk geschaffen und verwendet wurde, oder ob

428 *Allfeld*, Das Urheberrecht an Werken der Literatur und der Tonkunst, S. 55; *Gerst*, Der Gegenstand des musikalischen Urheberrechts und das Recht der Melodie als Recht des Urhebers, S. 22; *Kummer*, Das urheberrechtlich schützbare Werk, S. 141; *Rehbinder*, Urheberrecht, Rn. 176; a.A. *Bindhardt,* Der Schutz von in der Popularmusik verwendeten elektronisch erzeugten Einzelsounds, S. 72.

429 *Loewenheim* in Schricker/Loewenheim, Urheberrecht, § 2 Rn. 25.

430 OLG Düsseldorf GRUR 1978, 640, 641 – „Fahr'n auf der Autobahn".

431 Zur monochromen Malerei: *Bullinger* in Wandtke/Bullinger, § 2 Rn 88.

sie isoliert etwa für ein Keyboard entworfen wurde – noch keinen bestimmten Gedanken- und Gefühlsinhalt. Zwar mag ein bestimmter Klang oder ein bestimmtes Geräusch beim Hörer Assoziationen auslösen wie etwa „hell“, „dunkel“, „schrill“ oder „unheimlich“, solche Empfindungen gründen sich aber nur auf die übliche Verwendung derartiger Klänge. Der mit dem einzelnen Klang assoziierte Gefühlsinhalt ist nicht einer, den der Künstler mit dem Klang ausdrückt, sondern etwas das mit ähnlichen Klängen üblicherweise in Verbindung gebracht wird. So wie das einzelne Wort bereits eine Bedeutung besitzt, die sich ein Schriftsteller zunutze macht, um einen bestimmten Inhalt auszudrücken, hat auch die Klangfarbe gegebenenfalls bereits einen Gefühlswert. Nur durch einen bestimmten Einsatz der Klangfarbe kann der Komponist jedoch eigene Inhalte vermitteln. Das Material, auch wenn es vom Künstler selbst hergestellt wurde, hat einen solchen Inhalt noch nicht. Es handelt sich nur um einen schöpferischen Gedankensplitter, um *„isolierte Kleinstbestandteile eines zukünftigen Werkes“*[432].

Erst ein bestimmter Einsatz in einem Werk wird Inhalte transportieren. Im Extremfall ist ein Musikwerk denkbar, das – monochromer Malerei vergleichbar – nur durch eine bestimmte Dauer eines einzelnen Tons mit bestimmter Tonhöhe, Lautstärke und Klangfarbe definiert wird. Diesem Werk könnte unter Umständen ein urheberrechtlicher Schutz zugesprochen werden.[433] Geschützt wäre jedoch lediglich der bestimmte Einsatz des Klangs. Der Schutzumfang wäre wegen der geringen Gestaltungshöhe denkbar eng.

Eine besondere musikalische Klangfärbung als Baustein einer Komposition stellt nur einen *„Gedankensplitter“* dar, der keinen hinreichend individuellen geistigen Gehalt aufweist.[434] Dasselbe gilt für Presets von Synthesizern und Signaltöne von Computerprogrammen und Handys. Dass die Herstellung von Klängen im Wege der Klangsynthese aufwändig und anspruchsvoll ist, steht dem nicht entgegen. Auch das LG Rottweil stellte ausdrücklich fest, dass *„es eine unendliche Fülle an Einstellungsmöglichkeiten“* gebe und *„die Verfahren überwiegend sehr komplex“* seien, weshalb *„in der Erzeugung einer auf dem Markt akzeptierten Voreinstellung eine beachtliche Leistung“* liege.[435] Dennoch gelangte es zu dem Ergebnis, dass die erstellten Presets weder als Musikwerk, noch als

432 LG Rottweil, ZUM 2002, 490, 491.

433 Vgl. hierzu OLG Düsseldorf GRUR 1978, 640, 641 – „Fahr'n auf der Autobahn“, das die Vermittlung eines geistigen Gehalts durch die Herausstellung der Monotonie des Fahrens für möglich hielt.

434 *Rehbinder*, Urheber- und Verlagsrecht, Rn. 63, 176.

435 LG Rottweil, ZUM 2002, 490, 491; a.A. *Bindhardt,* Der Schutz von in der Popularmusik verwendeten elektronisch erzeugten Einzelsounds, S. 96.

sonstiges Werk nach § 2 Abs. 2 UrhG schutzfähig seien.[436] Der Klangfarbe in Form des elektronisch hergestellten Einzelklangs kommt somit keine Schutzfähigkeit zu.[437]

d) Die Klangfarbe als künstlerisches Allgemeingut

Nach anderer Ansicht scheitert der urheberrechtliche Schutz des einzelnen elektronisch generierten Klanges nicht an den urheberrechtlichen Schutzvoraussetzungen, sondern daran, dass es sich dabei um künstlerisches Allgemeingut handele.[438] Urheberrechtliches Allgemeingut soll danach alles sein, *„was den Bestand allgemeiner, historischer und kultureller Erfahrung bildet, was Natur und menschliche Verhaltensweise vorlegen."*[439] Elektronische Klänge seien demnach *„Bausteine der zu erstellenden Komposition, die im Interesse der künstlerischen Entfaltungsfreiheit von jedermann benützbar"* sein müssten.[440] Die verwendete Definition des Allgemeinguts mag auf viele Klänge wie etwa in der Natur vorgefundene objets trouvés (z.B. Vogelstimmen), den Klang traditioneller Instrumente oder auch bestimmte einfache und gängige Synthesizer-Klänge zutreffen, sie passt jedoch nicht auf den vom Komponisten geschaffenen individuellen elektronischen Klang. Dieser ist eben gerade nicht *„Bestand allgemeiner, historischer und kultureller Erfahrung"* oder dessen, *„was Natur und menschliche Verhaltensweise vorlegen"*, sondern wurde vom Komponisten oder Sounddesigner neu geschaffen. Künstlerische Materialien, wie Farben und Klänge, sind nicht aufgrund eines urheberrechtlichen Freihaltebedürfnisses[441] ungeschützt, sondern wegen der fehlenden Werkeigenschaft dieser Materialien.

436 LG Rottweil, ZUM 2002, 490, 491f. allerdings ohne nähere Begründung im Bezug auf die Voraussetzungen der persönlichen geistigen Schöpfung.

437 a.A. *Jörger*, Das Plagiat in der Popularmusik, S. 98, der jedoch nicht auf die Voraussetzungen der persönlichen geistigen Schöpfung abstellt, sondern auf die Definition des Kunstwerks durch den Bundesgerichtshof.

438 *Gentz*, Elektronische Musik als Rechtsproblem, UFITA 34, 9, 12; *Hanser-Strecker*, Das Plagiat in der Musik, S. 75; *Münker*, Urheberrechtliche Zustimmungserfordernisse beim Digital Sampling, S. 83; *Schlingloff*, Unfreie Benutzung und Zitierfreiheit bei urheberrechtlich geschützten Werken der Musik, S. 26f.; *Spieß*, ZUM 1991, 524, 529; *Tenschert*, ZUM 1987, 612, 615; *Weissthanner*, Urheberrechtliche Probleme neuer Musik, S. 46.

439 *Kummer*, Das urheberrechtlich schützbare Werk, S. 51.

440 *Weissthanner*, Urheberrechtliche Probleme neuer Musik, S. 46.

441 Zur weiteren Problematik eines solchen urheberrechtlichen Freihaltebedürfnisses s.u. unter E. III. 1. S. 163.

e) Zwischenergebnis

Der einzelne Klang kann nie einen individuellen geistigen Gehalt transportieren. Geschützt ist daher lediglich ein bestimmter Einsatz desselben. Dieser kann in einer Aneinanderreihung verschiedener Klänge bestehen. Aufgrund von individuellen und originellen Klängen werden häufig bereits sehr kurze Abschnitte elektronischer Musik als schutzfähig anzusehen sein, wenn es um den Wechsel mehreren Klangfarben oder um kurze Tonfolgen oder Rhythmussequenzen geht. Für elektronisch produzierte *„Musikfragmente"*, die etwa eine Minute lang waren und als Hintergrund- und Begleitmusik für Kinderhörspiele verwendet wurden, hat der Bundesgerichtshof dies bereits ausdrücklich festgestellt.[442] Ob auch kurze Sequenzen von wenigen Sekunden urheberrechtlich geschützt sein können, hat der Bundesgerichtshof bislang offen gelassen.[443]

Solch kurze Sequenzen werden häufig im Wege des Sampling übernommen. Bei elektronisch produzierter Musik wäre die hohe Bedeutung der Klangfarbe in Rechnung zu stellen. Der Einsatz elektronischer Klangfarben kann durchaus einen geistigen Gehalt transportieren, ebenso wie dies Schönberg bereits im Wege der Instrumentierung gelungen ist.[444] Sofern es sich nicht nur um einen einzigen Klang handelt, ist eine Schutzfähigkeit daher auch bei sehr kurzen Sequenzen denkbar, selbst wenn diese keine Melodie enthalten.

Die Klangfarbe selbst in Form des Einzelsounds ist jedoch nie geschützt.[445]

3. Der Schutz des ausübenden Künstlers als „Urheber" des Klangs

In der Literatur wird teilweise der Schutz des einzelnen vom Musiker erzeugten Tons als persönliche geistige Schöpfung im Sinne von § 2 Abs. 2 UrhG diskutiert.[446] Dies mutet zunächst etwas seltsam an, da der Interpret über sein Leistungsschutzrecht nach §§ 73 ff. UrhG gesondert geschützt ist. Wäre bereits der einzelne von ihm hervorgebrachte Ton ein Werk im urheberrechtlichen Sinne, hätte es dieser Sonderregelung nicht bedurft. Letzteres spricht jedoch nicht von vornherein gegen eine gleichzeitige urheberrechtliche Schutzfähigkeit von zu-

442 BGH GRUR 2002, 602, 603 – Musikfragmente.

443 In BGH GRUR 2009, 403 – Metall auf Metall wurde allein auf das Leistungsschutzrecht des Tonträgerherstellers abgestellt.

444 Etwa in dem oben erwähnten Orchesterstück „Farben" s. B. I. 5. a) S. 31.

445 a.A. *Jörger*, Das Plagiat in der Popularmusik, S. 98, der jedoch nicht auf die Voraussetzungen der persönlichen geistigen Schöpfung abstellt, sondern auf die Definition des Kunstwerks durch den Bundesgerichtshof.

446 *Häuser,* Sound und Sampling, S. 32.

mindest besonders individuellen Klängen, die durch die Persönlichkeit des Musikers geprägt sind.

Es wäre im Einzelnen zu prüfen, ob der von einem Instrumentalisten oder Sänger erzeugte Klang die Voraussetzungen der persönlichen geistigen Schöpfung erfüllen kann.

Hierbei kann jedoch im Wesentlichen auf die Ausführungen zur Schutzfähigkeit des elektronisch erzeugten Klanges verwiesen werden.[447] Der von einem Musiker erzeugte einzelne Ton mag wohl das Ergebnis eines Schaffensprozesses sein und über die erforderliche wahrnehmbare Form verfügen, ihm fehlt jedoch ein geistiger Gehalt. Der „Sound" eines Sängers oder Instrumentalisten kann durchaus in hohem Maße individuell sein, er transportiert jedoch keinen eigenen Inhalt. Ziel des Interpreten ist es, den im dargebotenen Werk verkörperten Inhalt bestmöglich umzusetzen. Er kann diesen Inhalt zwar nach eigenen Vorstellungen interpretieren, der dabei von ihm geschaffene Klang bleibt aber Umsetzung und ist nicht selbst Schöpfung. Hierin unterscheidet sich der Interpreten typischerweise vom Urheber.[448] Dies gilt selbst dann, wenn der ausübende Musiker zugleich selbst Urheber ist und ein eigenes Werk darbietet oder improvisiert. Auch in diesem Fall existieren nämlich ein abstraktes Werk (zumindest in der Vorstellung des Künstlers) und dessen Umsetzung in hörbare Form nebeneinander.

Entscheidend ist, dass man sich die unterschiedlichen Rechtsfolgen von Urheberrecht und Leistungsschutzrecht vor Augen führt. Wollte man bereits die individuelle Gestaltung von Tönen auf einem Musikinstrument für schutzwürdig halten, würde dies zur Monopolisierung (gegebenenfalls origineller) Spielweisen führen. Die Technik, mit der ein Instrument bedient wird, ist stets frei und in der Regel Gegenstand des Instrumentalunterrichts. Der Interpret soll gerade nicht vor Nachahmung, sondern nur vor der unmittelbaren Übernahme seiner Leistung geschützt werden. Ein Schutz des vom Interpreten geschaffenen Klangs als persönliche geistige Schöpfung scheidet damit aus.

III. Leistungsschutzrechtlicher Schutz der Klangfarbe

1. Die Leistung des Interpreten im Bezug auf die Klangfarbe

Das Brockhaus-Riemann Musiklexikon versteht unter Interpretation, „das nachschöpferische klangliche Verwirklichen musikalischer Aufzeichnungen durch die ausführenden Instrumentalisten, Sänger oder Dirigenten." Dabei sei die Interpretation „nicht nur Auslegung (lat. interpretatio) eines Sinnträgers, sondern

447 Unter D. II. 2. c) , S. 108.
448 *Rehbinder*, Urheber- und Verlagsrecht, Rn. 154.

zugleich auch Umschaffen (Übersetzen bzw. Rückübersetzen) eines Sinnträgers Schrift in den Sinnträger Klang."[449]

Der Interpret versucht anhand der Aufzeichnungen des Komponisten die Musik zu begreifen, die dem Komponisten vorschwebte. Dabei hat er je nach Detaillierungsgrad der Partitur in verschiedener Hinsicht Spielräume. Er kann etwa – in dem vom Komponisten vorgegebenen Rahmen – das Tempo bestimmen, mit unterschiedlicher Dynamik arbeiten oder auch im Rahmen der Agogik das Tempo während des Vortrags variieren. Besondere Bedeutung kommt auch der Phrasierung zu. Hierunter ist die Beziehung verschiedener Töne innerhalb eines musikalischen Abschnitts im Bezug auf Lautstärke, Rhythmik und Artikulation zu verstehen.[450] Der Interpret kann hier Betonungen setzen, den Rhythmus in bestimmter Weise akzentuieren und der Melodie durch Bindungen oder das Absetzen einzelner Töne eine gewisse Form geben.

Die wesentliche Aufgabe des Interpreten besteht aber in der Gestaltung des Klangs. Er hat das Geschriebene in Hörbares umzusetzen. Im Bereich der Unterhaltungsmusik ist ein charakteristischer „Sound" von überragender Bedeutung. Häufig ist die persönliche Eigenart eines Sängers oder der bestimmte „Sound" einer Band wichtiger als das dargebotene Musikwerk selbst.[451] Auch im Bereich der so genannten „ernsten Musik" versteht der Interpret die Gestaltung der Klangfarbe als eine seiner Hauptaufgaben. Sein Ziel ist der perfekte Ton. Auf diesen nimmt er durch bestimmte Techniken Einfluss.

Der Pianist variiert seinen Anschlag, der Streicher bedient sich verschiedener Bogentechniken oder setzt „Vibrato" ein. Dem Sänger steht beim Einsatz seiner Stimme die größte Bandbreite an Ausdrucksmöglichkeiten zur Verfügung. Selbst der Dirigent, der auf den im Ergebnis hörbaren Ton nur mittelbar Einfluss nehmen kann, versteht sich als Gestalter des Klangs. Herbert von Karajan war berühmt für seine Suche nach dem perfekten Klang.[452] Dabei ging es ihm um einen absoluten Wohlklang, frei von Ansatz- und Nebengeräuschen, einem Klangideal unabhängig von Werk oder Komponist.

2. Die unmittelbare Übernahme der Leistung des Interpreten durch Sampling

Seit den 1980er Jahren ist es durch die Technik des Sampling möglich, den von bestimmten Interpreten erzeugten Klang direkt zu übernehmen und zu verarbeiten.

449 BRM, Bd. 2, S. 240.
450 BRM, Bd. 3, S. 299.
451 *Schmieder*, NJW 1985, 2105, 2109.
452 *Uehling*, Karajan, eine Biographie, S. 179.

Das für diese Zwecke entwickelte Gerät, „der Sampler", ist in der Lage, jedes Geräusch aufzunehmen und in einen binären Code umzuwandeln (Digitalisierung). Sodann kann das Geräusch nicht nur über eine Klaviatur beliebig wiedergegeben, sondern auch –beispielsweise durch eine Veränderung der Tonhöhe (Transposition) oder Bildung von Schleifen (Loops) – bearbeitet werden.[453] Das Gerät wird seither im Wesentlichen in der Unterhaltungsmusik verwendet. Dabei werden Teile aus anderen Songs in der genannten Weise digitalisiert und in den eigenen Song „eingebaut". Hierbei handelt es sich häufig um Abschnitte, die für den „gesampleten" Künstler besonders charakteristisch sind und vom Publikum wiedererkannt werden. Besonders beliebt ist diese Praxis im Hip Hop.[454]

Auch das Samplen von sehr kurzen Abschnitten (sog. Licks) bis hin zu einzelnen Tönen erfreut sich großer Beliebtheit.[455] Bei dieser Technik wird häufig eine Vielzahl von Einzeltönen eines bestimmten Interpreten einzeln gespeichert. Aus diesen Samples kann schließlich ein Werk zusammen gesetzt werden, das den besonderen Sound des betreffenden Musikers wiedergibt.[456] Von zahlreichen bekannten Interpreten können heute bereits vorgefertigte Samples gekauft werden.

Die Praxis des Einzeltonsamplings ist ein weiterer Hinweis auf die besondere Bedeutung der Leistung des Interpreten im Bezug auf den Sound. Denn wenn es ohne Weiteres möglich wäre, den gewünschten Klang selbst herzustellen, müsste nicht auf die Methode des Sampling zurückgegriffen werden. Sicherlich dient die Verwendung von Einzeltonsamples häufig auch nur dazu, teurere Studiomusiker zu ersetzen und den „Durchschnittsklang" eines bestimmten Instruments zu simulieren. In anderen Fällen geht es jedoch darum, gerade den charakteristischen Sound eines bestimmten Musikers zu übernehmen.[457]

Die Technik des Samplens bietet also im Wesentlichen zwei Einsatzmöglichkeiten: Ein Sample kann zum einen als (erkennbarer) „Fremdkörper" in einen eigenen Song eingebaut werden, mit Hilfe einer Vielzahl von gesampleten Einzeltönen kann jedoch auch der Klang eines bestimmten Instruments oder Interpreten technisch nachgeahmt werden.

453 *Großmann* in Metzler-Lexikon Medientheorie, Medienwissenschaft, S. 320.

454 Siehe oben unter B. II. 3. S. 38.

455 *Alpert*, ZUM 2002, 525, 529; *Köhn*, ZUM 1994, 278, 279.

456 *Köhn*, ZUM 1994, 278, 279, der als Beispiel den Schlagzeugsound von Phil Collins anführt.

457 *Köhn*, ZUM 1994, 278, 280.

3. Der Musiker als ausübender Künstler im Sinne von § 73 UrhG

Sofern der Interpret als ausübender Künstler im Sinne von § 73 UrhG anzusehen ist, kann er sich unter Umständen nach § 77 UrhG gegen das Samplen zur Wehr setzen.

a) Das dargebotene Werk

aa) Erfordernis eines urheberrechtlich aktuell geschützten Werks

Ausübender Künstler im Sinne von § 73 UrhG ist nur, wer ein Werk oder eine Ausdrucksform der Volkskunst aufführt, singt, spielt oder auf eine andere Weise darbietet oder an einer solchen Darbietung künstlerisch mitwirkt.

Eine entscheidende und viel diskutierte Frage in diesem Zusammenhang ist, ob dies tatsächlich die Darbietung eines nach § 2 Abs. 2 UrhG urheberrechtlich geschützten Werkes voraussetzt.[458]

Hoeren geht davon aus, dass der Wortlaut insofern eindeutig sei.[459] Nur die Darbietung urheberrechtlich geschützter Werke falle unter § 73 UrhG. Dabei nimmt er sogar an, dass nicht einmal die Darbietung von nach Ablauf der Schutzfrist gemeinfrei gewordenen Werken unter § 73 UrhG fallen solle, da diese nicht die Voraussetzungen von § 2 Abs. 2 UrhG erfüllten.

Diese Ansicht lässt sich mit dem Wortlaut der Vorschrift nicht überzeugend begründen. § 73 UrhG fordert allenfalls die Darbietung eines Werkes im Sinne einer persönlichen geistigen Schöpfung nach § 2 Abs. 2 UrhG. Der konkrete urheberrechtliche Schutz findet keine Erwähnung. Mit Ablauf der Schutzfrist des § 64 UrhG erlischt lediglich „das Urheberrecht“, den Werkcharakter verliert das Werk dadurch nicht. Die Werke Beethovens und Mozarts beispielsweise erfüllen regelmäßig sämtliche Voraussetzungen einer „persönlichen geistigen Schöpfung“, selbst wenn sie nie urheberrechtlichen Beschränkungen unterlagen. Da ein sachlicher Grund zur Differenzierung zwischen der Darbietung solcher Werke und der Darbietung aktuell urheberrechtlich geschützter Werke nicht ersichtlich ist, ist auch die Darbietung gemeinfreier Werke unter den Wortlaut des § 73 UrhG zu fassen.

Auch die Gesetzesbegründung weist ausdrücklich darauf hin, dass nicht vorausgesetzt wird, dass das vorgetragene Werk Urheberrechtsschutz genießt, son-

458 dafür: *Hoeren*, Sounds von der Datenbank – Zum Schutz des Tonträgerherstellers, in Festschrift Hertin, S. 113, 117; *Müller*, ZUM 1999, 555, 557.

459 *Hoeren*, Sounds von der Datenbank – Zum Schutz des Tonträgerherstellers, in Festschrift Hertin, S. 113, 117.

dern dass der ausübende Künstler auch dann geschützt sein soll, „*wenn das Urheberrecht an dem vorgetragenen Werk infolge Ablaufs der Schutzfrist schon erloschen ist*".[460]

bb) Erforderliche Schöpfungshöhe des dargebotenen Werks

Problematischer erscheint die Frage, ob sich der Darbietungsschutz auch auf die Darbietung solcher Werke erstreckt, die aufgrund mangelnder Schöpfungshöhe für sich genommen nicht die Voraussetzungen des § 2 Abs. 2 UrhG erfüllen würden.

Die mittlerweile wohl herrschende Meinung geht davon aus, dass die Voraussetzung der Darbietung eines Werkes nur erfordert, dass das Werk *„seiner Art nach"* einem Urheberrechtsschutz zugänglich ist.[461] Die nach § 2 Abs. 2 UrhG erforderliche Schöpfungshöhe müsse das Werk aber nicht aufweisen. Nach dieser Ansicht sind lediglich Darbietungen vom Schutzbereich ausgeschlossen, die generell keinen Urheberrechtsschutz genießen können, etwa die von Zauberkünstlern, Clowns und Artisten sowie Dressurleistungen.[462]

Dieses Verständnis entspricht der in der Gesetzesbegründung dargestellten Abgrenzung. Dort heißt es ausdrücklich:

> „Nicht vorausgesetzt wird, daß das Werk Urheberrechtsschutz genießt; der ausübende Künstler soll auch dann geschützt sein, wenn das Urheberrecht an dem vorgetragenen Werk infolge Ablaufs der Schutzfrist schon erloschen ist oder wenn es sich um das Werk eines Ausländers handelt, das im Inland nicht geschützt ist. Von einer Erweiterung des Schutzes auf Darbietungen, die nicht Vorträge oder Aufführungen eines Werkes darstellen, wie in der Regel Zirkus- und Varietévorführungen, sieht der Entwurf ab."[463]

Es ging dem Gesetzgeber also um die Abgrenzung unterschiedlicher Darbietungsarten und nicht um die Schöpfungshöhe oder Schutzdauer des dargebotenen Werkes.

Auch bei einer Ensembledarbietung wollte der Gesetzgeber nicht darauf abstellen, ob der jeweils von einem einzelnen Künstler dargebotene Teil sich als persönliche geistige Schöpfung darstellt. Vielmehr sollten *„alle Mitwirkenden gleichermaßen als ausübende Künstler geschützt sein, also nicht lediglich der*

460 BT-Drucks. IV/270 zu § 83 a.F., S.90.

461 *Dreier* in Dreier/Schulze, § 73 Rn. 8; *Krüger* in Schricker/Loenwenheim, Urheberrechtsgesetz 4. Aufl., § 73 Rn. 10; a.A. *ders.* in Schricker, Urheberrechtsgesetz 2.Auflage; *Schaefer* in Fromm/Nordemann § 73 Rn. 8 und § 77 Rn. 18, der zwar auch gemeinfreie Werke unter den Werkbegriff fasst, aber von einer *„strengen Werkakzessorietät"* ausgeht.

462 *Krüger* in Schricker/Loewenheim, Urheberrecht, 3.Aufl., § 73, Rn. 10.

463 BT-Drucks. IV/270 zu § 83 a.F., S. 90.

Dirigent, der Regisseur und die Solisten, sondern auch jedes einzelne Orchester- oder Chormitglied.“[464]

Nach diesem Verständnis ist ein Künstler, der ein Werk der Musik darbietet, also in aller Regel ein ausübender Künstler im Sinne der Definition des § 73 UrhG. Ein Musiker hingegen, der lediglich einzelne Töne eingespielt hat, kann sich von vornherein nicht auf die §§ 73 ff UrhG berufen. Ein solches Szenario ist etwa bei einer Mikrophonprobe denkbar, oder wenn ein Musiker bei der Herstellung eines künstlichen Instrumentalklanges bewusst mitgewirkt hat. Besondere Bedeutung erlangt die Voraussetzung, wenn es um den Schutz isoliert hergestellter Einzelklänge gilt. So existieren zahlreiche Zusammenstellungen verwertbarer Einzelklänge, so genannte „Soundlibraries“, die im Internet oder auf DVD gegen Entgelt oder kostenlos angeboten werden.[465] Die Klänge wurden häufig einzeln speziell zu diesem Zweck eingespielt und sind daher nicht Teil der Darbietung eines Werkes. Ein leistungsschutzrechtlicher Schutz scheidet hier aus.

Die Frage, inwieweit der ausübende Künstler auch gegen die Übernahme von Teilen seiner Darbietung geschützt ist, wird im Zusammenhang mit dem Vervielfältigungsrecht nach § 77 Abs. 1 UrhG zu diskutieren sein.

b) Die Darbietung

Der Begriff der Darbietung setzt verschiedene Elemente voraus:

aa) Umsetzung eines abstrakten Werkes in eine konkrete Ausdrucksform

Wie bereits im Zusammenhang mit der Rolle des DJ in der elektronischen Musik erörtert,[466] impliziert der Begriff zunächst, dass ein abstraktes Werk in eine konkrete Ausdrucksform transponiert wird.[467] Eine Darbietung setzt voraus, dass das betreffende Werk darauf angelegt ist, dargeboten zu werden. Musikwerke, die in einer Partitur oder sonstigen Aufzeichnungen festgelegt sind, bedürfen, um wahrnehmbar zu werden, der Umsetzung durch einen Interpreten. Unmittelbar auf Tonband oder als Tondatei geschaffene Werke sind in dieser Hinsicht „autark“ und einer Darbietung nicht zugänglich.

464 Ebenda.

465 Etwa auf den Seiten http://www.sound-library.net; http://www.findsounds.com/; http://sound-effects-library.com/, zuletzt besucht am 23.01.2010.

466 S.o. unter D. II. 2. a) bb) S. 104.

467 *Schaefer* in Fromm/Nordemann (Hrsg.) Urheberrechtsgesetz, § 73 Rn. 13.

bb) Für Dritte wahrnehmbar gemacht

Dem Begriff der Darbietung ist außerdem immanent, dass das Werk für Dritte wahrnehmbar gemacht wird.[468] Eine öffentliche Darbietung ist hingegen nicht erforderlich.[469] Damit fällt zwar der Studiomusiker automatisch in den Anwendungsbereich der Vorschrift, nicht jedoch derjenige, der nur für sich selbst Musik macht oder singt. Proben zur Vorbereitung der Wiedergabe des Werkes sind dann als Darbietungen anzusehen, wenn sie bereits eine – wenn auch unfertige – Werkinterpretation darstellen, die aufgenommen, vervielfältigt oder gesendet werden kann.[470]

cc) Künstlerische Ausgestaltung

Nicht jede Aufführung eines Werkes fällt unmittelbar in den Schutzbereich der §§ 73 ff UrhG. Vom Schutzbereich erfasst ist vielmehr nur die Interpretation eines Werkes – ein Begriff, der eine künstlerische Ausgestaltung voraussetzt.[471]

Zwar verlangt § 73 UrhG eine künstlerische Qualität ausdrücklich nur für die Mitwirkung an einer Darbietung, die Herausstellung des künstlerischen Elements dient hier jedoch nur der Abgrenzung zur technischen oder sonstigen nicht künstlerischen Mitwirkung.[472] Ein e-contrario-Schluss, dass das künstlerische Element nur bei den Mitwirkenden erforderlich sei und nicht bei denjenigen, die die Darbietung selbst erbringen, ist nicht zulässig. Vielmehr ist das künstlerische Moment dem Begriff des ausübenden Künstlers bereits immanent.[473]

Nach Ansicht des Bundesgerichtshofs setzt die künstlerische Ausgestaltung voraus, dass der Hörer oder Betrachter *„einen Sinneseindruck empfängt, der seine Stimmung, sein Empfinden, sein Gefühl oder seine Phantasie anregt“*.[474]

In der Literatur finden sich jedoch auch Definitionsversuche, die sich deutlich enger an den urheberrechtlichen Schutzvoraussetzungen orientieren. So fordert etwa *Gentz* eine *„eigentümliche durch die Persönlichkeit geprägte Leistung*“[475],

468 *Krüger* in Schricker/Loewenheim, Urheberrecht, § 73 Rn. 17.
469 *Hertin* in Mestmäcker/Schulze, § 73 Rn. 29 m.w.N.
470 *Krüger* in Schricker/Loewenheim, Urheberrecht, § 73 Rn. 17.
471 *Büscher* in Wandtke/Bullinger, § 73 Rn. 7; *Dreier* in Dreier/Schulze, Urheberrechtsgesetz, § 73 Rn. 10; *Krüger* in Schricker/Loewenheim, Urheberrecht, § 73 Rn. 21 f; *Schäfer* in Fromm/Nordemann, § 73 Rn. 14.
472 Amtl. Begr. zu § 73, BT-Drs IV/270, S. 90.
473 BGH GRUR 1981, 419, 421 – Quizmaster.
474 BGH GRUR 1981, 419, 421 – Quizmaster.
475 *Gentz*, GRUR 1974, 328 f.

Krüger verlangt „*wenigstens ein Minimum an eigenpersönlicher Ausprägung*"[476] und *Ulmer* spricht von einer „*persönlichen Note*"[477] der Wiedergabe.

Zu Recht weist jedoch *Häuser* darauf hin, dass die Leistung des Interpreten eine nachschaffende ist, während der Urheber in erster Linie schöpferisch tätig wird.[478] Dabei wird bei professionellen Studiomusikern häufig gerade eine besonders werkgetreue Umsetzung verlangt, bei der eine persönliche Note möglichst nicht zu erkennen ist. Auch eine solche „unpersönliche" Darbietung verlangt dem Interpreten die Aufbietung all seines technischen und musikalischen Könnens ab und ist daher eine künstlerische Leistung.

Daher wird zu Recht die Ansicht vertreten, dass jeder Musiker (als Sänger oder Instrumentalist) ohne weiteres als ausübender Künstler anzusehen ist.[479] Anders als bei der Wiedergabe von Sprachwerken stellt das Kriterium der künstlerischen Ausgestaltung bei der Darbietung von Musikwerken keine zusätzliche Hürde dar. Da Musikwerke in schriftlicher Form abstrakt niedergelegt sind, ist die notwendige Interpretation zwangsläufig gegeben. Ihre Umsetzung durch den Interpreten ist bereits deshalb künstlerisch, weil dieser sich des künstlerischen Ausdrucksmittels von Tönen und Klängen bedient.[480] Das LG Hamburg charakterisierte Musikwerke daher folgendermaßen: „*Für die Rücktransponierung von der Schrift- in die (...) Musikform fehlt es ihnen (...) an einer hinreichend genauen Notierung, die es ermöglichen könnte, die Rücktransponierung ohne Interpretation, d.h. einer wertenden Gesamtbetrachtung, vorzunehmen.*"[481] Der Künstler kann also bei der Umsetzung des Musikwerkes in hörbare Form gar nicht anders als die vom Komponisten gewährten Freiräume künstlerisch zu füllen.

Diese Ansicht steht grundsätzlich nicht im Widerspruch zum Verständnis des Bundesgerichtshofs von der künstlerischen Ausgestaltung. Der Interpret setzt den im Musikwerk enthaltenen Bedeutungs-, Gefühls- und Stimmungsgehalt in hörbare Form um.[482] Daher ist seine Leistung stets eine künstlerische. Anders als das Sprachwerk, das grundsätzlich auch allein auf die Vermittlung von Information angelegt sein kann, ist das Musikwerk immer geeignet, die Gefühlswelt des Hörers zu beeinflussen. Seine Umsetzung ist daher stets künstlerisch. Dies muss umso mehr gelten, als es auch nach Ansicht des Bundesgerichtshofs auf die künstlerische Qualität des Vortrags nicht ankommen soll.[483]

476 *Krüger* in Schricker/Loewenheim, Urheberrecht, § 73 Rn. 25.
477 *Ulmer*, Urheber- und Verlagsrecht, § 122 II, S. 542.
478 *Häuser*, Sound und Sampling, S. 89.
479 LG Hamburg 1976, 151, 153 – Rundfunksprecher; *Dünnwald*, Die künstlerische Darbietung als geschützte Leistung, UFITA 84, 1, 23; *Häuser*, Sound und Sampling, S. 90.
480 *Häuser*, Sound und Sampling, S. 90.
481 LG Hamburg 1976, 151, 153 – Rundfunksprecher.
482 *Häuser*, Sound und Sampling, S. 90.
483 BGH GRUR 1981, 419, 421 – Quizmaster.

Vorzugswürdig wäre allerdings ein Verständnis, bei dem auch auf das vom Bundesgerichtshof geforderte Kriterium der Emotionsvermittlung verzichtet wird. Stattdessen wäre das Erfordernis der künstlerischen Ausgestaltung mit dem der Interpretation gleichzusetzen. Die Darbietung wäre dann als „künstlerisch" oder als „Interpretation" anzusehen, wenn der ausübende Künstler die ihm zur Verfügung stehenden Freiräume gestalterisch ausfüllt. Damit muss der Interpret nur in irgendeiner Weise gestaltend tätig sein, um in den Genuss des Leistungsschutzrechts zu gelangen. Entsprechend dem Schutz der „kleinen Münze" im Urheberrecht sollte hier ein Minimum an gestalterischem Tätigwerden bereits ausreichend sein. Der Vortrag musikalischer Werke wäre damit stets eine Interpretation, da wegen des hohen Abstraktionsniveaus der schriftlich niedergelegten Werke ein nicht gestalterischer Vortrag undenkbar ist. Der Vortrag von Sprachwerken würde hingegen ein über das bloße „Verlesen" hinausgehendes Gestalten erfordern.

4. Das Vervielfältigungsrecht nach § 77 Abs. 2 UrhG

Der Musiker, dessen Darbietung beim Sampling übernommen wird, ist also regelmäßig als ausübender Künstler im Sinne von § 73 UrhG anzusehen. Damit könnte er sich grundsätzlich gegen das Sampling zur Wehr setzen, da ihm das Vervielfältigungsrecht nach § 77 Abs. 2 UrhG zusteht.

Die entscheidende Frage ist hier allerdings, inwieweit auch Teile von Darbietungen dem Schutz dieser Vorschrift unterfallen.

a) Urheberrechtliche Schutzfähigkeit des dargebotenen Abschnitts

Für den urheberrechtlichen Schutz gilt generell, dass auch die Übernahme von Teilen eines Werkes eine Urheberrechtsverletzung darstellt, sofern der übernommene Teil für sich genommen die Voraussetzungen der persönlichen geistigen Schöpfung nach § 2 Abs. 2 UrhG erfüllt. Aus der Tatsache, dass § 73 UrhG die Darbietung eines Werkes verlangt, wird daher teilweise gefolgert, dass auch der Vervielfältigungsschutz nur greife, wenn der übernommene Abschnitt ein Werk im Sinne von § 2 Abs. 2 UrhG wiedergibt.[484] Gegen die Übernahme von besonders kurzen Samplingsequenzen und Einzeltönen könnte sich der Interpret dann nicht zur Wehr setzen.

484 *Alpert*, ZUM 2002, 525, 532; *Hertin*, GRUR 1989, 578, 579; *ders.* in Mestmäcker/Schulze, § 73 Rn. 4; *Schulze*, ZUM 1994, 15, 20; *Weßling*, Der zivilrechtliche Schutz gegen digitales Sound-Sampling, S. 150.

Dieser Ansicht ist zunächst entgegenzuhalten, dass § 73 UrhG lediglich den Begriff des ausübenden Künstlers definiert. Die Vorschrift stellt damit die Weichen für die Anwendbarkeit der §§ 74 ff UrhG, die den Schutzumfang ausgestalten. Ob der Interpret auch gegen das Sampling von sehr kurzen Abschnitten aus der Darbietung eines Werkes geschützt ist, richtet sich daher nach dem Schutzumfang der §§ 74 ff UrhG, insbesondere nach § 77 Abs. 2 UrhG.

Zwar ist es richtig, bei der Auslegung der folgenden Vorschriften die Definition des ausübenden Künstlers nach § 73 UrhG im Blick zu behalten, die Voraussetzung der „Darbietung eines Werkes" steht jedoch hier in einem anderen Kontext. Sie dient der Abgrenzung des ausübenden Künstlers von anderen Darbietungsformen.[485] Sofern die Voraussetzung für die Gesamtdarbietung erfüllt ist, muss sie sich daher nicht auf den Schutzumfang auswirken.

Auch der vom Gesetzgeber gewünschte umfangreiche Schutz von Ensemblemitgliedern spricht gegen diese Ansicht.[486] Wenn für den Schutz des Einzelnen nicht erforderlich ist, dass gerade der von ihm dargebotene Anteil des Werkes eine persönliche geistige Schöpfung ist, kann es auch keine Rolle spielen, ob die im Einzelfall übernommene Sequenz ein Werk wiedergibt.[487]

Dies ist auch im Hinblick auf den Schutzzweck der Leistungsschutzrechte überzeugend. Geschützt werden soll die besondere Leistung des Interpreten. Diese liegt eben nicht in der Schöpfung eines Werkes, sondern in seiner Darbietung.[488] Sie ist daher völlig unabhängig von der Schöpfungshöhe des dargebotenen Werkes. Zwar wird das Können eines Musikers bei virtuosen Passagen oft besonders deutlich erkennbar sein, er kann jedoch auch einfache Passagen bis hin zum einzelnen Ton gezielt gestalten. Da seine Aufgabe zu einem großen Teil in der Gestaltung der Klangfarbe liegt, auf die der Komponist nur begrenzt Einfluss nehmen konnte, tritt die Leistung des Interpreten oft dort in Erscheinung, wo die Aufzeichnungen des Komponisten keine besondere Originalität aufweisen. Aus diesem Grund darf der Schutz des Interpreten nicht „akzessorisch" sein zu dem des dargebotenen Werkes. Eine solche Auslegung widerspräche dem Schutzzweck der Vorschrift.

Auf der Suche nach einer sachgerechten Lösung für die Übernahme von Teilen einer Darbietung hat man sich daher am besonderen Charakter der Interpretenleistung zu orientieren. Hierbei ist in Parallele zum urheberrechtlichen Schutz davon auszugehen, dass auch Darbietungsteile nur dann schutzfähig sind, wenn

485 S.o. D. III. 3. a) bb) S. 120.
486 Vgl. ebenfalls oben D. III. 3. a) bb) S. 120.
487 A.A. ohne nähere Begründung *Weßling*, Der zivilrechtliche Schutz gegen digitales Sound-Sampling, S. 149.
488 *Häuser*, Sound und Sampling, S. 84.

sich in ihnen noch die spezifisch interpretatorische Leistung des ausübenden Künstlers zeigt.[489]

b) Individuelle Prägung des übernommenen Klangs

Nach einer anderen Ansicht ist nicht die Werkqualität des dargebotenen Abschnitts entscheidend, sondern die individuelle Prägung der Darbietung.[490] Zur Begründung wird unter anderem die Sozialbindung des geistigen Eigentums im Sinne des Interesses der Allgemeinheit am freien Zugang zu Kulturgütern angeführt.[491] Diese Lösung knüpft an die zuvor vorgestellte Ansicht an, nach der das Merkmal der künstlerischen Ausgestaltung der Darbietung eine persönliche Prägung erfordere.[492] Wie bereits dargelegt, gehört eine solche individuelle Prägung aber nicht zur Leistung des Interpreten.

Das Kriterium eignet sich daher auch nicht zur Abgrenzung beim Schutz von Darbietungsteilen. Wenn eine besondere Individualität nicht Teil der Leistung des Interpreten sein muss, darf sie auch nicht zur Schutzvoraussetzung gemacht werden.

Auch die Tatsache, dass die persönliche Prägung durch bestimmte Interpreten der Darbietung einen besonderen Wert verleiht, kann nicht dazu führen, dass diese Prägung zur Schutzvoraussetzung gemacht wird. Samples aus Darbietungen bekannter Musiker werden sicherlich besonders beliebt sein, wenn der entsprechende Künstler in einem kurzen Abschnitt bereits zu erkennen ist. Das Schutzbedürfnis dieser Künstler hinsichtlich der Übernahme ihrer Leistung ist besonders hoch. Dennoch darf hieraus kein Rückschluss auf die Schutzvoraussetzungen gezogen werden, da diese individuelle Prägung kein notwendiger Bestandteil einer schutzwürdigen Interpretenleistung ist.

Umso weniger kann erforderlich sein, dass der Interpret anhand des übernommenen Abschnitts erkannt werden kann.[493] Nicht einmal für die Voraussetzung der persönlichen geistigen Schöpfung ist erforderlich, dass das Werk seinen Urheber erkennen lässt. Es ist daher nicht ersichtlich, warum der lediglich nachschaffenden Leistung des Interpreten diese hohe Hürde auferlegt werden sollte.

489 *Häuser*, Sound und Sampling, S. 84.
490 *Spieß*, ZUM 1991, 525, 530; *Tenschert*, ZUM 1987, 612, 621.
491 *Tenschert*, ZUM 1987, 612, 621.
492 Unter D. III. 3. b) cc) S. 122.
493 Dies fordert jedoch *Spieß,* ZUM 1991, 524, 530.

c) Interpretatorische Gestaltung des Klangs

Die Aufgabe des ausübenden Künstlers ist die Interpretation des von ihm dargebotenen Werkes. Er hat dabei zum einen das abstrakte Werk in eine konkret wahrnehmbare Form umzusetzen und zum anderen die vom Urheber noch nicht festgelegten Elemente durch seine Interpretation zu füllen. Wie oben dargelegt, ist das Kriterium der Interpretation bzw. der künstlerischen Darbietung im Sinne des Gestaltens von künstlerischen Freiräumen zu verstehen.[494] Ein Darbietungsteil sollte also dann als solcher geschützt sein, wenn bereits in ihm eine solche Gestaltung zutage tritt.[495]

Wie oben dargelegt,[496] ist die Gestaltung der Klangfarbe ein wesentlicher Teil der Leistung des Interpreten. Sofern das Instrument hier Spielräume zulässt, kann die Leistung des Interpreten also schon in der Gestaltung eines einzelnen Klanges zutage treten. Der Komponist hat in der Regel nur die Instrumentierung vorgegeben. Soll das Stück auf der Orgel, dem Cembalo[497] oder auf dem Keyboard[498] gespielt werden, besteht hinsichtlich der Klanggestaltung kein interpretatorischer Spielraum, da diese Instrumente eine Klangfarbengestaltung durch den Anschlag nicht zulassen. Der Schutz eines einzelnen Klanges scheidet von vornherein aus. Bei Streichinstrumenten aber kann der Interpret die Klangfarbe durch eine Vielzahl an Techniken beeinflussen und über die gesamte Dauer eines Tones hinweg weiter variieren. Dabei kann er zum Beispiel Vibrato einsetzen und sich unterschiedlicher Stricharten wie etwa „spiccato“ oder „portato“ bedienen. Er kann die Strichgeschwindigkeit sowie den Bogendruck anpassen und unterschiedliche Strichstellen (näher am Griffbrett oder näher am Steg) wählen. All diese Faktoren beeinflussen letztlich die Klangfarbe. Der Einsatz der unterschiedlichen Techniken ist hier ein Kernbereich der Leistung des Instrumentalisten. Noch umfassendere Möglichkeiten der Klanggestaltung hat der Sänger, dem mit der menschlichen Stimme nahezu unbegrenzte Modulationsmöglichkeiten zur Verfügung stehen. Der leistungsschutzrechtliche Schutz einzelner Klänge erscheint in diesen Fällen schlüssig und angebracht.

Bei anderen Instrumenten wie etwa dem Klavier oder dem Schlagzeug kann der Künstler zwar (etwa durch den Anschlag beim Klavier oder durch unterschiedliche Schlagtechniken beim Schlagzeug) Einfluss auf die Klangfarbe nehmen, er beeinflusst den Klang jedoch nur im Moment des Anschlags und kann

494 Unter D. III. 3. b) cc) S. 122.

495 A.A. *Häuser*, Sound und Sampling, S. 91, der zwar die Klanggestaltung als interpretatorische Leistung ausreichen lässt, dabei aber fordert, dass sie geeignet sei, beim Hörer Empfindungen hervorzurufen.

496 Unter D. III. 1. Seite 116.

497 Vgl. oben D. I. S. 99.

498 Vgl. hierzu *Häuser*, Sound und Sampling, S. 92.

ihn nicht, wie etwa ein Streicher oder Sänger, über seine gesamte Dauer hinweg variieren. Der einzelne Ton bietet für ihn daher so wenig interpretatorische Möglichkeiten, dass die Leistung des Interpreten sich in ihm nicht manifestieren kann. Bei sehr kurzen Abschnitten mit mehreren Klängen kann dies jedoch schon anders liegen.

Ob sich bereits in einem einzelnen Klang die interpretatorische Leistung eines Musikers ausdrücken kann, ist von Fall zu Fall unter Berücksichtigung der eingesetzten Mittel zu entscheiden.

d) Erkennbarkeit als Darbietungsteil

Unabhängig von der Darbietung eines Werkes eingespielte Töne sind nicht als Darbietung schutzfähig.[499] Deshalb wird teilweise gefordert, dass der übernommene Abschnitt erkennen lässt, dass es sich um einen Teil einer Darbietung handelt.[500]

Es lässt sich jedoch in Zweifel ziehen, ob ein solches Kriterium der „Erkennbarkeit“ für den Bereich der Leistungsschutzrechte sachgerecht ist. Anders als der Urheber ist der Interpret nur vor unmittelbaren Übernahmen geschützt und nicht vor einer Nachahmung seiner Leistung. Derjenige, der ein Sample in sein Musikstück einfügt, macht sich die volle interpretatorische Leistung des anderen Musikers zunutze. Objektiv handelt es sich gerade nicht um einen kontextlos eingespielten Einzelklang, sondern um einen aus dem Zusammenhang gerissenen Teil einer Werkinterpretation. Gerade dies macht häufig den Charakter eines Samples aus. Auch wenn für den Hörer nicht erkennbar ist, dass es sich um einen Teil einer Darbietung handelt, wird der übernommene Klang dennoch durch den Kontext der Gesamtdarbietung beeinflusst. Der einer Darbietung entnommene Klang ist daher nicht ohne weiteres einem außerhalb einer Darbietung eingespielten Klang vergleichbar, selbst wenn der Darbietungszusammenhang für den Hörer nicht unmittelbar erkennbar ist. Da die meisten ästhetischen Empfindungen im Hörbereich unbewusst ablaufen, wird der Hörer selten benennen können, warum ein bestimmter Ton einen bestimmten Effekt auslöst.

Das Kriterium der Erkennbarkeit des Darbietungszusammenhangs ist daher für den Bereich der Musik problematisch. Stattdessen muss das objektive Kriterium, wonach der übernommene Klang Teil einer Darbietung zu sein hat, ausreichen.

499 Vgl. oben unter D. III. 3. a) S. 119.

500 *Häuser*, Sound und Sampling, S. 93 f; *Bortloff*, ZUM 1993, 476, 478; *Jörger*, Das Plagiat in der Pop-Musik, S. 109.

e) Das Freihaltebedürfnis als Gegenargument

In der Literatur wird vielfach angeführt, der Schutz einzelner Töne und Klänge scheide bereits deswegen aus, weil ein Freihaltebedürfnis bestehe.[501] Der Einsatz der verschiedenen Klangfarben müsse jedermann freistehen. Teilweise heißt es sogar, ein solcher Schutz würde *„unerträgliche Monopolisierungen zur Folge haben"*.[502]

Diese Ansicht verkennt vollständig den Schutzumfang der Leistungsschutzrechte. Kein Musiker kann den von ihm erzeugten Klang „monopolisieren". Nach den §§ 73 ff UrhG ist er nicht einmal vor Nachahmung geschützt, sondern lediglich vor der unmittelbaren Übernahme seiner Leistung durch andere. Wenn sich also jemand zum Ziel setzen möchte, genauso Schlagzeug zu spielen wie Phil Collins oder die Trompete zu bedienen wie Miles Davis, kann er daran nicht gehindert werden.

Geht es den Gegnern der „Monopolisierung" von Klängen hingegen nicht um Nachahmung, sondern um die unmittelbare kreative Verarbeitung einer Tonaufnahme im Wege des Sampling, so ist das Freihaltebedürfnis dennoch kein passendes Kriterium. Ein solches Prinzip, wie es das Markenrecht kennt, ist dem Urheberrecht gänzlich fremd. Wer ein Werk schafft, erhält Schutz gegen Nachahmung. Sofern ein anderer zufällig ein identisches Werk kreiert (Doppelschöpfung), stellt dies keine Verletzung des bestehenden Urheberrechts dar.

Die Möglichkeit, bei der Suche nach Inspiration auf bestehende Werke zurückzugreifen, wird durch die Schrankenregelungen, insbesondere durch die Möglichkeit der freien Benutzung nach § 24 Abs. 1 UrhG, gewährleistet. Eine Einschränkung der Leistungsschutzrechte zugunsten der Schaffensfreiheit anderer Musiker müsste daher über denselben Mechanismus erfolgen.

5. Zwischenergebnis

Nach der hier vertretenen Auffassung sollte der ausübende Künstler dann vor Sampling geschützt sein, wenn in dem übernommenen Abschnitt eine interpretatorische Gestaltung des dargebotenen Werkes zutage tritt. Genau diese Gestaltung ist die Leistung des Interpreten. Sie sollte daher für den Schutz ausreichend sein.

An das Maß der Gestaltung sind, ähnlich wie beim Schutz der „kleinen Münze" im Urheberrecht, keine zu hohen Anforderungen zu stellen. So kann auch die

501 *Loewenheim* in Schricker/Loewenheim, Urheberrecht, § 2 Rn. 125 m.w.N.
502 *Spieß*, ZUM 1991, 524, 530.

Darbietung von sehr kurzen Passagen bis hin zu einem einzelnen Ton die Schutzfähigkeit begründen, wenn eine Gestaltung des Klangs feststellbar ist.

Dies ist jedoch leider nicht die herrschende Auffassung. In der Literatur werden meist andere oder zusätzliche Kriterien wie eine „individuelle Prägung" oder die „Erkennbarkeit als Darbietungsteil" gefordert. Dies führt dazu, dass dem einzelnen Ton oder Klang der Schutz versagt wird. Greift man sich also eine Vielzahl von einzelnen Tönen aus Darbietungen eines bestimmten Musikers heraus und speist diese in einen Sampler ein, ist es somit möglich, den „Sound" dieses Musikers unmittelbar zu übernehmen.

Im Ergebnis ist der Unterschied zwischen dem Erfordernis „individuell geprägter" und „interpretatorisch gestalteter" Passagen sicher gering. Das hier geforderte Merkmal der Gestaltung rückt jedoch die schutzfähige Leistung des ausübenden Künstlers in den Mittelpunkt und grenzt den Leistungsschutz vom Urheberrechtsschutz ab. Das Kriterium wird sich daher in Grenzfällen als das sachgerechtere erweisen.

Die Rechtsprechung bezieht zu dem Problem des leistungsschutzrechtlichen Schutzes gegen Sound-Sampling nicht eindeutig Position. In wesentlichen Entscheidungen zu diesem Thema wird das Problem umgangen, indem der Schutz des Tonträgerherstellers bejaht wird.[503] Schutzzweck dieses Leistungsschutzrechtes ist aber der Investitionsschutz im Hinblick auf den organisatorischen Aufwand des Tonträgerherstellers. Da sich dieser in allen Teilen einer Tonaufnahme niederschlägt, ist es unmöglich, nach der Länge des übernommenen Abschnitts zu differenzieren. Insbesondere ist die Ansicht abzulehnen, nach der lediglich die Übernahme der ganzen Tonaufnahme vom Schutzbereich erfasst sein soll. Es sind daher auch beliebig kurze Abschnitte geschützt.[504]

Über das Recht des Tonträgerherstellers kann das Problem des Sound-Sampling jedoch nicht abschließend gelöst werden. Schutzgegenstand der Vorschrift ist gerade nicht die Gestaltung der Klangfarbe, sondern ein Investitionsschutz für den organisatorischen Einsatz des Produzenten. Die Person des Interpreten und die des Tonträgerherstellers fallen aber in den meisten Fällen nicht zusammen und die Interessen beider Personen können divergieren.

Ein hinreichender Schutz der Klangfarbe über die Leistungsschutzrechte des ausübenden Künstlers ist nach dem hiesigen Verständnis also möglich, in der Praxis jedoch nicht gesichert.

503 BGH GRUR 2009, 403, 406 – Metall auf Metall betont ausdrücklich, dass die in den Vorinstanzen offen gelassene Frage nach der Einschlägigkeit von Künstlerleistungsschutzrechten weiterhin offen bleiben kann; vgl. OLG Hamburg GRUR 2006, 758, 761.

504 BGH GRUR 2009, 403, 406 – Metall auf Metall.

De lege ferenda wäre jedenfalls eine Anpassung des Wortlauts von § 73 UrhG wünschenswert, nach der auch Darbietungen von nicht schutzfähigen Werkelementen unter die Vorschrift fiele.[505]

6. Die Rechtfertigung von Sampling als freie Benutzung nach § 24 Abs. 1 UrhG

Es ist nicht zu leugnen, dass sich die Praxis des Sampling in zahlreichen Musikrichtungen (vor allem im HipHop) als Stilmittel etabliert hat. Die Übernahme der fremden Tonaufnahmen dient hier nicht allein der Ersparnis eigener Bemühungen, sondern übt einen eigenen ästhetischen Reiz aus, der aus Musikwerken dieser Art kaum mehr wegzudenken ist. Häufig werden die übernommenen Sequenzen auch stark verfremdet oder zumindest in einen völlig neuen Kontext gestellt. Dies wirft die Frage auf, ob im Fall von künstlerischem Sampling eine Ausnahmevorschrift zugunsten des nachschaffenden Künstlers greift. Nahe liegend wäre hier der Rückgriff auf die Regelung der freien Benutzung in § 24 Abs. 1 UrhG.

a) Die analoge Anwendbarkeit von § 24 Abs. 1 UrhG auf Leistungsschutzrechte

§ 24 Abs. 1 UrhG setzt grundsätzlich die Benutzung eines Werkes voraus. Die Darbietung des Interpreten ist aber gerade kein Werk im Sinne von § 2 Abs. 2 UrhG. Sie wird daher über ein Leistungsschutzrecht geschützt. § 83 UrhG ordnet nur die entsprechende Anwendung der Schranken des Abschnitts 6 des Teils 1 des UrhG (§§ 44a ff. UrhG) an. § 24 UrhG fällt also auch nicht unter diese Vorschrift.

Daher kommt lediglich eine analoge Anwendung von § 24 Abs. 1 UrhG in Betracht, sofern die Voraussetzungen für eine Analogie gegeben sind.

Zunächst ist davon auszugehen, dass es sich bei der fehlenden Anwendbarkeit von
§ 24 Abs. 1 UrhG um eine planwidrige Regelungslücke handelt. Zum Zeitpunkt der Schaffung des Urheberrechtsgesetzes lag eine Anwendung der freien Benutzung auf Leistungsschutzrechte noch denkbar fern. Eine „Anlehnung“ an die Darbietungsleistung anderer erfolgte allenfalls durch Nachahmung der Interpretation und war daher vom Schutzumfang der §§ 73 ff. UrhG von vornherein nicht erfasst. Die Idee des „künstlerischen Kopierens“ wie beim Sampling war noch nicht geboren. Auch § 24 UrhG für entsprechend anwendbar zu erklären,

505 Eine solche Anpassung schlägt auch *Lewinski* in Schricker (Hrsg.), Urheberrecht auf dem Weg zur Informationsgesellschaft, S. 231 vor.

hätte seinerzeit eher für Verwirrung gesorgt, da für eine solche Anwendung kein praktisches Bedürfnis bestand. Erst durch die Erfindung des Samplers wurde das „künstlerische Kopieren“ fremder Interpretenleistungen etabliert.

Für die Annahme einer Regelungslücke spricht auch, dass der Gesetzgeber in § 83 UrhG die übrigen urheberrechtlichen Schrankenregelungen für entsprechend anwendbar erklärte. Bei § 24 UrhG handelt es sich ebenso um eine Schranke des Urheberrechts, die lediglich in einem anderen Abschnitt aufgeführt ist.[506]

Auch ein Vergleich der Interessenlagen spricht eindeutig für eine analoge Anwendung. Wenn sogar der Urheber, dessen Schutz grundsätzlich großzügiger ausgestaltet ist, zugunsten der Schaffensfreiheit anderer Einschränkungen hinnehmen muss, sollte dies erstrecht für den Interpreten gelten.

Eine analoge bzw. entsprechende Anwendung von § 24 UrhG auf die Leistungsschutzrechte wird daher auch weitgehend befürwortet.[507]

b) Die Voraussetzungen der freien Benutzung beim Sampling

aa) Die unmittelbare Übernahme der fremden Leistung als „Anlehnung“

Möchte man § 24 Abs. 1 UrhG auf Leistungsschutzrechte analog anwenden, muss eine Anlehnung auch in Form einer unmittelbaren Übernahme fremder Tonaufnahmen denkbar sein.[508] Andere Formen der Benutzung als unmittelbare Übernahmen würden nämlich von vornherein nicht unter die §§ 73 ff. UrhG fallen.

Ein derartiges Verständnis des Begriffs der „Anlehnung“ ist § 24 Abs. 1 UrhG nicht fremd. Schließlich gestattet die freie Benutzung gerade die Übernahme geschützter Elemente des fremden Werkes.[509] Andernfalls würde es sich um eine rein deklaratorische Vorschrift handeln. Daher dürfen gerade auch geschützte Elemente des fremden Werkes in dem neuen wiederkehren. Anerkannt ist dabei

506 BGH GRUR 2009, 403, 405 – Metall auf Metall.

507 Zum Schutz des Tonträgerherstellers: BGH GRUR 2009, 403, 405 – Metall auf Metall; *Rehbinder*, Urheberrecht, Rn. 815 und 379; *Wegener*, Sound Sampling, S. 245; zur entsprechenden Anwendbarkeit des § 24 Abs. 1 UrhG auf eine Benutzung von Filmträgern: BGH GRUR 2008, 693, 694 – TV-Total; BGH GRUR 2000, 703, 704 – Mattscheibe; a.A. *Dierkes*, Die Verletzung der Leistungsschutzrechte des Tonträgerherstellers, S. 23 f.; *Schack*, Urheber- und Urhebervertragsrecht, Rn. 700.

508 *Schack*, Urheber- und Urhebervertragsrecht, Rn. 700 lehnt dies für das Recht des Tonträgerherstellers ab und hält daher eine analoge Anwendung der freien Benutzung von vornherein für ausgeschlossen.

509 BGH GRUR 1982, 37, 39 – WK-Dokumentation; *Haberstumpf* in Mestmäcker/Schulze, § 24 Rn. 25; *Schulze* in Dreier/Schulze, § 24 Rn. 6 m.w.N.

insbesondere, dass die geschützte Vorlage oder geschützte Teile von ihr im Wege der freien Benutzung auch unverändert in ein selbständiges Werk aufgenommen werden können.[510] Die übernommenen Teile können nämlich *„wie Bausteine eines Gebäudes in dem geistigen Gehalt eines neuen Werkes vollständig aufgehen"*.[511] Dabei muss lediglich nach den Voraussetzungen der freien Benutzung der „innere Abstand" so groß ein, dass die Individualität des benutzten Werkes gegenüber der des neuen zurücktritt.[512]

Es ist daher begrifflich vorstellbar, dass die Anlehnung bei der freien Benutzung in Form von unmittelbaren Übernahmen erfolgt.

bb) Die Möglichkeit, den gesampleten Klang selbst einzuspielen, als Grenze der freien Benutzung

In seiner Entscheidung „Metall auf Metall" nimmt der Bundesgerichtshof umfassend Stellung zur Rechtfertigung von Sampling als freie Benutzung im Sinne von § 24 Abs. 1 UrhG.[513] Die Entscheidung betrifft jedoch nur die Rechte des Tonträgerherstellers. Die Ausführungen sind daher nicht ohne weiteres auf den Fall des Interpretenrechts zu übertragen.

Der Bundesgerichtshof geht davon aus, dass auch das Sampling kürzester Abschnitte die Rechte des Tonträgerherstellers verletzen kann, da sich die unternehmerische Leistung des Tonträgerherstellers auch in beliebig kurzen Sequenzen niederschlägt.[514] Sodann spricht er sich für eine entsprechende Anwendung von § 24 Abs. 1 UrhG auf das Recht des Tonträgerherstellers aus.[515]

Dabei betont er jedoch, dass der Zweck des § 24 Abs. 1 UrhG, eine Fortentwicklung des Kulturschaffens zu ermöglichen, nicht nur den Grund, sondern auch die Grenze der entsprechenden Anwendbarkeit dieser Bestimmung darstelle.[516] Sofern derjenige, der die auf einem fremden Tonträger aufgezeichneten Töne oder Klänge für eigene Zwecke verwenden möchte, imstande sei, diese selbst herzustellen, soll eine freie Benutzung ausscheiden. In diesem Fall nämlich stünden die Rechte des Tonträgerherstellers einer Fortentwicklung des Kulturschaffens nicht im Wege und ein Eingriff in die unternehmerische Leistung sei nicht gerechtfertigt.[517]

510 BGH GRUR 2000, 703, 704 – Mattscheibe.
511 *Haberstumpf* in Mestmäcker/Schulze, § 24 Rn. 25.
512 BGH GRUR 1999, 984, 988 – Laras Tochter.
513 BGH GRUR 2009, 403 ff. – Metall auf Metall.
514 BGH GRUR 2009, 403, 404 – Metall auf Metall.
515 BGH GRUR 2009, 403, 405 – Metall auf Metall.
516 Ebenda.
517 Ebenda.

Diese Argumentation lässt sich grundsätzlich auf die Interpretenleistung übertragen. Wenn derjenige, der sich eines Samples bedient, in der Lage wäre, das Sample selbst einzuspielen, könnte er denselben künstlerischen Effekt erreichen, ohne in die Rechte des Interpreten einzugreifen. Eine direkte Übernahme wäre in diesem Fall nicht erforderlich und daher nach Ansicht des Bundesgerichtshofs auch nicht zulässig.

An dieser Stelle ist zunächst zu hinterfragen, welche Berechtigung ein solches „Erforderlichkeitskriterium" bei der Beurteilung der freien Benutzung hat. Nach der Zwecksetzung des § 24 Abs. 1 UrhG müsste das Kriterium der freien Benutzung eigentlich tatsächlich in dem kulturellen Fortschritt des neuen Werkes liegen. Da die Gerichte aber über den ästhetischen und wissenschaftlichen Fortschritt nicht entscheiden können, wurde dieses Kriterium durch den Vergleich der individuellen Züge des neuen und des alten Werkes ersetzt.[518] Soweit diese, objektiv betrachtet, einen hinreichend großen Abstand aufweisen, gilt die Ausnahme der freien Benutzung.

Der Bundesgerichtshof versucht nun, diejenigen Fälle von der freien Benutzung auszunehmen, bei denen der kulturelle Fortschritt nicht notwendig auf die unmittelbare Übernahme der fremden Leistung zurückzuführen ist, sondern bei eigener Einspielung der Tonsequenz ebenso zu erreichen gewesen wäre. Er stellt daher die Frage, ob eine eigene Einspielung des Samples möglich gewesen wäre und verweist den Rechtsstreit zur Klärung dieser Frage an die Vorinstanz zurück. Eine weitere Entscheidung des OLG Hamburg lag bei Abschluss der vorliegenden Untersuchung nicht vor, es ist jedoch zu erwarten, dass das vom Bundesgerichtshof aufgestellte Kriterium in der praktischen Anwendung auf erhebliche Schwierigkeiten stoßen wird.

Die Entscheidung des Bundesgerichtshofs lässt wesentliche Fragen offen: Reicht bereits ein ähnlicher Klang aus oder muss der Klang tatsächlich nahezu identisch sein?[519] Geht es nur um die Fähigkeiten des unmittelbaren Urhebers des neuen Werkes, oder ist dieser auch verpflichtet, Studiomusiker zur Einspielung des Samples zu engagieren? Welches Maß an Aufwand wird dem Nutzer des Samples zugemutet? Muss ihm die Selbsteinspielung „leicht von der Hand gehen", oder kann man ihm zumuten, die entsprechende Passage einige Tage zu üben? Wie soll in Grenzfällen von außen beurteilt werden, ob das Sample auch „selbst herstellbar" gewesen wäre? Wie wird sicher gestellt, dass ein selbst eingespieltes „nachgemachtes" Sample tatsächlich auch denselben ästhetischen Reiz ausübt, wie das aus dem Kontext gerissene Original-Sample?

Letztlich besteht aufgrund des vom Bundesgerichtshof zusätzlich eingeführten Kriteriums die Gefahr, dass die Gerichte doch über ästhetische Kriterien urteilen

518 *Rehbinder*, Urheberrecht, Rn. 378.
519 Anmerkung *Lindhorst* zu BGH GRUR 2009, 403, 407 – Metall auf Metall.

müssten, eine Konsequenz, die durch die Heranziehung objektiver Maßstäbe gerade verhindert werden sollte.

Erkennt man die grundsätzliche Möglichkeit an, dass Sampling sich als freie Benutzung darstellen kann, muss die künstlerische Einschätzung, ob eine unmittelbare Übernahme zur Erzielung des gewünschten Effekts notwendig ist, dem Urheber überlassen werden.

In einem ähnlichen Sinne hat auch der Bundesgerichtshof selbst klargestellt, dass es für die Zulässigkeit einer Parodie nicht beachtlich ist, ob die Übernahme des urheberrechtlich geschützten Materials für die beabsichtigte Satire erforderlich war.[520] Er weist dabei zwar auch darauf hin, dass bei unmittelbaren Übernahmen ein strengerer Maßstab bei der Prüfung, ob ein selbständiges Werk vorliegt, angebracht sei, [521] das zuvor angedeutete Kriterium, dass die Übernahme geschützter Elemente zum Zwecke der Parodie erforderlich sein müsste, [522] wird damit jedoch ausdrücklich abgelehnt.

cc) Das Verblassen des Samples im neuen Werk

Nach der bereits dargestellten Rechtsprechung des Bundesgerichtshofs[523] setzt die für eine freie Benutzung nach § 24 UrhG erforderliche Selbstständigkeit des neuen Werkes gegenüber dem benutzten Werk voraus, *„dass das neue Werk einen ausreichenden Abstand zu den entlehnten eigenpersönlichen Zügen des benutzten Werks hält, wobei dies nur dann der Fall ist, wenn die entlehnten eigenpersönlichen Züge des älteren Werks angesichts der Eigenart des neuen Werks verblassen“*.[524] Bei der Beurteilung der Benutzung eines Tonträgers soll in entsprechender Weise zu prüfen sein, ob das neue Werk einen ausreichenden Abstand zu den dem Tonträger entnommenen Tonfolgen wahrt.[525] Selbst wenn diese Tonfolge für sich genommen nicht den urheberrechtlichen Schutzanforderungen genüge, stünde dies nicht dem zur Beurteilung der Selbstständigkeit erforderlichen Vergleich entgegen. Entscheidend soll lediglich sein, ob das neue Werk zu der aus dem benutzten Tonträger entlehnten Tonfolge einen so großen

520 BGH GRUR 2000, 703, 704 – Mattscheibe.
521 BGH GRUR 2000, 703, 704 – Mattscheibe; BGH GRUR 1994, 191, 205 – Asterix-Persiflagen.
522 In BGH GRUR 1994, 191, 205 – Asterix-Persiflagen.
523 S.o. unter C. IV. 1. c) Seite 51.
524 BGH GRUR 1994, 206, 208 – Alcolix; BGH GRUR 1999, 984, 987 – Laras Tochter; BGH GRUR 2008, 693, 695 – TV-Total; BGH GRUR 2009, 403, 406 – Metall auf Metall.
525 BGH GRUR 2009, 403, 406 – Metall auf Metall.

Abstand halte, dass es seinem Wesen nach als selbstständig anzusehen sei.[526] Die eigenpersönlichen Züge des Samples müssen also nach der allgemein zur Abgrenzung von freier Benutzung und unfreier Bearbeitung herangezogenen Verblassens-Regel[527] in dem neuen Werk zurücktreten.

Bei der freien Benutzung urheberrechtlich geschützter Werke spielt die Individualität der übernommenen Elemente eine erhebliche Rolle.[528] Je auffallender die Eigenart des als Vorlage benutzten Werkes ist, umso weniger verblassen dessen Eigenheiten in dem danach geschaffenen Werk.[529] Umgekehrt dürfen keine zu hohen Anforderungen an eine freie Benutzung gestellt werden, wenn das als Vorlage benutzte Werk nur einen geringen eigenschöpferischen Gehalt besitzt.[530]

Nach der hier vertretenen Ansicht ist die Individualität der Darbietung keine Schutzvoraussetzung. Diese ist bereits aufgrund der interpretatorischen Gestaltung des dargebotenen Werkes geschützt. Dennoch kann eine Darbietung in hohem Maße individuell sein und eigenpersönliche Züge des Interpreten widerspiegeln.

Wie bereits angesprochen, sind außerdem bei unmittelbaren Übernahmen strengere Anforderungen an das Verblassen zu stellen. Daher kann eine freie Benutzung unter Umständen auch bei der Übernahme von Sequenzen mit geringer Individualität ausscheiden.

Generell ist bei der Prüfung des Verblassenskriteriums im Rahmen des Sampling zwischen zwei Fallgruppen zu unterscheiden:

Zunächst kann im Wege der digitalen Bearbeitung des Samples der Klang desselben derart verändert werden, dass ein völlig neuer akustischer Eindruck entsteht. Derselbe Effekt kann auch durch die Einbettung des Sample in das neue Werk entstehen, wenn es etwa nur zur „Begleitung“ im Hintergrund beigefügt wird und gegenüber anderen „Stimmen“ untergeht. In diesen Fällen kann je nach Veränderungsgrad des akustischen Bildes des Originals ohne weiteres ein Verblassen der Originalaufnahme festgestellt werden.

Es sind aber im Bereich des Sampling auch Fälle des „inneren Abstandes“[531] denkbar, je nachdem in welchen Kontext das Sample gestellt wird. So ist häufig die ästhetische Wirkung eines Samples gerade darauf zurückzuführen, dass es als solches erkannt wird. Denkbar wäre etwa durchaus eine parodistische Verarbeitung und Einbettung des Samples in den neuen Kontext. Da die Fälle des „inne-

526 Ebenda.

527 Vgl. oben unter C. IV. 1. c) aa) S. 51.

528 *Bullinger* in Wandtke/Bullinger, § 24 Rn. 10 m.w.N.

529 BGH GRUR 1981, 267 , 269 – Dirlada; BGH GRUR 1991, 531, 532 – Brown Girl I.

530 BGH GRUR 1981, 267, 269 – Dirlada; BGH GRUR 1982, 37, 39 – WK-Dokumentation; BGH GRUR 1991, 531, 532 – Brown Girl I; BGH GRUR 1991, 533, 534 – Brown Girl II; BGH GRUR 2000, 703, 706 – Mattscheibe.

531 Vgl. oben unter C. IV. 1. c) bb) S. 51.

ren Abstandes“ nicht nur im Kontext der Parodie zulässig sind, müssen andere Formen der Verarbeitung möglich sein. Dies sind vor allem Fälle, in denen das Sample als kommentierter Fremdkörper in dem neuen Werk erscheint.[532]

dd) Analoge Anwendung von § 24 Abs. 2 UrhG im Bereich der Leistungsschutzrechte?

Der Bundesgerichtshof hat in seiner Entscheidung „Metall auf Metall“ ausdrücklich hervorgehoben, dass eine entsprechende Anwendung des § 24 Abs. 1 UrhG ausgeschlossen sei, wenn es sich bei der auf dem Tonträger aufgezeichneten Tonfolge um ein Werk der Musik handele und diesem durch die Benutzung des Tonträgers erkennbar eine Melodie entnommen und einem neuen Werk zu Grunde gelegt würde.[533] Damit wird auf § 24 Abs. 2 UrhG Bezug genommen. In einem solchen Fall soll sich nach Ansicht des Bundesgerichtshofs derjenige, der in das Leistungsschutzrecht des Tonträgerherstellers eingreift, ebenso wenig auf ein Recht zur freien Benutzung nach § 24 Abs. 1 UrhG berufen können wie derjenige, der in das Urheberrecht des Komponisten eingreift.[534]

Angesichts der eingangs dargestellten Zwecksetzung des starren Melodienschutzes überrascht diese Übertragung der Vorschrift auf die Leistungsschutzrechte. Der Gesetzgeber wollte die der Melodie innewohnende besondere wirtschaftliche Bedeutung angemessen schützen. Dieser in der Melodie verkörperte wirtschaftliche Wert geht jedoch allein auf die Leistung des Komponisten und damit des Urhebers zurück. Angesichts der Tatsache, dass § 85 UrhG das technische Können und die wirtschaftlichen Aufwendungen des Tonträgerherstellers schützen soll,[535] ist nicht einzusehen, warum der Tonträgerhersteller von der Kreativität des Urhebers profitieren soll. Die Übertragung von § 24 Abs. 2 UrhG auf die Leistungsschutzrechte erscheint damit verfehlt.

Für den Schutz der Darbietung gilt nichts anderes. Auch der Interpret hat keinen Anteil an dem besonderen Wert der Melodie und muss nicht vor ihrer wirtschaftlichen Ausbeutung geschützt werden.

Der Unterschied zeigt sich deutlich, wenn es um das Sampling gemeinfreier Melodien geht. Eine Darbietung dieser Melodien dürfte eigentlich keinen höheren Schutz genießen als die Darbietung jeder anderen Passage, da der Interpret keinen Anteil an der Schaffung der Melodie hatte, und die Melodie selbst auch keinen Schutz mehr genießt. Eine Ausnahme zugunsten der Darbietung gemein-

532 Vgl. die ausführliche Darstellung oben unter C. IV. 1. c) S. 51.
533 BGH GRUR 2009, 403, 406 – Metall auf Metall.
534 BGH GRUR 2009, 403, 406 – Metall auf Metall.
535 RegE UrhG – BT-Drucks. IV/270, S. 96.

freier Melodien wäre jedoch inkonsequent, da es für die Darbietung unerheblich ist, ob eine geschützte oder eine gemeinfreie Melodie interpretiert wird.

Auch ist nicht einleuchtend, warum jemand, der ein Sample einer Melodie verwenden möchte und die Erlaubnis des Urhebers besitzt, gegenüber dem Interpreten und dem Tonträgerhersteller strengeren Voraussetzungen unterworfen ist, als wenn es um das Sampling anderer Werkteile geht.

ee) Zwischenergebnis

Obwohl in der Rechtsprechung nicht abschließend geklärt ist, unter welchen Voraussetzungen ein Interpret gegen die Vervielfältigung eines Samples geschützt ist, kann doch aus neueren Entscheidungen darauf geschlossen werden, dass jedenfalls die Möglichkeit einer freien Benutzung nach § 24 Abs. 1 UrhG gegeben sein soll.

Diese Entscheidung ist zu begrüßen. Unter welchen Voraussetzungen allerdings von einem Verblassen des Samples im neuen Werk auszugehen sein wird und wie mit dem vom Bundesgerichtshof in diesem Kontext neu geschaffenen Kriterium der „selbst Herstellbarkeit“ umzugehen ist, bleibt abzuwarten.

Nach der hier vertretenen Ansicht kann ein Sample sowohl durch akustische Verfremdung oder Einbettung in das neue Werk als auch durch einen angemessenen „inneren Abstand“ im neuen Werk verblassen. Darauf, ob der übernehmende Künstler das Sample auch selbst hätte herstellen können, kann es nicht ankommen.

IV. Das Wettbewerbsrecht als Alternative?

Die Übernahme fremder Sounds im Wege des Sampling dient häufig nicht allein der künstlerischen Gestaltung, sondern schlichtweg auch der Ersparnis eigener Aufwendungen. Durch die Übernahme längerer Passagen kann in collageartiger Zusammenstellung ein neues Werk geschaffen werden. Mit Hilfe von Einzelsounds wird am Keyboard der bestimmte Klang eines Instruments und bei aufwändigerer Zusammenstellung der Samples sogar der persönliche Sound eines Interpreten reproduziert. Eine solche Produktion wird, verglichen mit der herkömmlichen Vorgehensweise des Engagierens von Studiomusikern, deutlich günstiger sein. Diese Konstellation erinnert an die im Wettbewerbsrecht anerkannte Fallgruppe der unmittelbaren Übernahme einer fremden Leistung.

Auch die für Synthesizer und Keyboards bestimmten Presets und die elektronischen Sounddateien aus Soundlibraries sind der unmittelbaren Übernahme ausgesetzt.[536] Diese Klänge werden unter großem Aufwand hergestellt, sind jedoch urheberrechtlich nicht schutzfähig.

1. Das Verhältnis von Urheberrecht und Wettbewerbsrecht

Vorab stellt sich die Frage, ob das Recht des unlauteren Wettbewerbs überhaupt neben dem Urheberrecht zur Anwendung kommen kann. Sofern die Voraussetzungen des Urheberrechts gegeben sind, kommt neben der spezialgesetzlichen Regelung eine zusätzliche Anwendung wettbewerbsrechtlicher Schutzvorschriften nicht in Frage.[537] Im Gegenzug darf die urheberrechtliche Wertung über die fehlende Schutzfähigkeit eines Werkes nicht durch das Wettbewerbsrecht umgangen werden. Daher gilt im Wettbewerbsrecht der Grundsatz der Nachahmungsfreiheit.[538] Gestaltungen, die nicht durch Sondergesetze wie das Urheberrecht geschützt sind, dürfen von anderen übernommen werden. Die Fortentwicklung von Produkten in Anlehnung an bestehende Produkte soll über die bestehenden Sonderschutzrechte hinaus nicht behindert werden.

Bei Hinzutreten besonderer Umstände kann jedoch ausnahmsweise dennoch ein ergänzender wettbewerbsrechtlicher Leistungsschutz zur Anwendung kommen. Im Verhältnis zum Urheberrecht kommt ein solcher Schutz dann in Frage, wenn eine urheberrechtlich nicht geschützte Leistung eine so genannte wettbewerbliche Eigenart aufweist und besondere Umstände bei der Leistungsübernahme hinzutreten, die die Nachahmung unlauter erscheinen lassen.[539] Die wettbewerbliche Eigenart setzt voraus, dass *„eine konkrete Ausgestaltung oder bestimmte Merkmale des Erzeugnisses geeignet sind, die interessierten Verkehrskreise auf seine betriebliche Herkunft oder seine Besonderheiten hinzuweisen.“*[540] Da das Wettbewerbsrecht jedoch nicht an eine bestimmte Leistung oder ein bestimmtes Erzeugnis anknüpft, sondern an ein bestimmtes Verhalten oder die Art und Weise, wie die fremde Leistung zu Zwecken des Wettbewerbs benutzt und verwertet wird, kommt es entscheidend darauf an, ob weitere unlautere Umstände hinzutreten.[541] Diese Umstände werden regelmäßig angenommen in

536 S.o. D. II. 2. b) S. 106.
537 BGH GRUR 94, 630, 632 - Cartier-Armreif; BGH GRUR 93, 34, 37 - Bedienungsanweisung; BGH GRUR 92, 697, 699 - ALF.
538 BGH WRP 2005, 88, 94 – Puppenausstattungen.
539 BGH WRP 2005, 88, 90 – Puppenausstattungen; BGH GRUR 1999, 923, 926 – Tele-Info-CD.
540 BGH GRUR 2003, 359, 360 – Pflegebett m.w.N.
541 BGH GRUR 91, 223, 224 - Finnischer Schmuck m.w.N.

Fällen der vermeidbaren Herkunftstäuschung,[542] der Rufausbeutung oder in vergleichbar gelagerten Fällen.[543]

Nach der hier vertretenen Ansicht ist bereits der einzelne Klang, der Teil einer Darbietung ist und Gegenstand einer interpretatorischen Gestaltung wurde, leistungsschutzrechtlich geschützt. Ein darüber hinaus gehender wettbewerbsrechtlicher Schutz kommt in diesem Fall nicht in Frage.

Nach anderer Ansicht sind allerdings strengere Voraussetzungen an die leistungsschutzrechtliche Schutzfähigkeit zu stellen. Bisweilen wird gefordert, dass der dargebotene Abschnitt selbst urheberrechtlich schutzfähig ist. Teilweise soll eine persönliche Prägung der Darbietung erkennbar sein. Nach einer weiteren Ansicht soll der übernommene Abschnitt noch eine wahrnehmbare Verbindung zu der Darbietung aufweisen, aus der er entnommen wurde.[544]

Folgt man einer der genannten Sichtweisen, kann die ergänzende Anwendung von Wettbewerbsrecht relevant werden. Nach der letztgenannten Ansicht sind die Leistungsschutzrechte nicht betroffen, wenn ein aus der Darbietung isolierter Klang übernommen wird, da *„nicht mehr das durch die §§ 73 ff. UrhG geschützte Interesse des Künstlers an seiner Darbietung, sondern ein davon unterscheidbares Interesse am Klang als solchem"* in Frage steht.[545] Für einen Schutz des Klangs als *„Gestaltungsabstraktum"* sollen die Leistungsschutzrechte nicht *„sedes materiae"* sein.[546] Aus diesem Grund soll kein Vorrang des Urheberrechts als sondergesetzlicher Wertung gegeben sein.

Diese Ansicht erscheint jedoch selbst unter Berücksichtigung der dargestellten Auslegung der §§ 73 ff. UrhG nicht ganz konsequent. Nimmt man an, dass der Gesetzgeber sich entschieden hat, gerade nur das Interesse des ausübenden Künstlers an seiner Darbietung zu schützen und darüber hinaus den Klang als schutzwürdiges „Gestaltungsabstraktum" nicht anzuerkennen, so wäre auch diese Wertung zu respektieren. Das gesamte Spektrum der Leistung eines ausübenden Künstlers fällt grundsätzlich in den Bereich der Leistungsschutzrechte. Sofern der Interpret ein Werk im Sinne des UrhG darbietet, ist der Anwendungsbereich der §§ 73 ff. UrhG eröffnet. Die Wertung, dass ein einzelner Klang aus einer Darbietung wegen fehlender Erkennbarkeit eines Bezugs zur dieser nicht schutzfähig ist, dürfte somit ebenfalls nicht ohne Weiteres umgangen werden.

Das Wettbewerbsrecht verbietet jedoch ohnehin nie die Übernahme bestimmter Elemente an sich, sondern stets nur ein bestimmtes Verhalten im Wettbe-

542 BGH WRP 2005, 88, 90 – Puppenausstattungen.

543 *Bullinger* in Wandtke/Bullinger, § 2 Rn. 160.

544 Zu den genannten Sichtweisen im einzelnen: D. III. 4. S. 124 ff.

545 *Häuser*, Sound und Sampling, S. 144.

546 *Weßling*, Der zivilrechtliche Schutz gegen digitales Sound-Sampling, S. 170.

werb.[547] Daher kann auch die Übernahme von Gestaltungen, die grundsätzlich dem Urheberrecht unterfallen, die jedoch die Schwelle der Schutzwürdigkeit nicht überschreiten, wettbewerbswidrig sein, sofern die Umstände der Übernahme dies ergeben.

Nach der hier vertretenen Auffassung ist der gestaltete Klang gerade der Kern der interpretatorischen Leistung eines ausübenden Künstlers und damit grundsätzlich immer dem Bereich der Leistungsschutzrechte zuzuordnen. Die sondergesetzliche Wertung, einen solchen Klang nicht zu schützen, wenn er keine hinreichende Gestaltung aufweist, darf durch die Anwendung des Wettbewerbsrechts nicht umgangen werden. Die bloße Übernahme eines solchen Klangs kann daher noch keinen Wettbewerbsverstoß darstellen. Auch hier kann das Hinzutreten besonderer Umstände jedoch grundsätzlich die Wettbewerbswidrigkeit begründen.

Relevant kann der wettbewerbsrechtliche Schutz aber vor allem für elektronisch generierte Einzeltöne werden, die weder urheberrechtlich geschützt,[548] noch Gegenstand einer Darbietung[549] sind. Dies kann im Zusammenhang mit den erwähnten Presets für Synthesizer[550] und einzelnen für so genannte „Soundlibraries" hergestellten Sounddateien von Bedeutung sein.

2. Vorliegen eines Wettbewerbsverhältnisses

Wettbewerbsrechtlich anerkannt ist lediglich das konkrete Wettbewerbsverhältnis, bei dem beide Parteien *„gleichartige Waren innerhalb desselben Endverbraucherkreises abzusetzen versuchen mit der Folge, dass das konkret beanstandete Wettbewerbsverhalten den anderen beeinträchtigen, d.h. im Absatz behindern oder stören kann"*.[551] Der Nachweis einer konkreten Vermögenseinbuße ist dabei nicht erforderlich.[552]

Im Musikgeschäft kann eine mögliche Absatzeinbuße nicht ohne weiteres angenommen werden. Im Bereich des Sampling wird die Annahme eines Wettbewerbsverstoßes daher häufig bereits an dieser Voraussetzung scheitern. Sofern es sich um unterschiedliche musikalische Genres handelt, ist kaum eine Situation konstruierbar, in der das Sample eines Musikers zu Verkaufsrückgängen des

547 BGH WRP 2005, 88, 90 – Puppenausstattungen; BGH GRUR 1999, 923, 926 – Tele-Info-CD.
548 S.o. D. II. 2. c) S. 108.
549 S.o. D. II. 2. a) S. 103
550 S.o. D. II. 2. b) S. 106.
551 BGH GRUR 2000, 909 – Filialleiterfehler; BGH GRUR 2001, 260 – Vielfachabmahner; BGH GRUR 2001, 258 – Immobilienpreisangaben.
552 BT-Drucks. 15/1487, S. 16.

Originalwerkes führen wird. So wird etwa ein Sample aus einem Jazz-Werk in einem HipHop-Album nicht dazu führen, dass der Absatz des Originalwerkes zurückgeht. Allenfalls werden einige Hörer aufgrund des Samples erst ein Interesse am Originalwerk entwickeln, was zu einer Verkaufssteigerung führen könnte.

In dieser Branche ist ohnehin davon auszugehen, dass die Kaufentscheidung eines Musikliebhabers von einer Vielzahl an Faktoren beeinflusst wird. Die Individualität verschiedener Alben wird regelmäßig so groß sein, dass allein der subjektive Geschmack des Käufers ausschlaggebend ist.[553] Die Tatsache, dass ein Sample aus einem Werk entnommen und in ein anderes integriert wurde, macht die beiden Werke aus Sicht des Käufers nicht zu Alternativen.

Dann allerdings, wenn das Samplen von zahlreichen Einzelklängen dazu genutzt wird, den persönlichen Sound eines bestimmten Musikers zu imitieren, kann insbesondere im Bereich von als Massenware produzierter Popmusik ein Wettbewerbsverhältnis angenommen werden. Hier ist es nicht ausgeschlossen, dass ein Musikkonsument, den ein bestimmter Klang anspricht, statt das eine Album zu wählen, sich für das andere entscheidet. Es ist also in jedem Einzelfall zu überprüfen, ob der Vertrieb des Werkes, in das das Sample integriert wurde, zu Absatzrückgängen beim Originalwerk führen kann.

Geht es um die Übernahme von elektronisch hergestellten Einzelklängen wie Presets oder Sounddateien, stellt sich die Frage weniger problematisch dar. So stehen etwa verschiedene Hersteller von Synthesizern ohne weiteres in einem Wettbewerbsverhältnis. Die unlizenzierte Verwendung solcher Klänge im Rahmen von Musikwerken ist dagegen problemlos möglich, da ein Wettbewerbsverhältnis zwischen dem Ersteller des Sounds und dem Komponisten nicht angenommen werden kann.

3. Wettbewerbliche Eigenart

Voraussetzung des wettbewerbsrechtlichen Schutzes ist ferner, dass den übernommenen Elementen eine wettbewerbliche Eigenart zukommt, mithin dass *„eine konkrete Ausgestaltung oder bestimmte Merkmale des Erzeugnisses geeignet sind, die interessierten Verkehrskreise auf seine betriebliche Herkunft oder seine Besonderheiten hinzuweisen.“*[554]

Was die „betriebliche Herkunft“ von „Interpretensounds“ betrifft, ist grundsätzlich notwendig, dass der übernommene Klang so individuell gestaltet ist,

553 Der BGH hat etwa ein Wettbewerbsverhältnis im Bereich der Immobilienbranche abgelehnt, da die verkauften Objekte vom Käufer als Einzelstücke wahrgenommen werden: BGH GRUR 2001, 258, 259.

554 BGH GRUR 2003, 359, 360 – Pflegebett m.w.N.

dass der Hörer den jeweiligen Interpreten erkennen kann. Dies kann, sofern es sich um nicht ganz kurze Passagen handelt, ohne weiteres der Fall sein. Der persönliche Ton eines Interpreten kann ebenso wie seine Stimme zu einer Art Markenzeichen werden, das beim bloßen Hören zugeordnet werden kann.

Wie der Bundesgerichtshof in seiner Silberdistel-Entscheidung klargestellt hat, ist aber ohnehin nicht erforderlich, dass der Verkehr mit dem Erzeugnis Herkunftsvorstellungen verbindet.[555] Ausreichend ist vielmehr, dass das Erzeugnis die Eignung besitzt, *„im Verkehr auf die Besonderheiten des Erzeugnisses hinzuweisen*“.[556] Wenn das übernommene Erzeugnis also nur auf seine eigenen Besonderheiten hinweisen muss, wird es ausreichend sein, dass es sich in irgendeiner Weise signifikant von anderen unterscheidet. Hier ist wiederum der Fall zu bedenken, dass durch die Übernahme vieler verschiedener Einzelklänge ein bestimmter „Gesamtklang“ imitiert wird. Bei dieser Konstellation wird auf die Gesamtheit der übernommenen Elemente abzustellen und die hinreichende Eigenart auch dann zu bejahen sein, wenn der Hörer den Klang nicht ohne weiteres einem bestimmten Musiker zuordnen kann.

Bei vereinzelt verarbeiteten Samples wird eine Eigenart erforderlich sein, die über das Maß der im Rahmen der Leistungsschutzrechte notwendigen interpretatorischen Gestaltung hinausgeht. Für die Anwendung des Wettbewerbsrecht verbleibt nach der hier vertretenen Auffassung in diesen Fällen also von vornherein kein Raum. Folgt man hingegen der Ansicht, dass für eine Schutzfähigkeit nach §§ 73, 77 UrhG der dargebotene Abschnitt selbst ein urheberrechtlich geschütztes Werk darstellen muss, ergibt sich ein breiteres Feld für mögliche wettbewerbsrechtliche Ansprüche.

Nach der hier vertretenen Auffassung kommt das Wettbewerbsrecht vor allem für elektronisch hergestellte Klangfarben in Betracht, denen eine wettbewerbliche Eigenart unter Umständen zugesprochen werden kann. Die urheberrechtliche Schutzfähigkeit dieser Bausteine scheitert am fehlenden geistigen Gehalt. Es ist jedoch durchaus denkbar, dass einzelnen Klangfarben eine für die wettbewerbliche Eigenart hinreichende Individualität zukommt. Wie oben dargestellt, existiert hier eine nahezu unendliche Bandbreite von Möglichkeiten.[557] Der einzelne Klang kann sich also von anderen in signifikanter Weise unterscheiden.

555 BGH GRUR 1995, 581, 583 – Silberdistel.
556 Ebenda.
557 S.o. D. II. 2. b) S. 106.

4. Hinzutreten besonderer Umstände

Da das Wettbewerbsrecht nicht die Übernahme bestimmter Erzeugnisse an sich verbietet, sondern stets ein bestimmtes Verhalten im Zusammenhang mit der Übernahme, ist zu klären, welche weiteren Umstände letztlich zur Annahme der Wettbewerbswidrigkeit führen können. Solche Umstände werden beispielsweise in Fällen der vermeidbaren Herkunftstäuschung,[558] der Rufausbeutung oder in vergleichbar gelagerten Fällen angenommen.[559]

Wird anhand der Kombination zahlreicher Einzeltonsamples der persönliche Sound eines Musikers übernommen, kann dies sicherlich als ein Fall der Rufausbeutung gelten. Der besondere Klang, den der Interpret hervorzubringen versteht und der beim Publikum besonders gut ankommt, wird hier in unlauterer Weise ausgenutzt, ohne dass eine nennenswerte künstlerische Motivation erkennbar ist. Auch wenn in diesem Fall der Hörer weiß, dass es sich nicht um ein Werk des betreffenden Interpreten handelt und daher keine Herkunftstäuschung vorliegt, geht es doch um einen Fall, der der Rufausbeutung zumindest sehr nahe steht. Kommt man in einem solchen Fall zu dem Ergebnis, dass die Leistungsschutzrechte nicht eingreifen, muss man die gezielte Ausbeutung der fremden Leistung als wettbewerbswidriges Verhalten ansehen. Die künstlerische Verarbeitung von einzelnen Samples hingegen wird regelmäßig nicht als unlauter zu verstehen sein.

Problematisch erscheint die Einordnung dann, wenn verschiedene Samples zu einem neuen Werk zusammengesetzt werden, um die Kosten für Studiomusiker zu sparen. *Hoeren* benennt als Beispiele etwa die HipHop-Platte "Beat DiS" der Gruppe Bomb the Bass, die in sechs Stunden erstellt worden sei und den Titel "S-Express" des DJs Mark Moore, eine der berühmtesten Sampling-Produktionen, dessen Herstellung lediglich 250 Pfund gekostet habe.[560] Im typischen Fall einer unmittelbaren Leistungsübernahme wird ein marktfähiges und fertiges Produkt kopiert und ohne nennenswerte Eigenleistung übernommen und vermarktet.[561] Beim Sampling wird das übernommene Element aber stets noch einer weiteren Verarbeitung unterzogen. In Fällen, in denen die gesampleten Elemente aufgrund ihrer Kürze und fehlenden Gestaltung keinen Leistungsschutz genießen, wird die kreative Eigenleistung beim Zusammenstellen der Elemente naturgemäß entsprechend höher sein. Allein die Tatsache, dass durch hierdurch Kosten erspart werden sollen, lässt dieses Vorgehen daher nicht unlau-

558 BGH WRP 2005, 88, 90 – Puppenausstattungen.

559 *Bullinger* in Wandtke/Bullinger, § 2 Rn. 160.

560 *Hoeren*, GRUR 1989, 11, 16.

561 *Häuser*, Sound und Sampling, S. 140.

ter erscheinen. Sofern es sich also nicht um einen Fall der Rufausbeutung handelt, ist das Sampling nicht wettbewerbswidrig.

Ein Fall einer wettbewerbswidrigen unmittelbaren Leistungsübernahme wäre allerdings im Bereich von Presets und Soundlibraries denkbar. Die elektronisch erstellten Klänge sind urheberrechtlich nicht geschützt. Ihre (nicht lizenzierte) Verwendung im Rahmen von Musikwerken stellt mangels eines Wettbewerbsverhältnisses zwischen dem Ersteller der Klänge und dem Verwender der Sounds kein Problem dar. Wer jedoch die Sounddateien übernimmt, um selbst eine Klang-Datenbank zu erstellen, stellt sich in Wettbewerb zum Ersteller der Soundlibrary. Er übernimmt ein fremdes Leistungsergebnis ohne einen eigenen Beitrag zu leisten und handelt – wettbewerbliche Eigenart vorausgesetzt – unlauter. Noch offensichtlicher ist der Fall, wenn ein Hersteller von Synthesizern oder Keyboards die Presets eines anderen übernimmt. Wettbewerbliche Eigenart der übernommenen Klangfarben vorausgesetzt, wäre hier ein unlauteres Vorgehen anzunehmen.

5. Die Schließung von Schutzlücken über das Wettbewerbsrecht

Es ist keine angemessene Lösung, das Wettbewerbsrecht heranzuziehen, um vermeintliche Schutzlücken im Urheberrecht zu kompensieren. Das Sampling ermöglicht die Übernahme des persönlichen Sounds eines bestimmten Interpreten. Dieser sollte als Kern der Leistung des ausübenden Musikers Gegenstand der Leistungsschutzrechte sein. Ein ergänzender Schutz der Klangfarbe über das Wettbewerbsrecht wird deren Bedeutung nicht gerecht. Diese ist, ebenso wie die Melodie, ein bedeutendes Element musikalischer Werke und Darbietungen und muss im Anwendungsbereich des Urheberrechtsgesetzes angemessen geschützt werden.

Für den elektronisch hergestellten Klang von Synthesizern oder Keyboards kann das Wettbewerbsrecht jedoch als angemessene Lösung gelten, da hier kein Bezug zu Urheberrecht und Leistungsschutz besteht. Die unter großem Aufwand hergestellten Klänge stehen technischen Erzeugnissen nahe und können wettbewerbliche Eigenart besitzen ohne zugleich urheberrechtlich geschützt zu sein. Die Übernahme der Klänge eines Keyboard- oder Synthesizerherstellers durch seinen Konkurrenten ist in erster Linie eine wettbewerbsrelevante Handlung. Über das Wettbewerbsrecht kann sichergestellt werden, dass der Aufwand, den der Hersteller der elektronischen Klänge betrieben hat, nicht schutzlos der Ausbeutung durch andere ausgesetzt ist.

V. Der Schutz des Tonmeisters

1. Die Leistung des Tonmeisters

Die Klangfarbe, wie sie auf einer Tonaufnahme hörbar wird, ist bei realistischer Betrachtung keineswegs lediglich das Ergebnis der künstlerischen Leistung von Urhebern und Interpreten. Gerade im Bereich der Unterhaltungsmusik, aber auch bei Aufnahmen klassischer Musik, spielt die Bearbeitung durch technische Mitarbeiter (Tonmeister oder Toningenieure) eine erhebliche Rolle. So wird etwa in der Literatur bemerkt, dass sich *„z.B. der Karajan-Sound erheblich vom Bernstein-Sound"* unterscheide, *„und das nicht nur, weil zwei verschiedene Dirigenten zwei unterschiedliche Orchester leiten, sondern auch, weil die Aufnahmeteams jeweils andere klangästhetische Vorstellungen haben."*[562]

Ein einheitliches Berufsbild ist schwer zu erfassen, da Bezeichnungen wie Tonmeister, Toningenieur, Tondesigner und Tongestalter nicht geschützt sind.[563] Im Zusammenhang mit der urheberrechtlichen Schutzfähigkeit der Leistung wird in der Regel vom Tonmeister gesprochen.[564] Folglich soll hier ebenfalls der Begriff des Tonmeisters verwendet werden, dessen Tätigkeitsfeld im Folgenden kurz skizziert wird.[565] Dabei wird auf die Tätigkeit des Tonmeisters im Zusammenhang mit musikalischen Darbietungen Bezug genommen, da vorliegend nur der Schutz von Musikwerken untersucht wird. Tatsächlich ist dieser jedoch nicht auf den musikalischen Bereich festgelegt. Er kann vielmehr überall dort tätig werden, wo es um die Gestaltung akustischer Effekte geht.

Der Tonmeister kann zunächst ähnlich wie ein Dirigent bei der Probenarbeit tätig werden und wird dabei mit diesem eng zusammenarbeiten.[566] In der Regel studiert er zunächst die Partitur und macht sich eine Vorstellung vom erstrebten elektro-akustischen Klangbild. Anschließend bespricht er seine Vorstellung mit den Musikern und dem Dirigenten. Er ist bei den Proben anwesend und gibt Anregungen zur Interpretation. Dabei wird er meist Einfluss auf die Gewichtung unterschiedlicher Stimmen nehmen, wenn ihm das Klangbild nicht ausgewogen erscheint, also einzelne Stimmgruppen anweisen, an bestimmten Stellen lauter oder leiser zu spielen. Zugleich können bereits verschiedene Probeaufnahmen angefertigt werden bis der gewünschte Klang erzielt ist.

562 *Rösing*, Sound in der Popularmusik. Bericht über ein Forschungsprojekt in Rock, Pop, Jazz – musikimmanent durchleuchtet, S. 106.

563 *Ullmann*, GRUR 1996, 145, 146.

564 Auch hier findet sich jedoch keine einheitliche Terminologie vgl. die Darstellung bei *Nordemann*, GRUR 1980, 568, 569.

565 Zum Tätigkeitsfeld des Tonmeisters: *Nordemann*, GRUR 1980, 568, 568f; *Andresen,* ZUM 1986, 335, 336 f; *Hubmann*, GRUR 1984, 620, 620 f.

566 Die folgende Darstellung folgt: *Nordemann*, GRUR 1980, 568, 568f.

Der Tonmeister kann den Klang aber auch, während er übertragen wird, technisch beeinflussen. Dies geschieht etwa bei Live-Übertragungen im Rundfunk. Der Tonmeister wird hier, nachdem er bereits zuvor Zahl und Art der Mikrophone ausgewählt und diese platziert hat, auf eine ausgewogene Gewichtung der einzelnen Stimmen achten, indem er einzelne Mikrophone jeweils dämpft oder in den Vordergrund hebt.

Im Bereich der Unterhaltungsmusik wird auch bei Live-Konzerten üblicherweise mit „Verstärkern" gearbeitet. Der Ton, den der Zuhörer hören kann, ist also nicht der unmittelbar vom Künstler gespielte oder gesungene Ton, sondern ein über Mikrophon aufgenommener und über Lautsprecher weitergegebener Ton. Hier ist daher dieselbe regulierende Tätigkeit des Tonmeisters erforderlich wie bei der Übertragung im Rundfunk. Hinzu kommt, dass der Klang während der Übertragung in der Regel bearbeitet und verändert wird, damit der im Ergebnis hörbare „Sound" dem entspricht, den der Hörer von Aufnahmen dieses Künstlers gewohnt ist.[567] Dabei kann er auch verschiedene Effekte einsetzen wie etwa Hall, Echo oder Verzerrung.

Schließlich kann der Tonmeister nach Abschluss der Aufnahme am Mischpult den Klang so lange formen, bis dieser seinen Vorstellungen entspricht. Dabei nimmt er durch Entzerren, Verzerren und Filtern von Klängen, Beimischen von Hallanteilen und Echo, Verstärken oder Abschwächen einzelner Tonspuren, Aussteuern einzelner Mikrophone etc. nachhaltig Einfluss auf den endgültigen Klang. Durch eine Veränderung des Frequenzbereiches kann er die Klangfarbe sogar unmittelbar bearbeiten.

Die Spannbreite möglicher Soundveränderungen ist hier sehr groß. Dies hat *Rösing* in einem Experiment zum *„Sound in der Popularmusik"* belegt.[568] Dabei wurde das bluesorientierte Stück „Normal Life" von einer Rockgruppe eingespielt. Die Musik wurde auf 13 Spuren *„vollkommen „trocken", d.h. ohne Frequenzanhebungen, Zugabe von Hallanteilen, Panaoramaeinstellungen u.a.m. aufgezeichnet"*.[569] Anschließend wurde neben der „trockenen" Version eine *„Hallversion"*, eine *„Bassversion"*, eine *„Discoversion"* und eine *„Witzversion"* erstellt. Durch die eingesetzten Effekte, wie etwa *„Anhebung oder Abschwächung bestimmter Frequenzbereiche"*, *„synthetische Ergänzung oder auch Unterdrückung von Einzelstimmen"* oder *„Bereicherung und Abrundung des*

567 Vgl. hierzu ausführlich: *Nordemann*, GRUR 1980, 568, 569.

568 *Rösing*, Sound in der Popularmusik. Bericht über ein Forschungsprojekt. in Rock, Pop, Jazz – musikimmanent durchleuchtet, S. 106 ff.

569 *Rösing*, Sound in der Popularmusik. Bericht über ein Forschungsprojekt in Rock, Pop, Jazz – musikimmanent durchleuchtet, S. 110.

Sounds durch Hall, Echo und Effektgeräte" wurde der Charakter des dargebotenen Werkes jeweils vollständig verändert.[570]

Der Tonmeister kann also vor, während und nach der eigentlichen Darbietung auf die Klangfarbe Einfluss nehmen. Er kann sich dabei technischer Mittel bedienen, oder durch Anweisungen an die Musiker deren Interpretation beeinflussen. Für das hiesige Verständnis des Begriffs „Tonmeister" soll unerheblich sein, ob dieser die technischen Handlungen selbst ausführt oder ob er einen Toningenieur hierzu anweist.[571]

Abschließend ist noch darauf hinzuweisen, dass nicht jeder Tonmeister tatsächlich immer in dem dargestellten Maße auf das Klangbild Einfluss nimmt. Es handelt sich lediglich um eine grobe Skizzierung von grundsätzlich zu diesem Berufsbild gehörenden Tätigkeiten.

2. Der Tonmeister als Urheber

a) Die Rechtsprechung zum Mischtonmeister im Filmwerk

Die Leistung des Tonmeisters bei einem Filmwerk hat der Bundesgerichtshof für grundsätzlich urheberrechtlich schutzwürdig befunden.[572] Das von diesem hergestellte Klangbild könne durchaus die Anforderungen einer persönlichen geistigen Schöpfung erfüllen. Der Tonmeister hat damit bei einem Filmwerk unter Umständen die Stellung eines Miturhebers neben den anderen Film-Miturhebern wie Regisseur und Kameramann.

Der Bundesgerichtshof schließt sich in seiner Entscheidung den Ausführungen der Vorinstanz an, die die grundsätzliche Schutzfähigkeit der Leistung des Mischtonmeisters aufgrund eines Sachverständigengutachtens bejaht hatte.[573] Dieser hatte vor allem darauf abgestellt, dass die heutige Technik *„die Schaffung eines vielschichtigen, differenzierten und etwa durch den Surround-Effekt im gesamten Kinosaal verteilten Klangbildes ermögliche."*[574] Durch diese technischen Möglichkeiten könnten besondere akustische Effekte, die die Handlung untermalen und deren Bestandteil werden, einzeln oder auch gleichzeitig hervorgerufen werden. Schon diese erhebliche Bandbreite der erzielten Klang- bzw. Geräuschergebnisse legte nach Ansicht des Berufungsgerichts die Annahme nahe,

570 *Rösing*, Sound in der Popularmusik. Bericht über ein Forschungsprojekt in Rock, Pop, Jazz – musikimmanent durchleuchtet, S. 111.

571 *Nordemann*, GRUR 1980, 568, 570.

572 BGH GRUR 2002, 961, 962 – Mischtonmeister.

573 BGH GRUR 2002, 961, 962 – Mischtonmeister.

574 OLG Köln ZUM 2000, 320, 323.

„dass die Tätigkeit dessen, der die Klangwelt erschafft, nicht lediglich handwerklicher Natur und routinemäßig zu erbringen ist, wie dies für die erforderliche Gestaltungshöhe nicht ausreichen würde."[575] Nach Ansicht des Gerichts wird diese Vermutung durch die Beschreibung sowohl der Bandbreite der technischen Möglichkeiten, die dem Mischtonmeister heute zur Verfügung stünden, als auch der im Einzelfall gestellten Anforderungen an die Arbeit des Mischtonmeisters nachhaltig bestätigt. Das Gericht stellt dabei wesentlich darauf ab, dass der Mischtonmeister jederzeit auf einzelne Tonspuren zugreifen und dabei jedes Tonsignal verändern könne. So bestehe neben der Möglichkeit der Regulierung der Lautstärke jeweils die Option, die Frequenzbereiche des Signals zu bearbeiten und so die Klangfarbe zu bestimmen. Zudem könne die Dynamik des Tonsignals beeinflusst werden und überdies das Signal durch unterschiedliche Tonquellen im Bereich von 360° um den Zuschauer herum im gesamten Kinosaal positioniert werden. Hinzu kämen die aufwendigen Effekt- und Hallgeräte.[576]

Das Gericht betont allerdings, dass aus dem Vorhandensein der hochentwickelten technischen Ausstattung allein noch nicht darauf geschlossen werden könne, dass diese regelmäßig auch in einer Weise genutzt würde, die über die rein handwerkliche Tätigkeit hinausginge. In manchen Fällen werde sich die Arbeit des Mischtonmeisters trotz einer solchen Ausstattung auf handwerklichem, routinemäßigem Niveau bewegen. Als Beispiele für eine derartige Tätigkeit ohne hinreichende Gestaltungshöhe nennt das Gericht das Beseitigen eines Störgeräusches und den Ersatz des deswegen fehlenden einwandfreien Originaltons mit Mitteln der Mischtechnik. Eine Tätigkeit von einer für den Urheberschutz ausreichenden gestalterischen Höhe soll hingegen dann gegeben sein, *„wenn es dem Mischtonmeister überlassen bleibt, das Klangbild eigenständig zu prägen, und er als Vorgabe lediglich unpräzise ausfüllungsbedürftige Anweisungen des Regisseurs erhält, die mit völlig unterschiedlichen Ergebnissen umgesetzt werden können, bei denen also jeder Mischtonmeister ein anderes Klangbild produzieren würde."*[577] Dies sei vor allem dann der Fall, wenn sich die Arbeit nicht in der Wiedergabe oder auch Verfremdung von mit der Handlung aufgenommenen Geräuschen erschöpfe, sondern der Mischtonmeister das für das Filmgeschehen wesentliche Klangbild eigenständig zu erschaffen habe. Das Gericht zieht schließlich den Schluss, dass die Arbeit des Mischtonmeisters die Anforderungen von § 2 Abs. 2 UrhG in der Regel dann erfülle, wenn der Film nicht lediglich einen einfachen, rein handwerklichen Umgang mit der beschriebenen aufwendigen

575 Ebenda.
576 OLG Köln ZUM 2000, 320, 323.
577 Ebenda.

Technik notwendig mache oder diese moderne Technik dem Mischtonmeister gar nicht zur Verfügung stehe.[578]

Das Abstellen auf das Vorhandensein der technischen Ausrüstung und deren Nutzung erscheint ein wenig irritierend, da es für das Kriterium der persönlichen geistigen Schöpfung auf das Ergebnis der Schöpfung ankommt und nicht auf den Aufwand, unter dem diese geschaffen wurde. Letztlich kommt es dem Gericht aber darauf an, das rein handwerksmäßige Erzeugnis vom urheberrechtlichen Schutz auszuschließen. Dass hierbei auch auf die Komplexität des Schöpfungsvorgangs abgestellt wird, erscheint nicht sachfremd.

Für die Schutzfähigkeit der Leistung des Filmtonmeisters entscheidend ist somit die Schaffung eines vielschichtigen, differenzierten Klangbildes, das dieser nach seinen Vorstellungen eigenständig prägt. Ein wesentlicher Punkt der dargestellten Entscheidungen ist zugleich die Tatsache, dass die Schaffung oder Beeinflussung des Klangbildes ohne weiteres als urheberrechtsbegründende Leistung anerkannt wurde.

b) Die Übertragbarkeit der Ergebnisse auf die Leistung des Tonmeisters bei Musikwerken

Grundsätzlich gilt für die Leistung des Tonmeisters bei Musikwerken nichts anderes als bei Filmwerken. Sofern die Gestaltung des Klangbildes sich als persönliche geistige Schöpfung im Sinne von § 2 Abs. 2 UrhG darstellt, besteht urheberrechtlicher Schutz.

Wenige Probleme bereitet dies im Bereich elektronischer Musik, wenn der Tonmeister wie ein Komponist die Klangfarbe unmittelbar gestaltet, ohne dass ihm hierfür Vorgaben gemacht werden.[579] Dieser Fall ist der dargestellten Rechtsprechung zum Filmwerk vergleichbar. Der Tonmeister kann hier ein vielschichtiges und differenziertes Klangbild schaffen, das er nach seinen Vorstellungen eigenständig prägt.[580]

Schwieriger wird es, wenn der Tonmeister lediglich die von ihm aufgenommenen Tonspuren „abmischt" und daraus den angestrebten Sound formt. Das OLG Köln hatte in seiner Entscheidung zum Mischtonmeister beim Film ausdrücklich betont, dass eine urheberrechtliche Schutzfähigkeit vor allem dann anzunehmen sei, wenn sich dessen Arbeit nicht in der Wiedergabe oder auch Verfremdung von mit der Handlung aufgenommenen Geräuschen erschöpfe, sondern er das für das Filmgeschehen wesentliche Klangbild eigenständig erschaf-

578 OLG Köln ZUM 2000, 320, 324.

579 Vgl. hierzu auch oben unter D. II. 2. c) S. 108.

580 Zum Schutz einzelner Klänge gelten jedoch auch hier die oben dargelegten Grundsätze.

fen habe.[581] Eine solche Leistung lässt tatsächlich eine Urheberrechtsschutz begründende Individualität des Werkes eher erwarten als das bloße Verändern vorgegebener Klänge. Dennoch sieht § 3 UrhG ausdrücklich auch ein Urheberrecht für den Bearbeiter vor. Ähnlich wie also ein Bearbeiterurheberrecht für die Uminstrumentierung eines Werkes denkbar ist,[582] muss auch der Tonmeister, der den Klang eines aufgeführten Werkes verändert, ein solches Recht erlangen können. Sicherlich nicht ausreichend ist aber das Bemühen um die optimale Umsetzung der klanglichen Vorstellungen von Komponisten und Interpreten auf Tonband. Das Absprechen der Interpretation und das Abmischen der einzelnen Stimmen dienen nämlich gerade der optimalen Wiedergabe des geschaffenen Klangbildes und nicht dessen Veränderung zur Schöpfung eines neuen Ergebnisses. Ein Bearbeiterurheberrecht ist daher lediglich dann denkbar, wenn der aufgenommene Klang vom Tonmeister substantiell und eigenständig verändert wird.

Darüber, ab wann eine solche Leistung schutzfähig ist, lassen sich keine allgemeinen Aussagen treffen, da dies auch von der schöpferischen Eigentümlichkeit des bearbeiteten Werkes abhängt. Je ausgeprägter diese ist, umso ausgeprägter muss auch die Gestaltungshöhe der Bearbeitung sein, um selbständig geschützt zu werden.[583]

Der Kern der Leistung des Tonmeisters, nämlich das Erzielen des idealen Klangbildes auf einer Tonaufnahme innerhalb der Vorgaben des Komponisten, fällt allerdings nicht in den Bereich der Bearbeitung sondern in den der Interpretation des Werkes und müsste daher über die Leistungsschutzrechte geschützt werden.

3. Ein Leistungsschutzrecht für den Tonmeister?

Ob dem Tonmeister nach derzeitiger Gesetzeslage ein Leistungsschutzrecht zusteht, hängt davon ab, wie seine Tätigkeit im System der § 73 ff UrhG einzuordnen ist. Da er nicht selbst darbietend tätig wird, kommt es darauf an, ob er im Sinne von § 73 UrhG an einer Darbietung künstlerisch mitwirkt.

581 OLG Köln ZUM 2000, 320, 323.
582 Vgl. oben unter D. II. 1. S. 100.
583 BGH GRUR 1972, 143, 144 – Biografie: Ein Spiel; BGH GRUR 1991, 533, 534 – Brown Girl II; *Schulze* in Dreier/Schulze, § 3 Rn. 11; a.A. *Bullinger* in Wandtke/Bullinger, § 3 Rn. 18.

a) Künstlerische Tätigkeit

Über das Merkmal der künstlerischen Mitwirkung sollen vor allem rein technische Mitwirkungshandlungen vom Anwendungsbereich des § 73 UrhG ausgeschlossen werden. Es sind daher keine zu hohen Anforderungen an dieses Merkmal zu stellen. Die Leistung des Mitwirkenden muss lediglich auf die künstlerische Gestaltung miteinwirken, für sie also künstlerisch mitbestimmend sein.[584] Dabei soll es weder auf den Umfang noch auf die Intensität dieser Mitwirkung ankommen, *„sofern nur überhaupt eine Leistung vorliegt, die die Gesamtgestaltung im künstlerischen Bereich mitbestimmt"*.[585] Sofern sich die Tätigkeit des Tonmeisters also nicht im Aufstellen der Mikrophone erschöpft, sondern auf eine gezielte Beeinflussung des Klangbildes angelegt ist, wird sie als künstlerisch anzusehen sein.

b) Unterschiedliche Auslegungen des Darbietungsbegriffs

Die Frage nach der künstlerischen Qualität der Mitwirkung wird von den Gerichten häufig offen gelassen, da bereits der Zeitpunkt der Mitwirkung der falsche sei.[586] Nach dem vom Bundesgerichtshof zum früheren Wortlaut von § 73 UrhG entwickelten so genannten engen Darbietungsbegriff soll das Leistungsschutzrecht des Tonmeisters daran scheitern, dass er nicht „bei" der Aufführung sondern „nach" der Aufführung tätig werde.[587] Da dieses Ergebnis auf das Verständnis des Begriffs der Darbietung zurückzuführen ist, wird der nunmehr geänderte Wortlaut, der statt einer Mitwirkung „bei" der Aufführung eine Mitwirkung „an" der Darbietung verlangt, nichts an der Einschätzung ändern. Die Änderung des Wortlautes sollte lediglich der Klarstellung und nicht einer Änderung der Rechtslage dienen.[588]

Ob einzelne der oben dargestellten Tätigkeiten des Tonmeisters in den Anwendungsbereich der Leistungsschutzrechte fallen, hängt somit wesentlich davon ab, wie der Begriff der Darbietung verstanden wird.

Nach dem vom Bundesgerichtshof in der genannten Entscheidung aus dem Jahr 1982 geprägten engen Darbietungsbegriff ist unter Aufführung *„lediglich die unmittelbare, im Moment der Klangerzeugung durch die Instrumente und*

584 BGH GRUR 1972, 672, 673 – Celestina.
585 Ebenda.
586 BGH GRUR 1983, 22, 24 – Tonmeister ; OLG Köln GRUR 1984, 345.
587 BGH GRUR 1983, 22, 24 – Tonmeister.
588 BT-Drucks. 15/38, S. 23.

Stimmen wahrnehmbare Klangdarbietung" zu verstehen.[589] *„Alle mit technischen Mitteln erfolgenden Einflüsse auf das vom Interpreten bereits erzeugte Klangbild*" sollen nicht mehr der Aufführung zuzurechnen sein.[590]

Der Kernbereich der Arbeit des Tonmeisters fiele damit nicht in den Anwendungsbereich der Leistungsschutzrechte. Nur wenn er im Voraus durch Absprache mit Dirigenten und Musikern Einfluss auf deren künstlerische Gestaltung der Darbietung nimmt, müsste ihm ein Leistungsschutzrecht nach § 73 UrhG zustehen.[591] Eine Mitwirkung vor der Aufführung kann auch nach der vom Bundesgerichtshof vertretenen Auffassung die Darbietung beeinflussen und daher als Mitwirkung bei der Darbietung gelten. Dies sollte durch die erwähnte Änderung des Wortlautes klargestellt werden.[592] Auch der Bundesgerichtshof hatte in der erwähnten Entscheidung klargestellt, dass die der Aufführung vorangehende Absprache der Interpretation mit den Musikern ein Leistungsschutzrecht begründen kann. Dennoch hat das OLG Köln, das nach Zurückverweisung erneut über den Fall zu entscheiden hatte, dem Tonmeister sein Recht versagt. Zur Begründung führt das Gericht unter anderem an:

> „Obwohl der Tonmeister auf das, was die Musiker bei der Aufführung spielen, unmittelbar einwirkt, wenn er darauf hinweist, dass eine Phrase unsauber gespielt war, dass ein Instrument auf dem Tonträger zu laut ankommt, dass ein Einsatz "wackelte", wirken sich seine Leistungen auf die Werkinterpretation in der Regel nicht unmittelbar aus, da sie nur "Fehler" korrigieren, die auf dem Tonträger erhebliche Bedeutung für das Klangergebnis haben, den Eindruck von der Aufführung als Live-Ereignis aber nicht wesentlich beeinflussen."[593]

Das Gericht verkennt hier, dass es nach Ansicht des Bundesgerichtshofs eben gerade nicht auf den Umfang und nicht auf die Intensität der künstlerischen Mitwirkung ankommt, sondern lediglich darauf, dass *„überhaupt eine Leistung vorliegt, die die Gesamtgestaltung im künstlerischen Bereich mitbestimmt*"[594]. Es ist faktisch undenkbar, dass der Tonmeister dem Orchester Spielanweisungen gibt, die zwar das Ergebnis der Aufnahme beeinflussen, nicht aber das unmittelbare Ergebnis der Darbietung. Dass die Tätigkeit des Tonmeisters in diesem Fall eine künstlerische ist, hat auch das OLG anerkannt.[595] Für diesen Bereich kann dem Tonmeister ein Leistungsschutzrecht daher nicht abgesprochen werden.

589 BGH GRUR 1983, 22, 25 – Tonmeister.
590 Ebenda.
591 BGH GRUR 1983, 22, 24 – Tonmeister; *Nordemann*, GRUR 1980, 568, 571.
592 BT-Drucks. 15/38 S. 23; a.A. zuvor *Dünnwald,* Inhalt und Grenzen des künstlerischen Leistungsschutzes, UFITA 65 (1972), 99, 103; *ders.*, Die künstlerische Darbietung als geschützte Leistung, UFITA 84 (1979), 1, 5; *Gentz*, GRUR 1974, 328, 331.
593 OLG Köln GRUR 1984, 345, 347 – Tonmeister II.
594 BGH GRUR 1972, 672, 673 – Celestina.
595 OLG Köln GRUR 1984, 345, 346 – Tonmeister II.

Schwieriger stellt sich die Frage dar, wenn es um die gleichzeitige Beeinflussung des elektronisch verstärkten Klangs bei Live-Konzerten geht. Nach Ansicht des Bundesgerichtshofs scheidet ein Leistungsschutzrecht aus, da auch hier die Darbietung der Beeinflussung zeitlich – wenn auch nur um Sekundenbruchteile – vorausgeht.[596] Da der Bundesgerichtshof aber unter Aufführung *„lediglich die unmittelbare, im Moment der Klangerzeugung durch die Instrumente und Stimmen wahrnehmbare Klangdarbietung*" versteht, will er *„alle mit technischen Mitteln erfolgenden Einflüsse auf das vom Interpreten bereits erzeugte Klangbild*" nicht mehr der Aufführung zurechnen.[597] Eine nachträgliche Beeinflussung der künstlerischen Werkinterpretation des Musikers und Sängers - und darauf soll es entscheidend ankommen - sei schon begrifflich nicht möglich.[598]

Nach anderer Ansicht ist der Begriff der Darbietung allerdings weiter zu fassen.[599] Der Begriff ist nämlich zweiseitig und setzt die Existenz desjenigen voraus, dem etwas dargeboten wird.[600] Das Ergebnis der Darbietung ist demnach dann beeinflusst, wenn das, was der Hörer wahrnimmt, verändert wird. Auch nach dieser Ansicht soll jedoch lediglich die gleichzeitige Beeinflussung des elektronisch verstärkten Klanges bei Live-Aufführungen vom Leistungsschutz erfasst sein.[601] Schon bei Live-Übertragungen von Konzerten im Rundfunk soll der Beitrag des Tonmeisters nicht mehr geschützt sein, weil das Radio-Publikum etwas anderes hört als der Live-Zuhörer.[602] Aufführung soll in diesem Fall nur das unmittelbar dargebotene Live-Konzert sein. Der in der Praxis vermutlich häufigste Fall der Gestaltung des Klangbildes von Tonaufnahmen, die ausschließlich für die Verbreitung auf Tonträgern bestimmt sind, fiele damit ebenfalls nicht in den Bereich der Leistungsschutzrechte.

Die zuletzt dargestellte Ansicht hat den Vorzug, dass sie den tatsächlichen Verhältnissen bei Live-Aufführungen unter elektronischer Verstärkung Rechnung trägt. Andererseits wird die unterschiedliche Bewertung der Arbeit des Tonmeisters bei Live-Übertragungen vor Publikum und bei Live-Sendung im Radio oder Aufnahme auf Tonträger als inkonsequent kritisiert.[603] Die Tätigkeit des Tonmeisters und deren Auswirkung auf das vom Publikum gehörte Klangbild sind nämlich in beiden Fällen vergleichbar. Begründet wird die Differenzie-

596 BGH GRUR 1983, 22, 25 – Tonmeister.
597 BGH GRUR 1983, 22, 25 – Tonmeister.
598 Ebenda.
599 *Nordemann*, Das Leistungsschutzrecht des Tonmeisters, GRUR 1980, 568, 571.
600 Ebenda.
601 OLG Hamburg GRUR 1976, 708; *Krüger* in Schricker/Loewenheim, Urheberrecht, § 73 Rn. 28; *Nordemann*, GRUR 1980, 568, 571; v. *Ungern-Sternberg* in Schricker/Loewenheim, Urheberrecht, § 19 Rn. 6.
602 *Nordemann*, GRUR 1980, 568, 571f.
603 *Ernst*, Urheberrecht und Leistungsschutz im Tonstudio, S. 46.

rung mit dem Schutzzweck des § 73 UrhG.[604] Grund für den Schutz der Leistung des Interpreten sei deren Vergänglichkeit und die daraus folgende Nachfrage nach ihrer Wiederholung.[605] *„Nur diejenigen Leistungen, die ihrer Art nach zur Aufnahme auf Bild- und Tonträger oder zur Sendung geeignet sind,*" sollen funktional dem § 73 zugeordnet werden. Sie seien *„durch Einmaligkeit in dem Sinne gekennzeichnet, dass sie von verschiedenen Personen – auch bei ähnlichem Aussehen und gleichwertigen Fähigkeiten – nicht genau gleich wiederholt werden*" könnten.[606]

Die Differenzierung anhand dieses Maßstabes überzeugt für den Tonmeister jedoch nicht. Die Darbietung des Studiomusikers wird nach der herrschenden Meinung nämlich unmittelbar in den Anwendungsbereich des § 73 UrhG gefasst.[607] Wenn man nun dem Tonmeister einer Live-Aufführung zubilligt, dass seine Leistung eine künstlerische Mitwirkung an einer nicht ohne weiteres reproduzierbaren Darbietung ist, muss dies grundsätzlich auch für den Tonmeister im Studio gelten. Selbst wenn man auf die Reproduzierbarkeit des Tonmeisterbeitrages selbst abstellt, muss man davon ausgehen, dass dieser im Studio ebenso wenig in gleichwertiger Weise durch den eines Kollegen ersetzt werden kann wie bei einer Live-Aufführung.

Im übrigen wird an anderer Stelle zu Recht darauf hingewiesen, dass gerade im U-Musik-Bereich dank der so genannten Mehrspurtechnik die einzelnen Stimmen, die später auf dem Tonträger zusammen erklingen, in der Regel sukzessiv und separat aufgenommen werden und erst später durch den Tonmeister zusammengemischt werden.[608] Gerade hier führt dessen Leistung zu einem völlig neuen Klangbild.[609]

Konsequenter Weise ist daher eine noch weitere Auslegung des Aufführungsbegriffes zu fordern.[610] Der Begriff der Darbietung sollte stets aus der Sicht des Zuhörers bestimmt werden. Entscheidend ist, was dieser wahrnimmt. Dies gilt auch dann, wenn eine Live-Aufführung vor Publikum zugleich im Radio übertragen und auf Tonband aufgezeichnet wird. Aus der Sicht des jeweiligen Hörers ist die Darbietung das, was er wahrnimmt. Dies können – im Hinblick auf Live- und Radio-Publikum –bei ein und derselben Darbietung auch unterschiedliche Ergebnisse sein.

604 *Krüger* in Schricker/Loewenheim, Urheberrecht, § 73 Rn. 28.
605 *Krüger* in Schricker/Loewenheim, Urheberrecht, § 73 Rn. 8.
606 *Krüger* in Schricker/Loewenheim, Urheberrecht, § 73 Rn. 9.
607 So auch *Krüger* in Schricker/Loewenheim, Urheberrecht, § 73 Rn. 16 mit zahlreichen Nennungen.
608 *Ernst*, Urheberrecht und Leistungsschutz im Tonstudio, S. 43.
609 Hierauf wies bereits *Tenschert*, ZUM 1987, 612, 617 hin.
610 *Ernst*, Urheberrecht und Leistungsschutz im Tonstudio, S. 46; *Hubmann*, GRUR 1984, 620, 621.

Nach überwiegender Ansicht ist nämlich für die Darbietung begriffswesentlich, dass das Werk „für Dritte“ wahrnehmbar gemacht wird.[611] Dies ist dem Wortsinn des Begriffs „Darbietung“ nach dem allgemeinen Sprachgebrauch ebenso immanent wie dem Unterbegriff der „Aufführung“. Es ist also nur konsequent, dass als Darbietung das gilt, was der Dritte wahrnimmt.

Ein weiterer Vorteil dieses Verständnisses ist, dass die ihrer Art nach gleiche Leistung des Tonmeisters einheitlich zu beurteilen ist, unabhängig davon, ob dieser im Tonstudio oder bei Live-Aufnahmen tätig wird.

c) Die tatsächliche Situation des Tonmeisters

In der Realität wird die Hauptleistung des Tonmeisters in urheber- und leistungsschutzrechtlicher Hinsicht kaum gewürdigt. Ein Bearbeiterurheberrecht kann ihm auf Grund der relativ hohen Schwelle nur selten zuerkannt werden. Der Kernbereich seiner Tätigkeit, das „Abmischen“ der Klangfarbe bei Live-Auftritten und Studio-Aufnahmen, wird vom Bundesgerichtshof wie von der überwiegenden Literatur nicht für leistungsschutzfähig erachtet.

Obwohl in der Literatur häufiger die Forderung nach einem ausdrücklichen Leistungsschutz für Tonmeister oder zumindest einer entsprechenden Klarstellung im Wortlaut des § 73 UrhG geäußert wurde, hat der Gesetzgeber eine solche Anpassung nicht vorgenommen.

Nach der früheren Fassung des § 73 UrhG war ein ausübender Künstler einer, der *„ein Werk vorträgt oder aufführt oder bei dem Vortrag oder der Aufführung eines Werkes künstlerisch mitwirkt.“* Mit dem ersten Reformkorb wurde dies geändert in *„wer ein Werk oder eine Ausdrucksform der Volkskunst aufführt, singt, spielt oder auf eine andere Weise darbietet oder an einer solchen Darbietung künstlerisch mitwirkt.“* Durch die Formulierung *„an einer solchen Darbietung künstlerisch mitwirkt“* sollte allerdings lediglich klargestellt werden, dass die künstlerische Einflussnahme auf die Werkdarbietung oder die Darbietung einer Ausdrucksform der Volkskunst nicht zeitgleich erfolgen muss, sondern wie z.B. diejenige des Bühnenregisseurs der Darbietung vorausgehen kann.[612]

Der Gesetzgeber hat hierbei zwar nicht ausdrücklich zu der Frage Stellung genommen, ob dem Tonmeister ein Leistungsschutzrecht zukommen sollte, den Bühnenregisseur hat er jedoch ausdrücklich in den Kreis der Berechtigten erhoben. Da die Frage um Tonmeister und Tonregisseure damals bereits ausführlich diskutiert wurde, muss wohl aus dem Schweigen des Gesetzgebers eher auf eine ablehnende Haltung geschlossen werden. Die Frage hängt damit weiterhin von

611 *Krüger* in Schricker/Loewenheim, Urheberrecht, § 73 Rn. 16 m.w.N.
612 BT-Drucks. 15/38 S. 23.

der Auslegung des Darbietungsbegriffes ab. Nach der neuen Fassung des Gesetzes ist eine Änderung der Rechtsprechung jedoch nicht zu erwarten.

Die bislang einzige Entscheidung, nach der dem Tonmeister zumindest für seine Tätigkeit bei Live-Auftritten ein Leistungsschutzrecht zukommen soll, ist zwar begrüßenswert, ändert jedoch nichts an der Tatsache, dass die Kerntätigkeit des Tonmeisters, nämlich das Gestalten des Klangbildes auf Tonaufnahmen, keinen Schutz genießt. De lege ferenda wäre eine entsprechende Gestaltung wünschenswert.

VI. Zwischenergebnis zum Schutz der Klangfarbe

Sofern der Komponist oder ein bearbeitender Arrangeur die Klangfarbe im Wege der Instrumentierung gestaltet, wird seine Leistung über die allgemeinen Vorschriften des Urheberrechts angemessen berücksichtigt. Auch bei der unmittelbaren elektronischen Gestaltung von Klängen durch den Urheber führen die Vorschriften über die persönliche geistige Schöpfung zu stimmigen Ergebnissen. Allein die isolierte Gestaltung von Einzelklängen ist nicht schutzfähig, der Einsatz selbst gestalteter Klangfarben in einem Musikwerk hingegen kann urheberrechtlichen Schutz durchaus begründen.

Anders verhält es sich mit der Leistung des Interpreten. Dieser ist wesentlich für die Gestaltung der Klangfarbe verantwortlich. Seine Leistung kann sich bereits in der Interpretation einfacher oder kurzer Passagen zeigen. Das in der Literatur teilweise geforderte Abstellen auf die urheberrechtliche Schutzfähigkeit der dargebotenen Passage ist daher nicht sachgerecht. Ebenso wenig sollte es darauf ankommen, ob der Künstler anhand der von ihm dargebotenen Passage erkennbar ist oder ob er seiner Interpretation eine persönliche Prägung verliehen hat. Der ausübende Künstler erhält Darbietungsschutz eben nicht wie der Urheber für die persönliche Schöpfung, sondern für seine interpretatorische Leistung, die gerade auch in der Gestaltung des Klangs bei kurzen oder einfachen Passagen zutage treten kann. Sofern also eine interpretatorische Leistung in Form einer Gestaltung vorliegt, muss auch ein sehr kurzer Ausschnitt einer Darbietung geschützt sein.

Eine entsprechende Auslegung der leistungsschutzrechtlichen Vorschriften ist zwar möglich, sie wird jedoch selten vorgenommen. Die Rechtsprechung behilft sich stattdessen mit dem häufig zugleich in Anspruch genommenen Recht des Tonträgerherstellers. Schutzzweck dieses Leistungsschutzrechtes ist der Investitionsschutz im Hinblick auf den organisatorischen Aufwand des Tonträgerherstellers. Da sich dieser in allen Teilen einer Tonaufnahme niederschlägt, sind auch sehr kurze Abschnitte vom Schutz umfasst. Die Person des Interpreten und die des Tonträgerherstellers fallen jedoch in den meisten Fällen nicht zusammen und die Interessen beider Personen können divergieren. Die Leistung des Interpreten im Hinblick auf die Klangfarbe wird daher in der Rechtspraxis nicht angemessen berücksichtigt.

Die aus der hier vertretenen Ansicht resultierende Ausweitung des Schutzbereiches des Interpretenrechts wird durch die analoge Anwendung von § 24 Abs. 1 UrhG ausgeglichen. Die Tatsache, dass die Wirkung dieser Vorschrift nicht ausdrücklich auf den Bereich der Leistungsschutzrechte erstreckt wurde, ist darauf zurückzuführen, dass die unmittelbare Übernahme von Teilen aus Darbietungen anderer Künstler im Wege des Sampling bei Schaffung des Urheberrechtsgesetzes noch nicht üblich war. Eine Besserstellung des ausübenden Künstlers im Vergleich zum Urheber war gerade nicht gewollt. Die Besonderheiten des Sampling, insbesondere die Tatsache, dass diese Technik sich als Kunstform etabliert hat, können im Rahmen der freien Benutzung angemessen berücksichtigt werden.

Unzureichend geschützt wird aktuell auch die Leistung des Tonmeisters im Hinblick auf die Klangfarbe. Die Gestaltung des Klangbildes auf Tonaufnahmen gehört zu den Kernaufgaben eines Tonmeisters. Seine Leistung wird allerdings nach dem geltenden Recht über die Leistungsschutzrechte kaum geschützt. Da er nicht vor oder gleichzeitig mit dem Interpreten arbeitet, sondern seinen Beitrag erst im Anschluss an die Interpretation leistet, wird seine Leistung von der herrschenden Lehre und Rechtsprechung nicht als künstlerische Mitwirkung an einer Darbietung im Sinne von § 73 UrhG gewertet. Eine Änderung der Situation ist hier nicht zu erwarten, da der Gesetzgeber in Kenntnis der Problematik den Wortlaut von § 73 UrhG geändert hat, ohne dabei auf die Belange der Tonmeister einzugehen.

Vergleicht man den Umgang des Urheberrechtsgesetzes mit dem Schutz von Melodien mit demjenigen der Klangfarbe, sind die Unterschiede auffällig.

Der Melodie wird eine ausdrückliche Sonderregelung gewidmet, während die Klangfarbe als musikalisches Element kaum wahrgenommen wird. Bei der Anwendung der allgemeinen Vorschriften auf die Bereiche, in denen die Klangfarbe der eigentliche Schutzgegenstand ist, kommt es vielfach zu Schwierigkeiten. Hervorzuheben ist hier allerdings, dass die Vorschriften über das Urheberrecht flexibel genug sind, um auch den Schutz der Klangfarbe angemessen zu regeln. Die Anforderungen an eine persönliche geistige Schöpfung sind für alle Werkgattungen gleich. Sie lassen sich auf den Einzelsound ohne Probleme anwenden.

Über die Anwendung der leistungsschutzrechtlichen Vorschriften herrscht jedoch keine Einigkeit. Sowohl das Erfordernis der „Darbietung eines Werkes" nach § 73 UrhG als auch das der künstlerischen Mitwirkung „an" einer Darbietung bereiten Probleme. Die künstlerische Leistung des Tonmeisters im Hinblick auf die Klangfarbe von Tonaufnahmen wird praktisch nicht wahrgenommen.

Auch die Rolle, die die Gestaltung der Klangfarbe durch den Interpreten einnimmt, wird kaum gewürdigt.

Das Urheberrechtsgesetz ist nicht zugeschnitten auf die durch das Soundsampling geschaffenen Möglichkeiten der Übernahme und weiteren Verwendung von Tonaufnahmen. Dies ist der Hauptgrund für die mangelnde Berücksichtigung der Klangfarbe nach dem Urheberrechtsgesetz. Die leistungsschutzrechtlichen Vorschriften werden der Bedeutung der Klangfarbe in der Musik nicht gerecht. Der Gesetzgeber war zur Zeit der Schaffung des starren Melodienschutzes aufgrund der Beliebtheit von Potpourris für die besondere Bedeutung der Melodie sensibilisiert. Eine entsprechende Wahrnehmung des wirtschaftlichen Stellenwerts der Klangfarbe beim Sampling hat sich bis heute nicht eingestellt. Ein besonderer Schutz der Melodie erscheint im Vergleich zur gestiegenen Bedeutung des kopierten Sounds nicht mehr zeitgemäß. Eine zumindest klarstellende Anpassung des Wortlautes von § 73 UrhG, die auch kurze Ausschnitte aus Darbietungen und die künstlerische Mitwirkung am Klangbild von Tonaufnahmen erfasst, wäre wünschenswert.

Die hier vertretene Auffassung kommt zu dem Ergebnis, dass von Interpreten gestaltete Einzelklänge unter Umständen Leistungsschutz genießen können, während die elektronische Gestaltung der Klangfarbe durch den Urheber an sich nicht schutzfähig ist. Dieser Unterschied hat seinen Grund darin, dass Urheberrecht und Leistungsschutzrecht unterschiedliche Voraussetzungen haben und unterschiedliche Rechtsfolgen nach sich ziehen. Während der ausübende Künstler lediglich ein fremdes Werk interpretieren, also unter Nutzung der ihm eingeräumten Freiräume umsetzen muss, wird vom Urheber eine persönliche geistige Schöpfung verlangt, die einen geistigen Inhalt haben muss. Im Gegenzug ist der Interpret nur vor der unmittelbaren Übernahme seiner Leistung geschützt, während der Urheber auch gegen die bloße Nachahmung vorgehen kann. Die scheinbare Unstimmigkeit ergibt sich daraus, dass sich durch die Möglichkeit, mit elektronischen Mitteln konkrete musikalische Werke zu erschaffen, ein Teil der Leistung des Interpreten in den kompositorischen Bereich verlagert hat. Da der zusätzliche Schritt einer interpretierenden Darbietung hier entfällt, ist es nur konsequent, dass auch die entsprechenden Leistungsschutzrechte nicht mehr anwendbar sind.

E. Der Schutz von Rhythmen

I. Der Rhythmus als abstrakte Erscheinung

Durch den Rhythmus wird die zeitliche Struktur der Musik festgelegt.[613] Der Rhythmus besteht aus einer Folge von Tondauern und Pausen mit vorgegebener Betonung.

Hörbar wird der Rhythmus entweder durch eine Folge von Tönen oder durch eine Folge von Geräuschen. Am deutlichsten nimmt man den Rhythmus wahr, wenn er von der „Rhythmusgruppe" (Schlagzeug/Percussion) gespielt wird. Die dort wirkenden Instrumente erzeugen teilweise Geräusche (z.B. Snare Drum bzw. kleine Trommel oder Becken), teilweise aber auch Töne einer bestimmten Tonhöhe (z.B. Xylophon oder Glockenspiel). Neben dem soeben beschriebenen Akzentmuster ist beim Schlagzeugrhythmus also auch eine bestimmte Instrumentierung festgelegt. Wie im Zusammenhang mit der Melodiedefinition erläutert, ist der Rhythmus auch dem Begriff der Melodie bereits immanent. Für diese kennzeichnend ist jedoch, dass neben der Tondauer auch die Tonhöhe festgelegt ist.[614]

Häufig wird der Rhythmus als solcher, gerade in der juristischen Literatur, als *„abstrakte Erscheinung"* charakterisiert.[615] Hierdurch soll zum Ausdruck gebracht werden, dass der Rhythmus, um wahrnehmbar zu werden, in Verbindung mit einem der anderen Parameter auftreten muss. Schließlich verfügen die einzelnen Instrumente der Rhythmusgruppe jeweils über eine charakteristische Klangfarbe und neben dem Rhythmus der Melodie ist auch ihre Tonhöhe festgelegt. Trennt man den Rhythmus gedanklich von diesen Größen, ist er nicht mehr hörbar. Was übrig bleibt, ist die *„zeitliche Einteilung von Ereignissen ungewissen Klangs."*[616]

Der Rhythmus unterscheidet sich in seiner Abstraktheit grundsätzlich nicht von dem zuvor untersuchten Parameter der Klangfarbe. Dessen Schutzfähigkeit wurde nämlich unabhängig von der jeweiligen Tonhöhe beurteilt, obwohl der Klang, um hörbar zu werden, auf einen Ton einer bestimmten Höhe angewiesen ist. Die Melodie ist zwar bereits durch Tonhöhe und einen bestimmten Rhythmus

613 Der Begriff des Rhythmus wurde oben unter A. III. S. 22 ausführlich erläutert.

614 S.o. A. I. S. 18.

615 *Gerst*, Der Gegenstand des musikalischen Urheberrechts und das Recht der Melodie als Recht des Urhebers, S. 16; *Wolpert*, Der Schutz der Melodie im neuen Urheberrechtsgesetz, UFITA 50, S. 769, 814.

616 *Reinfeld*, Der Schutz von Rhythmen im Urheberrecht, S. 76.

definiert, auch sie bedarf jedoch, um wahrnehmbar zu werden, eines bestimmten Klangs, da hörbare Töne ohne Klangfarbe nicht existieren. Dennoch wird auch in der Musikwissenschaft anerkannt, dass der Rhythmus in seiner Abstraktheit die anderen Parameter bei weitem übertrifft und dass nicht zuletzt hieraus auch eine „stiefmütterliche“ Behandlung durch die Musiktheoretiker resultiert:

> „Unbedingt berücksichtigt werden muss die Tatsache, dass der musikalische Rhythmus zwar ein grundlegendes Element unserer Kunst ist, aber zugleich wie kein zweites an das Vorhandensein anderer Elemente gebunden scheint. Bei einigen musikalischen Erscheinungen wie etwa der Melodik setzen wir sogar stillschweigend die Mitwirkung des Rhythmus voraus. Insofern können Rhythmus und Metrum in der Musik nur sehr schwer zum Zwecke der Einzelbetrachtung von der Gesamterscheinung isoliert werden;“[617]

Möchte man tatsächlich die Frage der isolierten Schutzfähigkeit von Rhythmen klären, muss man diesen von Tonhöhe und Klangfarbe isolieren. Es geht damit streng genommen darum, ob ein Schlagzeugrhythmus auf anderen Instrumenten gespielt, oder der Rhythmus einer Melodie mit einer anderen Tonfolge versehen oder sogar als Geräuschrhythmus, eine Urheberrechtsverletzung darstellen kann.

Da es in der vorliegenden Untersuchung aber nicht nur um die isolierte Schutzfähigkeit abstrakter Rhythmen geht, sondern auch um die Bedeutung des Parameters Rhythmus bei der Beurteilung der Schutzfähigkeit musikalischer Werke, soll sodann auch zum urheberrechtlichen Schutz von Schlagzeugrhythmen Stellung genommen werden.[618] Im Gegensatz zum Rhythmus der Melodie steht beim Schlagzeugrhythmus das Element Rhythmus stets im Vordergrund. Die Verteilung auf die einzelnen Schlaginstrumente legt den jeweiligen Klang fest, indem sie vor allem zwischen helleren und dunkleren Klangfarben abwechselt, sie folgt dabei jedoch im Wesentlichen der Struktur des Rhythmus mit seinen Akzenten.

II. Die Schutzfähigkeit des Rhythmus als abstrakte Erscheinung

Der Rhythmus in seiner dargestellten abstrakten Form ist also ein Akzentmuster aus verschiedenen Tondauern mit nicht festgelegtem Klang. Dieser Rhythmus ist nie das Musikwerk selbst, sondern stets nur ein Teil desselben. Als Werkteil ist er für sich genommen aber ebenfalls dann schutzfähig, wenn er die Anforderungen des Werkbegriffs aus § 2 Abs. 2 UrhG erfüllt.

Um als persönliche geistige Schöpfung schützbar zu sein, müsste der abstrakte Rhythmus zunächst eine wahrnehmbare Formgestaltung erfahren haben. Dies ist

617 *Mehner*, *Hager*, Rhythmus und Metrum in der Musik, S. 11.

618 Die Untersuchung von *Reinfeld*, Der Schutz von Rhythmen im Urheberrecht, widmet sich fast ausschließlich der Frage der urheberrechtlichen Schutzfähigkeit von Schlagzeugrhythmen, ohne die Bedeutung der Instrumentierung dabei näher zu würdigen.

geschehen, wenn das Werk zumindest einmal hörbar geworden ist oder für andere sichtbar schriftlich niedergelegt. Dass der abstrakte Rhythmus in dem Werk nicht unmittelbar und isoliert wahrnehmbar in Erscheinung tritt, ist der Schutzfähigkeit nicht abträglich. So ist auch bei Textwerken „*nicht nur die konkrete Textfassung oder die unmittelbare Formgebung eines Gedankens*" geschützt, sondern etwa auch „*die Einfügung eines bestimmten Einfalls in einen Handlungsablauf unabhängig von der Wortgestaltung im einzelnen*" oder „*der Gang der Handlung mit seinen dramatischen Konflikten und Höhepunkten, die Akt- und Szenenführung, also die Gliederung und Anordnung des Stoffes, sowie die Rollenverteilung und Charakteristik der handelnden Personen*".[619]

Problematisch ist allerdings, ob der Rhythmus den notwendigen geistigen Gehalt und die hinreichende Individualität besitzt. Beim Schlagzeugrhythmus ist davon auszugehen, dass der geistige Gehalt in dem ausgedrückten musikalischen Erlebnis und der Stimmung, die durch ihn erzeugt wird, liegt.[620] Die Wirkung eines Rhythmus und die Stimmung, die er vermittelt, sind jedoch in hohem Maße abhängig von der konkreten Form, die dieser erfährt. Selbst wenn man annehmen möchte, dass ein Rhythmus in seiner abstraktesten wahrnehmbaren Form (etwa durch einfaches Klopfen oder Klatschen dargeboten) einen bestimmten Gedanken- oder Gefühlsinhalt transportiert, so ist dieser abhängig von der Monotonie des Vortrags. Übertrüge man denselben Rhythmus auf ein Tamburin oder ein Schlagzeug, könnte sich der Charakter bereits vollständig ändern. Noch extremer wäre die Veränderung, wenn man den Rhythmus einer Melodie zuordnete.

Ein überzeugendes Beispiel hierzu stellt *Reinfeld* vor, indem er denselben abstrakten Rhythmus in unterschiedlicher Weise auf Bass Drum, HiHat und Snare Drum verteilt, so dass einmal ein „*Disco-Backbeat-Rhythmus*" entsteht und einmal ein „*kräftiger Heavy-Metal-Rhythmus*".[621]

Die akustische Wirkung des Rhythmus ist zu sehr von der konkreten Klanggestaltung abhängig, als dass der abstrakte Rhythmus bereits ein bestimmtes musikalisches Erlebnis oder eine konkrete Stimmung vermitteln könnte. Der Rhythmus an sich ist daher tatsächlich zu abstrakt, um urheberrechtlich schutzfähig zu sein.[622]

619 BGH GRUR 1959, 379, 381 – Gasparone.
620 *Reinfeld*, Der Schutz von Rhythmen im Urheberrecht, S. 60.
621 *Reinfeld*, Der Schutz von Rhythmen im Urheberrecht, S. 76 f.
622 *Reinfeld*, Der Schutz von Rhythmen im Urheberrecht, S. 77; *Schlingloff*, Unfreie Benutzung und Zitierfreiheit bei urheberrechtlich geschützten Werken der Musik, S. 35.

III. Der Schutz von Schlagzeugrhythmen

Selbstverständlich muss auch der Schlagzeugrhythmus die bereits erwähnte wahrnehmbare Formgestaltung erfahren haben, um in den Genuss urheberrechtlichen Schutzes zu gelangen. Dies vorausgesetzt müsste es jedoch ausreichen, wenn die übrigen Erfordernisse der persönlichen geistigen Schöpfung, insbesondere die nötige Individualität, erfüllt sind. Dennoch wird der Schutzfähigkeit von Rhythmen bisweilen pauschal das Argument entgegengehalten, es stehe ein generelles Freihaltebedürfnis entgegen.[623]

1. Freihaltebedürfnis

In der Tat stellt sich im Zusammenhang mit der urheberrechtlichen Schutzfähigkeit von Rhythmen verschärft die Frage nach einem Freihaltebedürfnis für einen Grundbestand des musikalischen Formenschatzes. Anders als beim Sampling einzelner Töne liegt bei der Übernahme von Rhythmen nicht zwangsläufig eine unmittelbare Übernahme von Leistungen anderer Künstler vor. Daher kommen echte Doppelschöpfungen in Betracht. Hinzu kommt, dass auf dem Gebiet der Rhythmusgestaltung häufiger mit bekannten Versatzstücken gearbeitet wird als in anderen Bereichen. Daher liegt das Argument näher, dass es sich bei dem übernommenen Rhythmus um allgemein gebräuchliches musikalisches Handwerkszeug handelt, das jedem Komponisten zur Verfügung stehen muss.

Im Kontext der Forderung nach einem allgemeinen Freihaltebedürfnis ist zunächst darauf hinzuweisen, dass objektive Neuheit keine Voraussetzung für Urheberrechtsschutz ist.[624] Erforderlich ist nur die so genannte subjektive Neuheit, wonach ein urheberrechtlich geschütztes Werk einen Schöpfungsprozess bei dem Urheber voraussetzt, der zu einem individuellen und für den Urheber neuen Ergebnis führt.[625] Sofern allerdings lediglich vorhandene Ausdrucksformen wiederholt werden, scheitert die Schutzfähigkeit an mangelnder Individualität der

623 *Schlingloff,* Unfreie Benutzung und Zitierfreiheit bei urheberrechtlich geschützten Werken der Musik, S. 35.

624 BGH GRUR 1979, 332, 336 – Brombeerleuchte; BGH GRUR 1982, 305, 307 – Büromöbelprogramm; BGH GRUR 1985, 1041, 1047 – Inkassoprogramm; *Ahlberg* in Möhring/Nicolini § 2 Rn. 72, hierzu widersprüchlich allerdings Rn. 71 und 84, wo die Neuheit als Voraussetzung genannt wird; *Bullinger* in Wandtke/Bullinger, § 2 Rn. 22; *Loewenheim* in Schricker/Loewenheim, Urheberrecht, § 2 Rn. 42; *Schulze* in Dreier/Schulze, § 2 Rn. 17.

625 *Bullinger* in Wandtke/Bullinger, § 2 Rn. 22; *Loewenheim* in Schricker/Loewenheim, Urheberrecht, § 2 Rn. 42.

Schöpfung. Eine objektiv vorbekannte Gestaltung wird in der Regel nicht als eigentümlich anerkannt.[626]

Dennoch wird häufig gerade im Kontext des Schutzes musikalischer Werke für Einzelbausteine wie Töne und Akkorde ein Freihaltebedürfnis postuliert.[627]

Ein Prinzip des Freihaltebedürfnisses, wie es dem Markenrecht zugrunde liegt, ist dem Urheberrecht jedoch systematisch fremd. Das Urheberrecht verbietet nie die Verwendung bestimmter Elemente an sich, es untersagt nur ihre Übernahme aus anderen Werken. Damit schränkt es die Kreativität nachschaffender Künstler nur insoweit ein, als die Möglichkeit der Inspiration und Anknüpfung an Vorbestehendes gemindert wird. Ein musikalisches Element wird also nicht, wie etwa die Marke oder die patentierte Erfindung, absolut geschützt und dadurch monopolisiert.

Das Bedürfnis für eine Freihaltung bestimmter Elemente resultiert in Wirklichkeit nur aus dem von der Rechtsprechung praktizierten prima-facie-Beweis, nach dem im Falle der Übereinstimmung zweier Werke vermutet wird, das zweite sei eine Übernahme des ersten. Dieser Vorgehensweise liegt der Erfahrungssatz zugrunde, dass „*angesichts der Vielfalt der individuellen Schaffensmöglichkeiten auf künstlerischem Gebiet eine weitgehende Übereinstimmung von Werken, die auf selbständigem Schaffen beruhen, nach menschlicher Erfahrung nahezu ausgeschlossen erscheint*“.[628]

Wendet man diese Rechtsprechung auch auf Werke der kleinen Münze an, kann es tatsächlich zu Monopolisierungen kommen, da Doppelschöpfungen hier nicht mehr völlig ausgeschlossen erscheinen. Ein Entlastungsbeweis wird in der Regel dennoch nicht möglich sein. Da auch die Fälle der so genannten Kryptomnesie (unbewusstes Verwenden gehörter Werke) vom Urheberrecht erfasst sind, kann der Nachschaffende sich praktisch nur entlasten, wenn er nachweisen kann, dass er von dem früheren Werk keine Kenntnis haben konnte. Letzteres wird im Bereich der Musik angesichts der Verbreitung über den Rundfunk fast immer ausgeschlossen sein.

Das Problem muss jedoch nicht zwangsläufig über die Forderung nach einem allgemeinen Freihaltebedürfnis im Urheberrecht gelöst werden. Da sich das Problem aus dem Zusammenspiel von prima-facie-Beweis und kleiner Münze ergibt, ist seine Lösung vielmehr in diesem Bereich zu suchen.

626 BGH GRUR 1962, 144 , 145 – Buntstreifensatin I; BGH GRUR 1982, 305, 307 – Büromöbelprogramm.

627 *Ahlberg* in Möhring/Nicolini § 2 Rn. 51; *Bullinger* in Wandtke/Bullinger, § 2 Rn. 70; *v. Lewinski* in Lehmann, Internet- und Multimediarecht, S. 149, 151ff; *Loewenheim* in Schricker/Loewenheim § 2 Rn. 125; *Schack*, Urheber- und Urhebervertragsrecht Rn. 219; *Schulze* in Dreier/Schulze, § 2 Rn. 136.

628 BGH GRUR 1969, 90, 93 – Rüschenhaube; BGH GRUR 1988, 812, 814 – ein bisschen Frieden; BGH GRUR, 1991, 533, 535 – Brown Girl II.

Man könnte zunächst am Kriterium der Gestaltungshöhe ansetzen und Werke, die sich nur durch eine geringfügige Abweichung von geläufigen Formen auszeichnen, vom urheberrechtlichen Schutz ausschließen.

Andererseits ließe sich das Problem auch über eine sinnvolle Handhabung des prima-facie-Beweises lösen: Nur wenn die Individualität eines Werkes derart ausgeprägt ist, dass eine Doppelschöpfung tatsächlich nahezu ausgeschlossen erscheint, kommt dieser zur Anwendung. Eine solche Beschränkung ergibt sich nahezu zwingend bereits aus der Begründung des Anscheinsbeweises, die sich auf die *„Vielfalt individueller Schaffensmöglichkeit auf künstlerischem Gebiet"*[629] beruft. Je weniger individuell eine Schöpfung ist, desto naheliegender ist sie auch für andere. Ein Anscheinsbeweis der Übernahme kann in einem solchen Fall nicht geführt werden.

Die Forderung nach einem Freihaltebedürfnis im Urheberrecht ist somit nicht gerechtfertigt. Das Urheberrecht verbietet nicht die Verwendung bestimmter Elemente an sich, sondern stets nur deren Übernahme aus anderen Werken. Die Inspirationsfreiheit anderer Künstler wird über die Regelung der freien Benutzung nach § 24 Abs. 1 UrhG geschützt. Die Frage des urheberrechtlichen Schutzes bestimmt sich somit nur nach den Voraussetzungen des § 2 Abs. 2 UrhG ohne dass der zusätzliche Gesichtspunkt eines Freihaltebedürfnisses zu prüfen wäre.

2. Individualität von Rhythmen

Auf den ersten Blick erscheinen die Gestaltungsmöglichkeiten bei Rhythmen, verglichen mit Melodien und Klangfarben, relativ gering. Der Urheber wählt hier häufig nur aus verschiedenen bereits bestehenden Standardrhythmen aus und kombiniert diese. Teilweise wird sogar vertreten, wirklich neue Rhythmen seien heutzutage gar nicht mehr denkbar.[630]

Abgesehen davon, dass es, wie oben dargestellt, auf die Neuheit der Rhythmen für die urheberrechtliche Schutzfähigkeit nicht ankommt, ist diese These nicht haltbar. Rein kombinatorisch ist der Gestaltungsspielraum neuer Rhythmen theoretisch unbegrenzt.[631] Die tatsächliche Armut an unterschiedlichen Rhythmen in der Popularmusik rührt zunächst daher, dass der Hörer solchen Standardrhythmen leichter folgen kann. Hinzu kommt, dass diese Musik meist als Tanz-

629 BGH GRUR 1969, 90, 93 – Rüschenhaube; BGH GRUR 1988, 812, 814 – Ein bisschen Frieden; BGH GRUR, 1991, 533, 535 – Brown Girl II.

630 *Schlingloff,* Unfreie Benutzung und Zitierfreiheit bei urheberrechtlich geschützten Werken der Musik, S. 35.

631 *Reinfeld*, Der Schutz von Rhythmen im Urheberrecht, S. 64.

musik konzipiert ist und daher auf menschliche Bewegungsabläufe abgestimmt ist. Für den Sonderfall der Schlagzeugrhythmen ist außerdem zu bedenken, dass der Schlagzeuger nur zwei Hände und zwei Füße zur Verfügung hat, um alleine das so genannte Drum Set zu bedienen, was zur Herausbildung von Rhythmen führte, die an diese Beschränkung angepasst sind.[632] Allein der Hinweis auf die große rhythmische Vielfalt des Jazz zeigt jedoch, dass ein hinreichender Gestaltungsspielraum grundsätzlich zur Verfügung steht.

Ebenso wie die Neuheit einer Schöpfung für den Schutz eines geschaffenen Werkes nicht erforderlich ist, kann sie ihn jedoch auch nicht begründen.[633] Allein aufgrund der Tatsache, dass etwas noch nicht da gewesen ist, sind die Voraussetzungen der persönlichen geistigen Schöpfung nicht erfüllt.

Der Rhythmus muss daher den erforderlichen geistigen Gehalt ausweisen. Dieser liegt in dem ausgedrückten musikalischen Erlebnis und der Stimmung, die erzeugt wird.[634] Anders als im Fall der abstrakten Rhythmen wird ein solcher Effekt den meisten Schlagzeugrhythmen zuzusprechen sein. Dies gilt auch dann, wenn der Rhythmus keinen eindeutigen Gefühlswert wie Aggressivität oder Beschwingtheit ausdrückt.[635]

Problematisch stellt sich eher die Frage der Individualität des zu schützenden Rhythmus dar. Insbesondere im Bereich der Tanzmusik, aber auch bei anderen Musikrichtungen, wird vielfach mit bereits bekannten Versatzstücken gearbeitet. *Reinfeld* lässt sich sogar zu dem Vergleich hinreißen, dass im Gegensatz zur Melodiebildung, wo lediglich „*Fertigbauteile*“ verwendet würden, der Komponist von Schlagzeugrhythmen auf ganze „*Fertighaushälften*“ zurückgreifen könnte.[636] Ein solches rein handwerkliches Zusammenstellen bereits bekannter Rhythmuselemente kann keinen Urheberrechtsschutz begründen. Selbst wenn die Anforderungen an die Gestaltungshöhe im Bereich der so genannten „kleinen Münze“ der Musik denkbar gering sind, sind dennoch bloß handwerksmäßige Schöpfungen vom Urheberrechtsschutz auszunehmen.[637] Ein Großteil der Schlagzeugrhythmen wird daher nicht schutzfähig sein.

Die Zusammenstellung eines neuen Rhythmus aus der Vielzahl von vorgefundenen Versatzstücken kann allerdings grundsätzlich hinreichend individuell und damit schutzfähig sein. Letztlich sind auch einfache Melodien oft nur eine neue Kombination bereits bekannter Elemente. Gerade die Unterhaltungsmusik ist

632 Hierzu ausführlich *Reinfeld*, Der Schutz von Rhythmen im Urheberrecht, S. 66f.

633 BGH GRUR 1962, 51, 52 – Berliner Zahlenlotto.

634 *Reinfeld*, Der Schutz von Rhythmen im Urheberrecht, S. 60.

635 Ebenda.

636 *Reinfeld*, Der Schutz von Rhythmen im Urheberrecht, S. 70.

637 BGH GRUR 1981, 267, 268 – Dirlada; BGH GRUR 1988, 810, 811 – Fantasy; BGH GRUR 1988, 812, 814 – Ein bißchen Frieden; BGH GRUR 1991, 533 – Brown Girl II; *Loewenheim* in Schricker/Loewenheim, Urheberrecht, § 2 Rn. 124.

häufig, sowohl hinsichtlich des Melodieverlaufs als auch hinsichtlich der harmonischen Struktur, ganz im traditionellen Musikverständnis verhaftet. Aus diesem Grund wird sogar gemutmaßt, man könne bei kritischer Untersuchung der Melodien des entsprechenden Genres feststellen, dass sie alle schon in früheren Kompositionen enthalten seien.[638] Selbst wenn dieses Urteil vielleicht ganz so pauschal nicht zutreffend sein mag, ist dennoch festzuhalten, dass auch unter Rückgriff auf den bestehenden Formenschatz durch neue Kombination bekannter Elemente ein hinreichend individuelles Werk entstehen kann. So kann es nach Ansicht des Bundesgerichtshofs für die Eigentümlichkeit einer Melodie schon ausreichen, dass eine nicht schutzfähige Tonfolge einfachster Art zweimal wiederholt wird, weil das der Tonfolge eine spürbare Eindringlichkeit verleihe.[639]

Bei der Übertragung dieses Ergebnisses auf den Schutz einfacher Rhythmen ist zu bedenken, dass eine geringfügige Änderung einer Melodie in der Wahrnehmung des Hörers eine deutlich größere Veränderung herbeiführen kann, als die geringfügige Veränderung einer Rhythmusstruktur. Dies wird in erster Linie daran liegen, dass der Hörer aufgrund seiner Hörgewohnheiten automatisch die Harmoniestrukturen im Verlauf der Melodie wahrnimmt und diese – wenn auch vielleicht unbewusst – in ein System einordnet. Bereits die Veränderung eines Tones kann die harmonische Struktur und damit den Charakter der Melodie gravierend beeinflussen.[640] Das einfachste Beispiel hierfür ist der Wechsel von Dur zu Moll, der grundsätzlich bereits durch die Verlegung der dritten Stufe einer Tonleiter um einen Halbton nach unten bewirkt werden kann. So wurde auch in der Dirlada-Entscheidung in Rechnung gestellt, dass das Einfügen eines so genannten Vorhalt[641] an einer bestimmten Stelle der Melodie eine ästhetische Wirkung habe, die an Folklore erinnere und der Melodie damit eine gewisse Eigentümlichkeit verleihe.[642]

Für den Bereich der Rhythmik existiert kein der Harmonik vergleichbares „Raster“ in das der Hörer das Gehörte einordnen kann und anhand dessen er Veränderungen wahrnimmt. Geringfügige Abwandlungen bekannter Versatzstücke wirken sich daher weit weniger gravierend aus und können noch keine hinreichende Individualität begründen. Dennoch ist der Schutz von Schlagzeugrhythmen nicht völlig ausgeschlossen. Insbesondere bei längeren Schlagzeugsoli, bei denen der Schlagzeugpart in den Vordergrund gerückt wird und der Schlag-

638 *Ahlberg* in Möhring/Nicolini, § 2 Rn. 99; siehe auch BGH GRUR 1971, 266, 267 – Magdalenenarie – und die dort aufgeführten Beispiele.

639 BGH GRUR 1988, 810, 811 – Fantasy.

640 Ausführlich dargelegt bei *Jourdain*, Music, the Brain and Ecstasy, S. 86 f.

641 Als Vorhalt wird eine musikalische Figur bezeichnet, bei der ein Ton auf schwerer Zählzeit dissonant zu einem oder mehreren anderen Tönen klingt und sich dann schrittweise in eine Konsonanz auflöst.

642 BGH GRUR 1981, 267, 269 – Dirlada.

zeuger sein Können präsentieren kann, wird häufig eine ausreichende Individualität der Schöpfung anzunehmen sein.

Generelle Aussagen darüber, ab wann ein Schlagzeugrhythmus schutzfähig ist, lassen sich allerdings nicht treffen. Gerichtsentscheidungen in diesem Bereich existieren bislang nicht. Die Schwelle der Schutzfähigkeit wird aus den dargestellten Gründen seltener überschritten werden als bei Melodien.

IV. Der Schutz elektronisch generierter Rhythmen

Für die urheberrechtliche Schutzfähigkeit elektronisch generierter Rhythmen gelten grundsätzlich ebenfalls die soeben für Schlagzeugrhythmen dargestellten Prinzipien. Im Folgenden soll daher nur kurz auf einige Besonderheiten eingegangen werden.

Mit elektronischen Mitteln erzeugte Rhythmen spielen in erster Linie im Bereich der so genannten Dance-, House- oder Techno-Musik eine Rolle. Diese Musikrichtungen sind dadurch gekennzeichnet, dass jeder „Track" (Musiktitel) eine Grundrhythmik (auch „Grundbeat") aufweist, der für das jeweilige Stück die tempi vorgibt.[643] Über diesem Grundrhythmus werden ebenfalls auf elektronischem Wege erstellte Soundstrukturen *„aufgestaffelt"*, die dem Track sein eigentliches Gepräge verleihen.[644] Hierbei kann es sich um einen Melodiepart handeln oder aber um dem Grundbeat angepasste weitere elektronisch generierte Rhythmen. Letztere „Tracks ohne Melodie" sind vorliegend von Interesse, da in ihnen neben dem elektronisch erzeugten Sound der Rhythmus dominiert.

Auch hier gilt, dass alles das geschützt ist, was hinsichtlich der Individualität die Schwelle zur kleinen Münze überschreitet. Grundsätzlich bietet die elektronische Musik unbegrenzte Möglichkeiten zur Schöpfung komplizierter Rhythmen, da der Komponist nicht auf die Bewegungsabläufe und Koordinationsfähigkeiten eines Schlagzeugers am Drum-Set Rücksicht nehmen muss. So sind etwa anspruchsvolle Polyrhythmen (das gleichzeitige Erklingen mehrerer unabhängiger Rhythmen) ohne weiteres möglich. Derart komplexe Strukturen würden selbstverständlich auch in kürzeren Abschnitten die Voraussetzung der persönlichen geistigen Schöpfung erfüllen.

In Wirklichkeit finden sich solche komplizierten Rhythmen in der Techno-Musik allerdings kaum. Für den Bereich der Unterhaltungsmusik sind solche Kreationen gänzlich ungeeignet, da ein Großteil der Hörer Schwierigkeiten haben wird, die Strukturen nachzuvollziehen.[645] Bedingt durch die Funktion als

643 *Alpert*, ZUM 2002, 525, 525.

644 Ebenda.

645 *Reinfeld*, Der Schutz von Rhythmen im Urheberrecht, S. 48.

Tanzmusik ist die elektronische Unterhaltungsmusik von *„repetitiver Einfachheit“* geprägt.[646]

Hieraus kann jedoch nicht ohne weiteres auf die generelle Schutzunfähigkeit der betreffenden Musikstücke geschlossen werden. Selbst wenn weder Rhythmus noch Sound für sich genommen die erforderliche Individualität aufweisen, kann das Werk dennoch aufgrund des Gesamteindruckes schutzfähig sein. Die einzelne Rhythmussequenz bestehend aus einem einfachen Standardrhythmus mit elektronischem Sound wird mangels hinreichender Individualität für sich genommen selten schutzfähig sein. Der gesamte Titel hingegen kann auch bei Fehlen einer Melodieführung aufgrund des Arrangements der einzelnen Sequenzen im Ergebnis schutzwürdig sein.[647] Daneben vermag auch die Auswahl und Bearbeitung des verwendeten Klangmaterials bis hin zur gewünschten Klangfarbe dem Track in seiner Gesamtheit hinreichende Individualität zu verleihen.[648]

Techno-Tracks können somit auch bei vollständigem Fehlen einer Melodie in ihrer Gesamtheit schutzfähig sein, einzelnen Rhythmussequenzen hieraus wird es jedoch meist an der notwendigen Individualität fehlen.[649]

V. Ein starrer Rhythmenschutz?

Die von *Schack* aufgeworfene Frage, warum die Melodie stärker geschützt werden sollte als etwa ein origineller Rhythmus,[650] sollte nicht als Forderung nach einem ebenso starken Schutz für Rhythmen aufgefasst werden. Hält man die Ungleichbehandlung nicht für gerechtfertigt, wäre eher die Berechtigung des Melodienschutzes in Frage zu stellen. Dennoch gibt es Stimmen in der Literatur, die eine Ausdehnung des Schutzes auf Rhythmen fordern und über eine extensive Auslegung des Melodiebegriffes umsetzen wollen.[651]

Selbst unabhängig von der bereits erörterten Frage, ob der besondere Schutz der Melodie angesichts deren herausgehobener Stellung in der Musik gerechtfertigt ist, ist ein starrer Schutz für Rhythmen abzulehnen. Ein Ausschluss der freien Benutzung für Rhythmen würde tatsächlich zu einer unvertretbaren Beschränkung der künstlerischen Entfaltungsfreiheit führen.

646 *Berndorff*, Musikrecht, S. 55.
647 *Alpert*, ZUM 2002, 525, 529.
648 ebenda.
649 *Alpert*, ZUM 2002, 525, 529; *Berndorff*, Musikrecht, S. 55.
650 *Schack*, Urheber- und Urhebervertragsrecht, Rn. 277, bezieht sich auf die schwindende Bedeutung des starren Melodienschutzes angesichts der Tatsache dass zeitgenössische Musik weniger melodiebezogen ist. In diesem Zusammenhang wirft er in Fn. 257 die zitierte Frage auf.
651 *Fromm*, Urheberrechtliche Bewertung des Sampling in der Musik, S. 80.

Wie bereits dargelegt, wird im Bereich des Rhythmus viel stärker auf bereits bekannte Versatzstücke zurückgegriffen, als dies für die Melodie der Fall ist. Auf diese Weise werden bestehende Rhythmen fortentwickelt und sogar neue Musikstile etabliert. *Reinfeld* belegt etwa eindrucksvoll, wie verschiedene Abwandlungen des westafrikanischen „Bembe-Rhythmus" in die Jazzmusik Eingang fanden und anschließend unter weiterer Abwandlung in die Popularmusik übernommen wurden.[652] Auch die Herausbildung bestimmter Standard-Tanzrhythmen (wie etwa Cha-Cha oder Foxtrott) belegt, dass die Übernahme von Rhythmen in unserer Musikkultur für deren Weiterentwicklung unerlässlich ist. Neue Melodien können theoretisch aus dem nichts geschaffen werden, neue Rhythmen entwickeln sich eher aus der Abwandlung des bereits bekannten.

Gerade in der Tanzmusik der abendländischen Kultur ist es üblich, dass einem Werk mit neuer Melodie ein bekannter Rhythmus zugrunde gelegt wird. Die Melodie eines anderen nur mit einem neuen Rhythmus zu kombinieren, wird hingegen nicht als Schöpfung akzeptiert. Ein bestimmter Standardtanz verlangt stets nach dem entsprechenden Rhythmus. Der Kreativität des Komponisten im Hinblick auf die Melodie sind jedoch keine Grenzen gesetzt. Auch die eingangs dargestellte historische Entwicklung der Bedeutung von Melodie, Klangfarbe und Rhythmus hat gezeigt, dass neue Impulse im Bereich der Rhythmik häufig nur durch Rückgriff auf originellere Quellen entstanden. So bereicherte etwa Bartók den rhythmischen Formenschatz seiner Epoche, indem er sich von ungarischer Folklore inspirieren ließ.[653]

Auch wenn bereits existierende Standardrhythmen ohnehin gemeinfrei wären, könnte ein starrer Schutz doch die Entwicklung neuer Standardrhythmen behindern. Insofern sind die kompositorischen Gebräuche unserer Musikkultur im Urheberrecht anzuerkennen und zu berücksichtigen. Der Komponist und Musikproduzent *Bruhn* kommt, nachdem er die Herausbildung verschiedener Grundrhythmen in ernster Musik und Unterhaltungsmusik dargestellt hat, zu folgendem Schluss:

> „Allen diesen Mustern, gleich ob in bestimmter oder unbestimmter Tonhöhe, ob Dixieland, Boogie-Woogie, Swing, Bebop oder Rock, eignet nun erstens, dass nicht ein Einzelner sie erfunden hat, sondern dass sie die Entwicklung von Musiker-Generationen waren, welche die bestehenden Rhythmus-Schemata gemeinsam umgestaltet, angepasst und verfeinert haben, sowie zweitens, dass sie eben Begleitfiguren darstellten, Begleitung für das Thema, für die Melodie, für die musikalisch-akkordische Entwicklung, für die Variationen (Chorusse) der rechten Klavierhand usw. usf."[654]

652 *Reinfeld*, Der Schutz von Rhythmen im Urheberrecht, S. 40f.
653 S.o. unter B. I. 4. S. 28.
654 *Kreile*, *Bruhn*, ZUM 2007, 267, 269.

Sofern man also überhaupt die Schutzfähigkeit eines Rhythmus annehmen möchte, muss dieser – anders als die Melodie – wie alle übrigen urheberrechtlich geschützten Elemente der freien Benutzung zugänglich sein. Die Berechtigung des starren Melodienschutzes ist bereits fragwürdig, die Einführung eines starren Rhythmenschutzes ist aber strikt abzulehnen.[655]

VI. Die Bedeutung des Rhythmus bei der Beurteilung der urheberrechtlichen Schutzfähigkeit eines Werkes

Dass die Rhythmik eines Musikwerkes bei der Beurteilung der urheberrechtlichen Schutzfähigkeit eine Rolle spielen kann, ist allgemein anerkannt.[656] Tatsächlich wird dieses Element jedoch nur selten zur Begründung der Schutzfähigkeit eines Werkes herangezogen. So können nach Ansicht des Bundesgerichtshofs „*auch Rhythmus und Aufbau der Tonfolgen als Elemente der Tongestaltung für die Ausdruckskraft durchaus bedeutsam sein, vor allem aber die Melodie.*"[657] Entscheidend für die Frage der Schutzfähigkeit soll sein, „*ob der auf dem Zusammenspiel all dieser Ele mente beruhende Gesamteindruck den erforderlichen Eigentümlichkeitsgrad ergibt.*"[658]

In einer Entscheidung zum Bearbeiterurheberrecht hat der Bundesgerichtshof die Schutzfähigkeit unter anderem damit begründet, dass der Bearbeiter „*statt einer einfachen Marschliedbegleitung (...) eine nach Rhythmus und Charakter veränderte Form gewählt und im einzelnen ausgeführt habe.*"[659] Nach dem zugrunde liegenden Gutachten hatte eine „*Zuspitzung des Rhythmus die Stoßkraft erhöht*", was neben einer veränderten Instrumentierung wesentlich für die Annahme eines Bearbeiterurheberrechts war.[660]

In den meisten Fällen wird der Rhythmus lediglich im Rahmen der vom Bundesgerichtshof praktizierten Gesamtbetrachtung zur Geltung kommen, wobei er jedoch selten ausdrückliche Berücksichtigung findet.

Die Rolle des Rhythmus bei der Bewertung der urheberrechtlichen Schutzfähigkeit ist dennoch nicht zu unterschätzen. Ohne eine zugrunde liegende rhythmische Grundstruktur wären die wenigsten musikalischen Werke überhaupt

655 *Reinfeld*, Der Schutz von Rhythmen im Urheberrecht, S. 82, hält die Frage für irrelevant, da er § 24 Abs. 2 als lediglich deklaratorische Vorschrift versteht.

656 BGH GRUR 1981, 267, 268 – Dirlada; BGH GRUR 1991, 533, 535 – Brown Girl II; OLG München ZUM 1992, 202, 203 – Schlager; *Bullinger* in Wandtke/Bullinger, § 2 Rn. 71.

657 BGH GRUR 1981, 267, 268 – Dirlada.

658 Ebenda.

659 BGH GRUR 1968, 321, 324 – Haselnuss.

660 Ebenda.

denkbar. Auch die Melodie erhält ihren Charakter erst aufgrund ihres Rhythmus, der Schwerpunkte und Phrasierungen festlegt und damit den Ausdruck der Melodie wesentlich mitbestimmt. Ohne Rhythmus wird die Melodie zur bloßen Tonfolge und wird in zahlreichen Fällen nicht einmal wiederzuerkennen sein.[661]

Es ist daher davon auszugehen, dass die Rhythmisierung eines Musikwerkes bei der Beurteilung der Urheberrechtsschutzfähigkeit eine nicht nur untergeordnete Rolle spielt.

VII. Die Miturheberschaft des Schlagzeugers am Musikwerk

Haben mehrere Urheber gemeinsam ein Werk geschaffen, ohne dass sich ihre Anteile gesondert verwerten lassen, so sind sie gemäß § 8 UrhG Miturheber. Miturheber wird nur, wer einen schöpferischen Beitrag leistet.[662] Der Beitrag muss sich in Inhalt und/oder Formgebung des gemeinsamen Werkes niedergeschlagen haben; er darf sich nicht in bloßer Anregung oder Gehilfenschaft erschöpfen, sondern muss selbst Werkeigenschaft besitzen.

Sofern sich die beigesteuerten Anteile grundsätzlich noch gesondert verwerten lassen, wie dies etwa bei der Verbindung von Musik und Text zu einem Song, einer Oper oder einem Musical der Fall ist, handelt es sich um verbundene Werke. Jeder Urheber ist lediglich Urheber des von ihm beigetragenen gesondert verwertbaren Werkes. Eine Miturheberschaft entsteht in diesem Fall nicht.

Keine Probleme bestehen bei Musikern, die ihre Werke in einem echten gemeinsamen Schaffensprozess komponieren, wie dies bei zahlreichen Bands der Fall ist.[663] Dasselbe gilt für Schlagzeuger, die gemeinsam mit anderen Künstlern improvisieren, sofern diese einen kompositionsähnlichen schöpferischen Beitrag leisten.[664] Nur bei einer rein handwerklichen Anwendung musikalischer Lehren scheidet eine Miturheberschaft aus.[665] Eine solche rein handwerkliche Leistung wird aufgrund der üblichen Arbeit mit bekannten Versatzstücken und Standard-

661 *De la Motte*, Melodie, S. 350 untersucht mehrere als „Ohrwürmer" bekannte, also besonders eingängige Melodien, auf ihre Gemeinsamkeit und stellt fest, dass der Rhythmus gerade für die Einprägsamkeit einer Melodie von größter Bedeutung ist.

662 BGH GRUR 2003, 231, 233 – Staatsbibliothek; BGH GRUR 1994, 39, 40 – Buchhaltungsprogramm m. w. N.; BGH GRUR 1963, 40, 41 – Straßen – gestern und morgen; *Dreyer* in Dreyer/Kotthoff/Meckel, § 8 Rn. 15; *Loewenheim* in Schricker/Loewenheim, Urheberrecht, § 8 Rn. 4; *Schulze* in Dreier/Schulze, § 8 Rn. 6; *Thum* in Wandtke/Bullinger, § 8 Rn. 3 ; a. A. *Ahlberg* in Möhring/Nicolini § 8 Rn. 8.

663 *Reinfeld*, Der Schutz von Rhythmen im Urheberrecht, S. 90, verweist zu Recht auf die Namenspaare Lennon/McCartney und Jagger/Richards.

664 LG München I, ZUM 1993, S. 432, 433 – Jazzimprovisationen.

665 ebenda.

rhythmen bei Schlagzeugern häufiger anzutreffen sein als etwa bei Pianisten oder Saxophonisten. Sie kann jedoch nicht ohne weiteres unterstellt werden.

Das LG München ging in einem Fall sogar davon aus, dass bei Jazzimprovisationen regelmäßig eine schöpferische Leistung der einzelnen Musiker anzunehmen sei, und sah, da dies vom Beklagten nicht hinreichend substantiell bestritten worden war, von einer Beweisaufnahme ab.[666] *Reinfeld* warnt jedoch davor, diese Entscheidung unbesehen auf alle Jazzimprovisationen zu übertragen, da auch in diesem Genre „*der uninspirierte Musiker seine Improvisation durch eine schlichte vorhersehbare Aneinanderreihung gemeinfreier Allerweltselemente vollführen*" kann.[667]

Problematisch wird die Beurteilung dann, wenn der Komponist eines Musikwerkes einen Schlagzeugprofi engagiert, dem er den Rhythmus zwar im Wesentlichen vorgegeben hat, wobei er ihm jedoch gewisse Freiräume offen gelassen hat. Hier kommt es entscheidend darauf an, wie viel Freiraum für schöpferische Entfaltung noch besteht und wie der Schlagzeuger diesen Freiraum nutzt.

Reinfeld nennt als Beispiel für eine hinreichend schöpferische Nutzung der eingeräumten Spielräume den Schlagzeugrhythmus, den der Schlagzeuger Steve Gadd für den Song „*50 Ways to Leave Your Lover*" kreierte.[668]

Der Komponist und Musikproduzent *Bruhn* hingegen möchte dem Schlagzeuger auch in diesem Fall kein Miturheberrecht zubilligen.[669] Der Rhythmus im genannten Fall sei zwar innovativ, er bestehe jedoch nur aus zwei Takten, die sich unablässig wiederholten. Außerdem habe der Schlagzeuger zwar einen genialen Begleitrhythmus beigesteuert, dies allerdings nur in Anlehnung an einen komplett vorbestehenden Werkteil. Der Schlagzeuger sei daher in der Regel allenfalls Bearbeiter seiner eigenen Stimme (also der Schlagzeugstimme) und könne daher nicht Miturheber des Werkes werden.

Dem ist entgegenzuhalten, dass, wie in § 3 UrhG klargestellt wird, gerade auch ein Bearbeiter einen schöpferischen Beitrag leisten kann. Im Übrigen ist für das Entstehen der Miturheberschaft erforderlich, dass jeder seinen schöpferischen Beitrag in Unterordnung unter eine gemeinsame Gesamtidee erbringt.[670] Dass im Falle von „50 Ways to Leave Your Lover" bereits eine Melodie vorgegeben war, der sich der Schlagzeuger unterzuordnen hatte, ist also nicht hinderlich. Selbst wenn der Schlagzeugpart tatsächlich erst nachträglich zu dem im Übrigen bereits fertig gestellten Werk hinzugefügt wurde, stellt dies kein Problem

666 LG München I, ZUM 1993, S. 432, 434 – Jazzimprovisationen.
667 *Reinfeld*, Der Schutz von Rhythmen im Urheberrecht, S. 90.
668 *Reinfeld*, Der Schutz von Rhythmen im Urheberrecht, S. 93.
669 *Kreile, Bruhn*, ZUM 2007, 267, 269.
670 BGH GRUR 2003, 231, 233 – Staatsbibliothek m.w.N.

dar. Auf den Zeitpunkt des Beitrags kommt es nicht an, solange letztlich ein einheitliches Werk gewollt ist.[671]

Dennoch ist *Bruhn* zuzugeben, dass bei Zugrundelegung der von ihm dargestellten Vorgehensweise im Tonstudio der Beitrag einzelner Musiker wie etwa des Schlagzeugers in der Regel keine Miturheberschaft begründen dürfte. Bei Aufnahmen im Tonstudio werden häufig Studiomusiker engagiert, die selbst Einfluss auf den von ihnen zu spielenden Part nehmen sollen. Laut *Bruhn* ist die Vorgehensweise dann die Folgende: Die *„Musiker „bieten an", nämlich Rhythmus-Muster, Patterns, Licks, Phrasen, die zum vorgelegten Stück passen könnten, und der Komponist/der Musikproduzent/die Gruppe entscheiden dann, welches angebotene Muster am besten zum Werk passen könnte.*"[672] Bei dem genannten „Anbieten" von Versatzstücken wird es sich häufig um bloße Gehilfentätigkeiten handeln. So hat auch das Kammergericht entschieden, dass in einem Fall, in dem die Chormitglieder dem Musikproduzenten verschiedene Variationen der eigenen Gesangsstimme präsentierten, keine Miturheberschaft durch die Idee zum Einsatz von Falsett-Gesang begründet wurde, da die Mitwirkung der Sänger keine hinreichende Eigenständigkeit erkennen ließ.[673] Wer also nur gängige Ideen in die Komposition einbringt, ohne selbst einen schöpferischen Beitrag zu leisten, wird nicht Miturheber.

Dennoch ist *Bruhn* insofern zu widersprechen, als ein Schlagzeugrhythmus, der einem dem Schlagzeuger vorgelegten und bereits bestehenden Werk von eben diesem Schlagzeuger hinzugefügt wird, durchaus Bestandteil der eigentlichen Komposition sein kann und ein Miturheberrecht begründen kann. Nach *Bruhns* Ansicht erfüllte ein solcher Rhythmus lediglich *„eine – wenn auch für manche Werke wichtige – Begleit- oder allenfalls Ergänzungsfunktion*".[674] In Wirklichkeit ist jedoch das Musikwerk ohne die Begleitstimme unvollständig und die Begleitstimme selbst ohnehin nicht gesondert verwertbar. Auf den Umfang oder die Bedeutung des Beitrages kommt es für die Miturheberschaft nicht an, sofern nur die Schwelle der kleinen Münze überschritten wird.[675]

671 *Reinfeld*, Der Schutz von Rhythmen im Urheberrecht, S. 93 unter Berufung auf OLG Köln GRUR 1953, 499 – Kronprinzessin Cäcilie; *Loewenheim* in Schricker/Loewenheim, Urheberrecht, § 3 Rn. 313; *Schack*, Urheber- und Urhebervertragsrecht, Rn. 277.

672 *Kreile, Bruhn*, ZUM 2007, 267, 270.

673 KG GRUR-RR 2004, 129, 130 – Modernisierung einer Liedaufnahme.

674 *Kreile, Bruhn,* ZUM 2007, 267, 271.

675 BGH GRUR 1994, 39, 40 – Buchhaltungsprogramm; OLG Hamburg NJOZ 2007, 2071, 2082 – Kranhäuser Rheinauhafen; OLG Karlsruhe GRUR 1984, 812, 813 – Egerlandbuch; *Dreyer* in Dreyer/Kotthoff/Meckel § 8 Rn. 14; *Loewenheim* in Schricker/Loewenheim, Urheberrecht, § 8 Rn. 4; *Schulze* in Dreier/Schulze § 8 Rn. 6; *Thum* in Wandtke/Bullinger, § 8 Rn. 3.

Isoliert man den Rhythmus als musikalischen Parameter, verbleibt nur die *„zeitliche Einteilung von Ereignissen ungewissen Klangs.*“[676] Durch die Zuordnung unterschiedlicher Klänge (Töne oder Geräusche) zu dieser Struktur verändert sich deren Charakter so stark, dass dem Rhythmus selbst ein bestimmter geistiger Gehalt nicht zugeordnet werden kann. Der Rhythmus als musikalischer Parameter ist daher nicht isoliert schutzfähig.

Stark rhythmusgeprägte Musikwerke sind einem urheberrechtlichen Schutz jedoch unter denselben Voraussetzungen wie andere Werke zugänglich. Originelle Schlagzeugsoli sind daher ebenso schutzfähig wie individuelle Schlagzeugparts, die ein Schlagzeuger zu einem bereits bestehenden Song beisteuert. Einzelne Rhythmussequenzen aus Dance-, House- oder Technotracks werden häufig mangels hinreichender Individualität nicht schutzfähig sein. Der Gesamttrack kann jedoch aufgrund des Gesamteindrucks, in dem neben dem Rhythmus auch das Arrangement und die Klangfarbe eine Rolle spielen, urheberrechtliche Schutzfähigkeit erreichen.

In der Rechtsprechung ist zwar anerkannt, dass ein Musikwerk gerade aufgrund seiner Rhythmik die Schwelle zur persönlichen geistigen Schöpfung überschreiten kann, tatsächlich zur Begründung herangezogen wird der Rhythmus jedoch eher selten. Die Bedeutung, die dieser insbesondere als Element der Melodie bei der Einschätzung der urheberrechtlichen Schutzfähigkeit spielt, ist jedoch nicht zu unterschätzen, da er die Melodie wesentlich prägt.

Der Rhythmus als musikalischer Parameter erfährt im Urheberrecht angemessene Berücksichtigung. Anders als die Melodie ist der Rhythmus in der Regel nicht das Element, an dem sich die besondere Originalität eines Komponisten manifestiert. In diesem Bereich wird vielmehr häufig mit Stereotypen und Versatzstücken gearbeitet und an die Gestaltungen anderer Komponisten angeknüpft. Keinesfalls sollte daher der besondere Schutz, den die Melodie erfährt, auch noch auf den Rhythmus ausgedehnt werden.

676 *Reinfeld*, Der Schutz von Rhythmen im Urheberrecht, S. 76.

Während das Urheberrechtsgesetz für den Bereich der Melodie eher ein Zuviel an Schutz vorsieht, weist es im Hinblick auf die Berücksichtigung der Klangfarbe erhebliche Defizite auf. Dem Rhythmus kommt als schutzbegründendem Element wenig eigenständige Bedeutung zu, was seiner Bedeutung in der Musik allerdings gerecht wird.

Der etwas hypertrophe Schutz der Melodie gründet sich zumindest teilweise auf deren absolut dominierende Bedeutung in der Musik. Forscher haben festgestellt, dass nahezu alle Kulturen ihre musikalische Ordnung auf einem System von Tonhöhen aufbauen und nicht etwa auf einem System der Klangfarbe oder Lautstärke.[677] Nur wenige Instrumente, wie etwa die Maultrommel und das australische Didgeridoo, sind primär darauf ausgerichtet, klangfarbenorientierte Musik ohne organisierte Tonhöhenveränderungen zu produzieren.[678] Die meisten Instrumente, wie etwa das Violoncello, sind zwar in der Lage, eine Vielzahl differenzierter Klangfarben hervorzubringen, im Zentrum ihrer Musik steht jedoch nicht der Klangfarbenkontrast sondern die Melodie.[679] Dieses Phänomen wird darauf zurückgeführt, dass sich die Tonhöhe – anders als die Klangfarbe – in ein System aus geordnet wahrnehmbaren Abständen (Intervallen) einordnen lässt.[680] Aus diesem System ergibt sich die Tonleiter. Schönbergs Vision von der „Klangfarbenmelodie“,[681] bei der die Klangfarben zueinander in einer ähnlichen Logik stehen wie die Töne einer Tonleiter, hat sich dagegen nicht durchgesetzt.

Ein weiterer Grund für die dominierende Bedeutung der Melodie im Musikwerk wird sein, dass in dieser Erscheinung zahlreiche musikalische Größen zusammenspielen.[682] So besteht die Melodie nicht nur aus einer Reihe von Tönen, sondern wird ebenso durch ihren Rhythmus definiert. Hinzu kommt, dass der Hörer im Verlauf der Melodie automatisch deren harmonische Struktur mithört, indem er – in der Regel unbewusst – die Töne mit ihrer Rolle im harmonischen Bezugssystem (etwa Dominante, Subdominante, Leitton) wahrnimmt. Eine geringfügige Änderung einer Tonhöhe kann die Melodie deshalb bereits entstel-

677 *Patel*, Music, language and the brain, S. 13.
678 Ebenda.
679 Ebenda.
680 Ebenda.
681 S.o. B. I. 5. a) S. 17.
682 Ausführlich hierzu: *Jourdain*, Music, the brain and ecstasy, S. 86 f.

len.[683] Gleichzeitig bewirkt dieses Phänomen den hohen Wiedererkennungswert, der der Melodie zukommt.

Trotz dieser musikpsychologisch zumindest teilweise erklärlichen Vorherrschaft der Melodie haben sich sowohl die ernste Musik als auch die Unterhaltungsmusik spätestens seit Beginn des 20. Jahrhunderts von deren Dominanz entfernt und der Klangfarbe als autonomem Gestaltungselement eine gestiegene Bedeutung eingeräumt. Diese Entwicklung findet keine hinreichende Berücksichtigung im Urheberrecht.

Die unzureichende Wahrnehmung der Klangfarbe als schutzfähiges oder schutzbegründendes Element hat vermutlich verschiedene Ursachen.

Zunächst ist zu bedenken, dass die Vielzahl an Einflussfaktoren der Klangfarbe Schwierigkeiten bei der Zuordnung an einen Schutzrechtsinhaber mit sich bringt. Die Melodie hingegen hat in der Regel nur einen Urheber, dem ihr Erfolg allein zugerechnet werden kann. Erschwerend kommt hinzu, dass die Gestaltung der Klangfarbe sowohl den Bereich des Urheberrechts als auch den der Leistungsschutzrechte betrifft.

Die Defizite im Schutz der Klangfarbe zeigen sich ausschließlich auf dem Gebiet der Leistungsschutzrechte. Dies weist darauf hin, dass die Leistung des Interpreten im Urheberrecht generell geringer geschätzt wird als die des Urhebers. Hinzu kommt, dass die künstlerische Leistung des Tonmeisters bezüglich des Klangbildes von Tonaufnahmen praktisch überhaupt nicht anerkannt wird. Dies mag zwar seine Ursache auch in der unklaren Abgrenzung eines Berufsbildes und Tätigkeitsfeldes haben, es liegt jedoch die Vermutung nahe, dass auch die mangelnde Anpassungsfähigkeit des Gesetzgebers an technische Neuerungen eine Rolle spielt.

Dass die Technik des Sound-Sampling die unmittelbare Übernahme der Klangfarbe ermöglicht und bezweckt, wird in der Rechtspraxis bislang nicht hinreichend berücksichtigt. Die musikalischen Entwicklungen des 20. Jahrhunderts wurden von Gesetzgeber und Rechtsprechung nicht ausreichend wahrgenommen. Im Urheberrechtsgesetz gilt – wie seinerzeit in der Klassik – allein die Melodie als *„Wertstempel“*[684] der Komposition. Der später erfolgten Emanzipation der Klangfarbe zum autonomen Gestaltungsmittel wird keine Beachtung geschenkt. Bei Einführung des starren Melodienschutzes befürchtete der Gesetzgeber die Ausbeutung fremder Melodien in Potpourris – eine Bedrohung, die längst nicht mehr aktuell ist. Den damaligen Potpourris an Popularität und Funktion vergleichbar ist nunmehr das Sampling. Der von den Künstlern mit Aufwand und Originalität gestaltete Sound ist jedoch der Übernahme weitgehend ungeschützt preisgegeben.

683 Ebenda.
684 *Blume* in MGG, 1. Aufl., Bd. 7, S. 1055; s.o. B. I. 3. S. 25.

Ein angemessener Schutz der Klangfarbe ließe sich über die leistungsschutzrechtlichen Vorschriften im Zusammenspiel mit der Möglichkeit der freien Benutzung problemlos sicherstellen. Es müsste lediglich anerkannt werden, dass sich die schutzwürdige Leistung des Interpreten bereits in der Gestaltung einzelner Töne zeigen kann, sofern hier ein gewisser Spielraum besteht. Die Schaffensfreiheit anderer Künstler wäre durch die analoge Anwendung der Vorschriften über die freie Benutzung hinreichend geschützt.

Die fehlende Schutzfähigkeit abstrakter Rhythmen lässt sich damit erklären, dass der musikalische Rhythmus, wenngleich er ein grundlegendes und unverzichtbares Element der Musik ist, mehr als alle anderen musikalischen Erscheinungen an das Zusammenspiel mit anderen Größen gebunden ist.[685] Die geringe Bedeutung des Rhythmus als schutzbegründendes Element wird außerdem auch darauf zurückzuführen sein, dass in der musikalischen Wirklichkeit vielfach mit Versatzstücken und Standardrhythmen gearbeitet wird, weshalb wirklich ausgefallene Gestaltungen selten sind. Sofern neue Impulse zu erkennen waren, gingen diese meist von der Volksmusik Süd- und Südosteuropas und der Musik außereuropäischer Kulturen aus.[686] Als Beispiel für letzteres ist insbesondere der Jazz zu nennen.[687] Ein weiterer Grund für die vor allem in der Unterhaltungsmusik des 20. Jahrhunderts zu beobachtende fehlende rhythmische Vielfalt ist die Tatsache, dass die Musik als Tanzmusik konzipiert und daher auf die Einheit rhythmisch-metrischer Sachverhalte mit Körperbewegungen angelegt ist.[688] Gestaltungen, die die Schwelle zur Schutzfähigkeit überschreiten, sind daher selten. Im Falle von originellen Rhythmen ist ein urheberrechtlicher Schutz dennoch denkbar. Auch bei der Gesamtbetrachtung zur Beurteilung der Schutzfähigkeit musikalischer Werke wird der Rhythmus nicht erkennbar vernachlässigt. Der Umgang des Urheberrechts mit Rhythmen ist daher nicht zu beanstanden.

685 *Hager,* Rhythmus und Metrum in der Musik, S. 12.
686 Ebenda.
687 Ebenda.
688 Ebenda.

G. Zusammenfassung

Musikhistorisch ist seit dem Barock die Bedeutung der Klangfarbe gegenüber der der Melodie kontinuierlich gestiegen. Letztere wurde zunehmend nicht mehr nur akzessorisch zur Verdeutlichung motivisch-thematischer Zusammenhänge oder als schmückendes Beiwerk zur Melodie eingesetzt, sondern als autonomes Gestaltungsmittel zur Erzielung eigener ästhetischer Wirkungen genutzt. Gerade die Unterhaltungsmusik des 20. Jahrhunderts hat den Sound als zentrales Element der Musik für sich entdeckt. Die Erfindung des Samplers bot hier neue Möglichkeiten der Klanggestaltung und ermöglichte es, den von anderen Künstlern gestalteten Sound zu übernehmen. Im Bereich des Rhythmus hingegen wurde stets viel mit bekannten Versatzstücken und Standardformen gearbeitet. Neue Impulse kamen bisweilen aus der Folklore anderer Kulturkreise.

Der Begriff der Melodie bezeichnet eine Folge von Intervallen, die in sich abgeschlossen, rhythmisiert und wiedererkennbar ist und die dem Werk eine charakteristische Prägung verleiht. Eine solche Tonfolge wird die Voraussetzungen der Schutzfähigkeit nach § 2 Abs. 2 UrhG häufig erfüllen, zumal die „kleine Münze" des Urheberrechts bei Musikwerken großzügig anerkannt wird. Die freie Benutzung einer Melodie ist nach § 24 Abs. 2 UrhG unzulässig. Durch diese Vorschrift sollte ursprünglich die Ausbeutung fremder Melodien unter dem Deckmantel der freien Benutzung verhindert werden. Tatsächlich schränkt diese Regelung die Inspirationsfreiheit im Bereich der Musik stark ein. Sowohl die musikalische Parodie als auch ganze Musikstile wie etwa der Jazz (insbesondere in Form spontaner Improvisationen) basieren auf der freien Benutzung fremder Melodien und wären bei konsequenter Durchsetzung des Verbots unmöglich.

Die Vorschrift ist dennoch nicht wegen Verletzung der Kunstfreiheit oder Verstoßes gegen den Gleichheitssatz verfassungswidrig, da sie einer verfassungskonformen Auslegung zugänglich ist. Hier empfiehlt sich eine teleologische Reduktion, bei der nur die Fälle wirtschaftlicher Ausbeutung fremder Melodien unter den Anwendungsbereich des § 24 Abs. 2 UrhG zu fassen sind. De lege ferenda wäre eine Abschaffung des starren Melodienschutzes vorzuziehen, da ein hinreichender Schutz der Melodie bereits über die übrigen Regelungen zu verwirklichen wäre. Denkbar wäre auch eine Lösung, die lediglich eine Vergütungspflicht vorsieht, nicht aber das Erfordernis der Einholung einer Genehmigung. Hierdurch wäre die wirtschaftliche Beteiligung des Urhebers an der weiteren Verwertung der Melodie hinreichend gesichert, während zugleich die Kunstfreiheit kaum beeinträchtigt wird.

Eine Festlegung oder Beeinflussung der Klangfarbe kann zunächst durch einen Komponisten oder Arrangeur im Wege der Instrumentierung bewirkt werden. Diese Leistung ist urheberrechtlich über § 2 Abs. 2 UrhG angemessen geschützt. Je nach Konstellation kann sie die Miturheberschaft oder das Bearbeiterurheberrecht des Arrangeurs begründen oder im Rahmen der Schutzfähigkeit eines Werkes zugunsten des Komponisten berücksichtigt werden.

In der elektronischen Musik kann der Urheber den gewünschten Sound unmittelbar selbst gestalten. Eine so hergestellte Klangfarbe an sich oder in Form eines Einzeltons erfüllt nicht die Voraussetzungen des § 2 Abs. 2 UrhG. Bei diesem Klang handelt es sich zunächst nur um das „Material", aus dem ein Werk hergestellt werden kann. Es fehlt vor allem ein geistiger Gehalt, der die Individualität eines solchen Werkes begründen würde. Erst der konkrete Einsatz eines oder mehrerer Klänge erfüllt die Voraussetzungen der persönlichen geistigen Schöpfung.

Der Schutz des Interpreten, der die Klangfarbe wesentlich mitgestaltet, richtet sich nach den §§ 73 ff. UrhG. Durch die gestiegene Beliebtheit des Soundsamplings ist seine Leistung einem zunehmenden Raubbau ausgesetzt. Über den Schutz von Darbietungsteilen besteht keine Einigkeit. Insbesondere wird Einzeltönen in der Regel kein Schutz zuerkannt. Teilweise wird hier gefordert, dass der dargebotene Werkteil urheberrechtlich schutzfähig ist oder dass die Darbietung eine individuelle oder persönliche Prägung durch den Interpreten erkennen lässt. Vorzugswürdig wäre es, bei der Auslegung der §§ 73 ff. UrhG die Leistung des Interpreten ins Zentrum der Betrachtung zu rücken. Dessen Aufgabe ist es, den ihm bei der Umsetzung eines Werkes zur Verfügung stehenden Spielraum zu gestalten. Sofern eine solche Gestaltung stattgefunden hat, ist die Leistung des Interpreten schutzwürdig. Dies kann grundsätzlich auch bei einem einzelnen Ton bereits der Fall sein. Eine entsprechende Anpassung des Wortlauts von § 73 UrhG wäre wünschenswert.

Die Rechtsprechung umgeht das Problem, indem sie den Schutz des Tonträgerherstellers gegen die Übernahme kurzer Sequenzen bejaht und die Frage des Interpretenschutzes offen lässt. Hierdurch erhöht sich die Rechtsunsicherheit für den ausübenden Musiker noch. Die Leistung des Interpreten bei der Gestaltung der Klangfarbe wird somit nicht hinreichend wahrgenommen. Wünschenswert wäre ein großzügiger Schutzumfang, der jeden Fall der Nutzung von Gestaltungsspielräumen durch den Interpreten mit einbezieht. Im Rahmen der gesetzlich vorgesehenen Grenzen des § 24 Abs. 1 UrhG, der analog heranzuziehen ist, wäre das Sampling weiterhin möglich und die Kunstfreiheit geschützt. Eine analoge Anwendung von § 24 Abs. 2 UrhG im Bereich der Leistungsschutzrechte ist jedoch strikt abzulehnen, da der besondere Schutz der Melodie nur ihrem Schöpfer zugute kommen darf.

Die ergänzende Heranziehung des Wettbewerbsrechts zum Schutz des Interpreten gegen Sampling stellt keine befriedigende Lösung dar. Die Anwendung von Wettbewerbsrecht kommt ohnehin nur bei Hinzutreten besonderer, die Wettbewerbswidrigkeit begründender Umstände in Frage. Der durch einen ausübenden Künstler gestaltete Klang sollte als Kernbereich der Leistung des Interpreten über die Leistungsschutzrechte ausreichend geschützt sein.

Der Klang von Tonaufnahmen und Live-Übertragungen wird von Tonmeistern oder Toningenieuren wesentlich mitgestaltet. Sofern diesen kein Bearbeiterurheberrecht zukommt, sind sie weitgehend schutzlos gestellt. Ein Leistungsschutzrecht wird ihnen in der Regel nicht zuerkannt, da sie erst nach der Darbietung des Interpreten tätig werden und eine Einflussnahme auf die Interpretation damit nicht mehr denkbar ist. Dass das auf Seiten des Hörers wahrnehmbare Ergebnis der Darbietung verändert wird, erkennt die herrschende Meinung nicht als ausreichend an. Hier wäre eine Veränderung des Wortlautes dahingehend wünschenswert, dass es nur auf eine künstlerische Beeinflussung des Ergebnisses der Darbietung ankommt, und der Zeitpunkt der Mitwirkung unerheblich ist.

Mit dem Begriff Rhythmus wird zunächst das zeitliche Element der Musik bezeichnet. Vereinfacht ausgedrückt handelt es sich um eine Folge von Tondauern und Pausen mit vorgegebener Betonung. Da es sich hier nur um eine abstrakte zeitliche Einteilung der Musik handelt, wird der Rhythmus erst anhand einer Folge von Tönen oder Geräuschen hörbar. Er wird also stets nur in Verbindung mit anderen musikalischen Größen wahrnehmbar. Hierdurch unterscheidet sich der Rhythmus zwar nicht grundlegend von der Melodie oder der Klangfarbe, da auch diese immer nur im Zusammenspiel mit anderen Größen wirken, dennoch ist der Rhythmus als Muster von Tondauern, Pausen und Akzenten zu abstrakt, um urheberrechtlich schutzfähig zu sein. Die Kombination mit unterschiedlichen Tonhöhen oder Geräuschen und Klängen verändert den Charakter und damit den für die Schutzfähigkeit erforderlichen geistigen Gehalt zu stark, als dass der abstrakten Erscheinung bereits die Qualität einer persönlichen geistigen Schöpfung zugesprochen werden könnte.

Der Schutzfähigkeit von Schlagzeugrhythmen stehen keine grundsätzlichen Bedenken entgegen. Insbesondere kann ein generelles Freihaltebedürfnis im Urheberrecht angesichts der Möglichkeit von Doppelschöpfungen keine Berechtigung haben. Dennoch wird man in diesem Bereich sehr viel seltener auf schutzfähige Gestaltungen stoßen als im Bereich der Melodie. Dies liegt vor allem daran, dass bei der rhythmischen Gestaltung traditionell viel mit Versatzstücken und Standardrhythmen gearbeitet wird. Eine rein handwerkliche Kombination solcher Elemente wird die Schutzfähigkeit nicht begründen können.

Ein dem starren Schutz der Melodie vergleichbarer starrer Schutz von Rhythmen ist strikt abzulehnen. Abgesehen davon, dass die Berechtigung der Vorschrift schon für die Melodie fragwürdig ist, können die Argumente, die den Gesetzgeber zur Einführung der Vorschrift bewogen haben, nicht auf den Bereich des Rhythmus übertragen werden. Der Rhythmus war in allen Epochen und Musikstilen ein den anderen Größen untergeordnetes oder allenfalls gleichwertiges Element. Eine dominierende Stellung wie die Melodie hatte er nie inne. Im Gegenzug ist das Aufbauen auf den Schöpfungen anderer im Wege der freien Benutzung hier unerlässlich, da sich neue Impulse stets aus der Fortentwicklung des Bekannten ergaben.

Im Rahmen der Gesamtbetrachtung bei der Beurteilung der Schutzfähigkeit von musikalischen Werken wird der Rhythmus ebenso wie die anderen Elemente der Komposition einbezogen. Gestaltet der Schlagzeuger bei einer Komposition den eigenen Part selbst, kann er Miturheber des Gesamtwerkes werden.

Das deutsche Urheberrecht weist im Bereich der Melodie eher ein Zuviel an Schutz auf, während bei der Berücksichtigung der Klangfarbe erhebliche Lücken bestehen. Bei sachgerechter Anwendung der entsprechenden Vorschriften ließe sich dies zwar teilweise ausgleichen, in der Rechtswirklichkeit hat sich eine entsprechende Auslegung jedoch bislang nicht durchgesetzt. Wünschenswert wäre vor allem eine Stärkung der Rechte des Interpreten im Hinblick auf seine Leistung bei der Gestaltung der Klangfarbe sowie die Anerkennung der künstlerischen Leistung des Tonmeisters im Rahmen der Leistungsschutzrechte. Was die urheberrechtliche Berücksichtigung des Rhythmus angeht, erscheint das deutsche Urheberrecht im Hinblick auf dessen Stellenwert in der Musik angemessen.

Es bleibt zu hoffen, dass die zumindest auch auf einer mangelnden Wahrnehmung der technischen und musikhistorischen Entwicklung beruhende Unausgewogenheit des urheberrechtlichen Systems den tatsächlichen Gegebenheiten angepasst wird. Ein erster Schritt in diese Richtung ist das Urteil des Bundesgerichtshofs „Metall auf Metall“, in dem dem Tonträgerhersteller Schutz gegen das Sampling von beliebig kurzen Passagen zuerkannt wird.[689] Der Ausgleich dieses umfangreichen Schutzes erfolgt in sachgerechter Weise über die analoge Anwendung von § 24 Abs. 1 UrhG. Es wäre wünschenswert, dass ein entsprechender Schutz künftig auch dem Interpreten zugestanden wird.

689 BGH GRUR 2009, 403 ff. – Metall auf Metall.

Literaturverzeichnis

Adorno, Theodor W., Komposition für den Film, (Frankfurt am Main, 2006).

Allfeld, Philipp, Das Urheberrecht an Werken der Literatur und der Tonkunst: Kommentar zu dem Gesetze vom 19. Juni 1901 sowie zu den internationalen Verträgen zum Schutze des Urheberrechtes (Muenchen, 1928), zit.: *Allfeld*, Das Urheberrecht an Werken der Literatur und der Tonkunst.

Alpert, Frank, Zum Werk- und Werkteilbegriff bei elektronischer Musik – Tracks, Basslines, Beats, Sounds, Samples, Remixes und DJ-Sets, ZUM 2002, S. 525 ff.

Andresen, Uwe, Leistungsschutz für die Tonmeister? ZUM 1986, S. 335 ff.

Becker, Bernhard von, Parodiefreiheit und Güterabwägung – Das „Gies-Adler"-Urteil des BGH, GRUR 2004, S. 104 ff.

Berger, Arndt, Die wandernde Melodie im Urheberrecht (Köln, 2000).

Berlioz, Hector, De l'instrumentation (Bègles, 1994).

Berlioz, Hector, Instrumentationslehre; ein vollständiges Lehrbuch zur Erlangung der Kenntnis aller Instrumente und deren Anwendung, nebst einer Anleitung zur Behandlung und Direction des Orchesters ; mit 70 Notentafeln und vielen in den Text gedruckten Notenbeispielen, Autorisierte deutsche Ausgabe von Alfred Dörffel. (Leipzig, 1864), zit. *Berlioz,* Instrumentationslehre, Autorisierte deutsche Ausgabe von Alfred Dörffel.

Berndorff, Gunnar; Berndorff, Barbara; Eigler, Knut, Musikrecht – Die häufigsten Fragen des Musikgeschäfts – Die Antworten, 6. Aufl. (Bergkirchen, 2010), zit.: *Berndorff*, Musikrecht.

Bindhardt, Heiner, Der Schutz von in der Popularmusik verwendeten elektronisch erzeugten Einzelsounds nach dem Urheberrechtsgesetz und dem Gesetz gegen den unlauteren Wettbewerb (Frankfurt am Main u.a., 1998), zit.: *Bindhardt*, Der Schutz von in der Popularmusik verwendeten elektronisch erzeugten Einzelsounds.

Blume, Friedrich; Heckmann, Elisabeth (Hrsg.), Die Musik in Geschichte und Gegenwart – Allgemeine Enzyklopädie der Musik, 1. Aufl. (Kassel u.a., 1949-1951), zit.: *Bearbeiter*, MGG, 1. Aufl.

Blume, Friedrich; Heckmann, Elisabeth (Hrsg.), Die Musik in Geschichte und Gegenwart – Allgemeine Enzyklopädie der Musik, 2. Aufl. (Kassel u.a., 1989), zit.: *Bearbeiter*, MGG, 2. Aufl.

Bogdanov, Vladimir, All Music Guide – The Definitive Guide to Popular Music, 4. Aufl. (San Francisco, 2001).

Bortloff, Nils, Tonträgersampling als Vervielfältigung, ZUM 1993, S. 476 ff.

Dahlhaus, Carl (Hrsg.), Brockhaus-Riemann-Musiklexikon, 3. Aufl. (Wiesbaden u.a., 1998).

Davies, Gillian; v. Rauscher auf Weeg, Hans Hugo, Das Recht der Hersteller von Tonträgern – Zum Urheber- und Leistungsschutzrecht in der Europäischen Gemeinschaft (München u.a., 1983), zit.: *Davies, v. Rauscher auf Weeg*, Das Recht der Hersteller von Tonträgern.

de la Motte, Diether, Melodie, (München, 1993).

Dierkes, Sven, Die Verletzung der Leistungsschutzrechte des Tonträgerherstellers – Rechtsfolgen und prozessuale Durchsetzung, (Baden-Baden, 2000).

Dreier, Horst (Hrsg.), Grundgesetz – Kommentar, 2. Aufl. (Tübingen, 2008), zit.: *Bearbeiter* in Dreier, Grundgesetz.

Dreier, Thomas (Hrsg.), Schulze, Gernot (Hrsg.), Urheberrechtsgesetz, Urheberrechtswahrnehmungsgesetz, Kunsturhebergesetz, Kommentar, 3. Aufl. (München, 2008), zit.: *Bearbeiter* in Dreier/Schulze.

Dreyer, Gunda; Kotthoff, Jost; Meckel, Astrid (Hrsg.), Urheberrecht, Urheberrechtsgesetz, Urheberrechtswahrnehmungsgesetz, Kunsturhebergesetz, 2. Aufl. (Heidelberg, 2009), zit.: *Bearbeiter* in Dreyer/Kotthoff/Meckel.

Dünnwald, Rolf, Die künstlerische Darbietung als geschützte Leistung, UFITA 84 (Baden-Baden, 1979), S. 1ff.

Dünnwald, Rolf, Inhalt und Grenzen des künstlerischen Leistungsschutzes, UFITA 65 (Baden-Baden, 1972), S. 99 ff.

Farnsworth, Paul R., Sozialpsychologie der Musik (Stuttgart, 1976).

Flechsig, Norbert P., Der Leistungsintegritätsanspruch des ausübenden Künstlers (Berlin, 1977).

Fromm, Friedrich Karl (Hrsg.), Nordemann, Wilhelm (Hrsg.), Nordemann, Axel (Hrsg.), Nordemann, Jan Bernd (Hrsg.), Urheberrecht – Kommentar zum Urheberrechtsgesetz, Verlagsgesetz, Urheberrechtswahrnehmungsgesetz, 9. Aufl. (Stuttgart, 1998), zit.: *Bearbeiter* in Fromm/Nordemann, 9. Aufl.

Fromm, Friedrich Karl (Hrsg.), Nordemann, Wilhelm (Hrsg.), Nordemann, Axel (Hrsg.), Nordemann, Jan Bernd (Hrsg.), Urheberrecht – Kommentar zum Urheberrechtsgesetz, Verlagsgesetz, Urheberrechtswahrnehmungsgesetz, 10. Aufl. (Stuttgart, 2008), zit.: *Bearbeiter* in Fromm/Nordemann.

Fromm, Michael, Urheberrechtliche Bewertung des Sampling in der Musik (Berlin, 1994).

Gamm, Otto-Friedrich von, Gesetz über Urheberrecht und verwandte Schutzrechte vom 9. September 1965 – Kommentar (München, 1968).

Gentz, Günther, Der künstlerische Leistungsschutz, GRUR 1974, S. 328 ff.

Gentz, Günther, Elektronische Musik als Rechtsproblem, UFITA 34 (Baden-Baden, 1961), S. 9 ff.

Gerst, Artur, Der Gegenstand des musikalischen Urheberrechts und das Recht der Melodie als Recht des Urhebers (München, 1912).

Gurlitt, Wilibald (Hrsg.), Eggebrecht, Hans Heinrich (Hrsg.), Dahlhaus, Carl (Hrsg.), Riemann-Musiklexikon, 12. Aufl. (Mainz, 1959-1975).

Haertel, Kurt, Schneider, Gerhard (Hrsg.), Taschenbuch des Urheberrechts (Köln u.a., 1955).

Hanser-Strecker, Karl Peter, Das Plagiat in der Musik (Frankfurt am Main, 1968).

Hassler, Harald, Musiklexikon, 2. Aufl. (Stuttgart, 2005).

Häuser, Markus, Sound und Sampling – Der Schutz der Urheber, ausübenden Künstler und Tonträgerhersteller gegen digitales Soundsampling nach deutschem und US-amerikanischem Recht (München, 2002), zit.: *Häuser,* Sound und Sampling.

Hertin, Paul, Das Musikzitat im deutschen Urheberrecht, GRUR 1989, S. 159 ff.

Hertin, Paul, Sounds von der Datenbank, GRUR 1989, S. 578 ff.

Hess, Gangolf, Urheberrechtsprobleme der Parodie (Baden-Baden, 1993).

Hoeren, Thomas, Sounds von der Datenbank – Zum Schutz des Tonträgerherstellers, in Festschrift Hertin (München, 2000), S. 113 ff.

Hoeren, Thomas, Sounds von der Datenbank – Zur urheber- und wettbewerbsrechtlichen Beurteilung des Sampling in der Popmusik, GRUR 1989, S. 11 ff.

Honegger, Marc (Hrsg.), Dictionnaire de la musique – Science de la musique; Formes, technique, instruments (Paris, 1976), zit.: *Bearbeiter* in Honegger, Dictionnaire de la Musique.

Honegger, Marc; Massenkeil, Günther (Hrsg.), Das große Lexikon der Musik (Freiburg, 1978-1982).

Hubmann, Heinrich, Zum Leistungsschutzrecht der Tonmeister, GRUR 1984, S. 620 ff.

Hütter, Ralf, Maschinen sind einfach lockerer, Der Spiegel 50/2009, S. 138 ff.

Jörger, Thomas M., Das Plagiat in der Popularmusik (Baden-Baden, 1992).

Jourdain, Robert, Music, the Brain, and Ecstasy – How Music captures our Imagination (New York, 1997), zit.: *Jourdain,* Music, the Brain, and Ecstasy.

Kernfeld, Barry Dean (Hrsg.), The new Grove Dictionary of Jazz, 2. Aufl. (London, 2002).

Kernfeld, Barry Dean, The Story of fake Books – Bootlegging Songs to Musicians (Lanham, Md. u.a., 2006), zit.: *Kernfeld,* The Story of fake Books.

Köhn, Tina, Die Technisierung der Popmusikproduktion, ZUM 1994, S. 278 ff.

Kreile, Reinhold; Bruhn, Christian, Rhythmus und Urheberrecht – Ein Briefwechsel zwischen dem Komponisten Christian *Bruhn* und dem Juristen Reinhold *Kreile*, ZUM 2007, S. 267 ff.

Kremer, Karl, Das ausschließliche Recht des Urhebers an der Melodie (Leipzig, 1891).

Kummer, Max, Das urheberrechtlich schützbare Werk (Bern, 1968).

Lee, Stacy, Encyclopedia of music in the 20th century (London (u.a.), 1999).

Lehmann, Michael (Hrsg.), Internet- und Multimediarecht (Cyberlaw) (Stuttgart, 1997), zit.: *Bearbeiter* in Lehmann, Internet- und Multimediarecht.

Liebscher, Christopher, Der Schutz der Melodie im deutschen und im amerikanischen Recht (Frankfurt am Main u.a., 2007).

Loewenheim, Ulrich (Hrsg.), Handbuch des Urheberrechts, 2. Aufl. (München, 2010).

Mehner, Klaus; Hager, Margret, Rhythmus und Metrum in der Musik – ein Lehrbuch zur Musiktheorie (Leipzig, 1983), zit.: *Mehner,* Rhythmus und Metrum in der Musik.

Mestmäcker, Ernst-Joachim (Hrsg.), Schulze, Erich (Hrsg.), Kommentar zum deutschen Urheberrecht – unter Berücksichtigung des internationalen Rechts und des Gemeinschaftsrechts in den Mitgliedstaaten der EU, zit.: *Bearbeiter* in Mestmäcker/Schulze.

Meyer-Eppler, Werner, Elektrische Klangerzeugung – Elektronische Musik und synthetische Sprache (Bonn, 1949), zit.: *Meyer-Eppler,* Elektrische Klangerzeugung.

Michels, Ulrich, dtv-Atlas Musik, 22. Aufl. (München 2008).

Möhring, Phillip (Hrsg.); *Nicolini, Käte (Hrsg.),* Urheberrechtsgesetz, Kommentar, 1. Aufl. (München, 1970), zit.: *Bearbeiter* in Möhring/Nicolini, 1. Aufl.

Möhring, Phillip (Hrsg.); *Nicolini, Käte (Hrsg.),* Urheberrechtsgesetz, Kommentar, 2. Aufl. (München, 2000), zit.: *Bearbeiter* in Möhring/Nicolini.

Mühe, Hansgeorg, Unterhaltungsmusik – Ein geschichtlicher Überblick (Hamburg, 1996).

Müller, Bianca, Die Klage gegen unberechtigtes Sampling, ZUM 1999, S. 555 ff.

Müller-Dombois, Richard, Leitfaden Musikgeschichte – Von der Antike bis zur Gegenwart – in 52 Vorlesungen (Detmold, 2005), zit.: *Müller-Dombois,* Leitfaden Musikgeschichte.

Münker, Reiner, Urheberrechtliche Zustimmungserfordernisse beim Digital Sampling (Frankfurt am Main u.a., 1995).

Muzzulini, Daniel, Genealogie der Klangfarbe (Bern u.a., 2006).

Nitze, Hans, Das Recht an der Melodie im internationalen Urheberrecht (München u.a., 1912).

Nordemann, Wilhelm, Das Leistungsschutzrecht des Tonmeisters, GRUR 1980, S. 568 ff.

Pahlen, Kurt, Die große Geschichte der Musik, 2. Aufl. (München, 2002).

Patel, Aniruddh D., Music, Language, and the Brain (Oxford u.a., 2008).

Peter, Robert, Freie Benutzung und abhängige Nachschöpfung im musikalischen Urheberrecht (München, 1959).

Rehbinder, Manfred; *Hubmann*, *Heinrich,* Urheberrecht: ein Studienbuch, 16. Aufl. (München, 2010), zit. *Rehbinder,* Urheberrecht.

Reinfeld, Tim, Der Schutz von Rhythmen im Urheberrecht, (Göttingen, 2006).

Riedel, Hermann, Originalmusik und Musikbearbeitung (Berlin, 1971)

Riedel, Hermann, Schutz der Melodie – eine Betrachtung zum gegenwärtigen und zukünftigen Urheberrecht, GRUR 1949, S. 236 ff.

Roesner, David, Theater als Musik – Verfahren der Musikalisierung in chorischen Theaterformen bei Christoph Marthaler, Einar Schleef und Robert Wilson (Tübingen, 2003), zit. *Roesner,* Theater als Musik.

Rösing, Helmut, Die Bedeutung der Klangfarbe in traditioneller und elektronischer Musik – eine sonagraphische Untersuchung (München, 1972), zit. *Rösing,* Die Bedeutung der Klangfarbe in traditioneller und elektronischer Musik.

Rösing, Helmut, Sound in der Popularmusik, Rock, Pop, Jazz - musikimmanent durchleuchtet – Beiträge zu einem Seminar des Arbeitskreises Studium Poplärer Musik, veranstaltet vom 28. bis 30. April 1989 in der Landesmusikakademie NRW "Burg Nienborg", S. 106 ff. (Heek, Borken) (Hamburg, 1989), zit. *Rösing,* Sound in der Popularmusik.

Sadie, Stanley, The new Grove dictionary of music and musicians (London, 1991).

Salagean, Emil, Sampling im deutschen, schweizerischen und US-amerikanischen Urheberrecht (Baden-Baden, 2008).

Schanze, Helmut, Metzler-Lexikon Medientheorie, Medienwissenschaft; Ansätze - Personen - Grundbegriffe (Stuttgart u.a., 2002).

Schlingloff, Jochen, Unfreie Benutzung und Zitierfreiheit bei urheberrechtlich geschützten Werken der Musik (Frankfurt am Main u.a., 1990).

Schmieder, Hans-Heinrich, Freiheit der Kunst und freie Benutzung urheberrechtlich geschützter Werke, UFITA 93 (Baden-Baden, 1982) S. 63 ff.

Schmieder, Hans-Heinrich, Musikkultur, Medientechnik und Urheberrecht, NJW 1985, S. 2105 ff.

Schönberg, Arnold, Harmonielehre (Leipzig u.a., 1911).

Schricker, Gerhard (Hrsg.), Urheberrecht auf dem Weg zur Informationsgesellschaft, (Baden-Baden, 1997).

Schricker, Gerhard (Hrsg.), Urheberrecht: Kommentar, 2. Auflage (München, 1999), zit. *Bearbeiter* in Schricker, Urheberrecht, 2. Aufl..

Schricker, Gerhard (Hrsg.); Loewenheim, Ulrich (Hrsg.), Urheberrecht: Kommentar, 4. Auflage (München 2010), zit. *Bearbeiter* in Schricker/Loewenheim, Urheberrecht.

Schulze, Erich, Das deutsche Urheberrecht an Werken der Tonkunst und die Entwicklung der mechanischen Musik (Berlin, 1950).

Schulze, Gernot, Urheberrecht und neue Musiktechnologien, ZUM 1994, S. 15 ff.

Schulze, Marcel, Materialien zum Urheberrechtsgesetz; Texte - Begriffe - Begründungen (Urheberrechtsgesetz, Produktpiraterie, Opferschutzgesetz, Kostenermächtigungs-Änderungsgesetz, Einigungsvertrag u.a.) 2. Aufl. (Neuwied, 1997-2002).

Spieß, Andreas, Urheber- und wettbewerbsrechtliche Probleme des Sampling in der Popmusik, ZUM 1991, S. 524 ff.

Tenschert, Johannes, Ist der Sound urheberrechtlich schützbar? ZUM 1987, S. 612 ff.

Toch, Ernst, Melodielehre – ein Beitrag zur Musiktheorie (Berlin, 1923), zit. *Toch,* Melodielehre.

Trenner, Franz, Richard Strauss – Dokumente seines Lebens und Schaffens (München, 1954).

Uehling, Peter, Karajan – Eine Biographie (Reinbek bei Hamburg, 2006).

Uhlmann, Alfred, M. (Hrsg.), Meyers neues Lexikon, 2. Aufl. (Leipzig, 1978).

Ullmann, Urheberrecht und Leistungsschutz im Tonstudio, GRUR 1996, S. 145 ff.

Ulmer, Eugen, Urheber- und Verlagsrecht, 3. Aufl. (Berlin (u.a.), 1980).

Wagner, Richard, Zukunftsmusik – Brief an einen französischen Freund als Vorwort zu einer Prosa-Uebersetzung seiner Operndichtungen (Leipzig, 1861), zit. *Wagner,* Zukunftsmusik.

Wandtke, Artur-Axel (Hrsg.), Bullinger, Winfried (Hrsg.), Praxiskommentar zum Urheberrecht, 3. Aufl. (München, 2009), zit. *Bearbeiter* in Wandtke/Bullinger.

Wegener, Poto, Sound Sampling – Der Schutz von Werk- und Darbietungsteilen der Musik nach schweizerischem Urheberrechtsgesetz (Basel (u.a.), 2007), zit.: *Wegener,* Sound Sampling.

Weissthanner, Margot, Urheberrechtliche Probleme neuer Musik (München, 1974).

Weßling, Bernhard, Der zivilrechtliche Schutz gegen digitales Sound-Sampling – Zum Schutz gegen Übernahme kleinster musikalischer Einheiten nach Urheber-, Leistungsschutz-, Wettbewerbs- und allgemeinem Persönlichkeitsrecht, (Baden-Baden, 1995).

Wicke, Peter, Handbuch der populären Musik – Geschichte, Stile, Praxis, Industrie (Mainz, 2007).

Wolpert, Fritz, Der Schutz der Melodie im neuen Urheberrechtsgesetz, UFITA 50 (Baden-Baden, 1967), S. 769 ff.

Wörner, Karl Heinrich, Geschichte der Musik; ein Studien- und Nachschlagebuch, 6. Aufl. (Göttingen, 1975), zit. *Wörner,* Geschichte der Musik.

Zentner, Christian, Für Musik-Liebhaber (München, 1987).

Zwahr, Annette (Hrsg.), Brockhaus-Enzyklopädie – in 30 Bänden, 21. Aufl. (Leipzig u.a., 2005/2006).

Kolibri 360 GmbH
Ferdinand-Jühlke-Straße 7
99095 Erfurt, Deutschland
produktsicherheit@kolibri360.de